Jean Ziegler

ÄNDERE DIE WELT!

Warum wir die kannibalische Weltordnung
stürzen müssen

Aus dem Französischen übertragen
von Ursel Schäfer

Die Originalausgabe ist 2014 unter dem Titel
»Retournez les fusils! Choisir son camp« bei Éditions du Seuil, Paris, erschienen.

Der Verlag weist ausdrücklich darauf hin, dass im Text
enthaltene externe Links vom Verlag nur bis zum Zeitpunkt
der Buchveröffentlichung eingesehen werden konnten.
Auf spätere Veränderungen hat der Verlag keinerlei Einfluss.
Eine Haftung des Verlags ist daher ausgeschlossen.

Verlagsgruppe Random House FSC® N001967

PENGUIN und das Penguin Logo sind Markenzeichen
von Penguin Books Limited und werden
hier unter Lizenz benutzt.

4. Auflage
Copyright © 2014 by Jean Ziegler
Copyright © der deutschsprachigen Ausgabe 2015
by C. Bertelsmann Verlag, München,
in der Verlagsgruppe Random House GmbH,
Neumarkter Str. 28, 81673 München
Umschlag: any.way, Hamburg,
nach der Vorlage von buxdesign, München
Redaktion: Karl Heinz Bittel
Satz: Uhl + Massopust, Aalen
Druck und Bindung: GGP Media GmbH, Pößneck
Printed in Germany
ISBN 978-3-328-10030-0
www.penguin-verlag.de

Dieses Buch ist auch als E-Book erhältlich.

Dieses Buch widme ich der Erinnerung an

Joaquim Câmara Ferreira, genannt »Toledo«,
Amílcar Cabral,
Michèle Fierk
und Georges Politzer,
die mit ihrem Leben für ihre Ideen
bezahlt haben,
sowie Christine Daure-Serfaty,
Daly Belgasmi,
Hans Walter König
und Manuel Fernández-Cuesta.

INHALT

Inhaltsverzeichnis 7+

Vorwort: Eine Nacht in Olinda 11

ERSTES KAPITEL
Was nützt ein Intellektueller? 23

ZWEITES KAPITEL
Die Ungleichheit zwischen den Menschen 43

    I. Wie entsteht Ungleichheit? 43
    II. Die kannibalische Weltordnung 48
    III. Wie entsteht ein Klassenbewusstsein? 53
Nachtrag 58

DRITTES KAPITEL
Die Irrwege der Ideologien 61

    I. Was ist eine »richtige« Ideologie, und was ist
       eine »falsche«? 61
    II. Wie entstehen, entwickeln und wandeln
       sich Ideologien? 68
    III. »Naturgesetze« 74
    IV. Obskurantismus 79

VIERTES KAPITEL

Wissenschaft und Ideologie 85

    I. Max Webers Irrtum 85

    II. Galileis Sieg 90

    III. Die Perversion der Wissenschaft 92

    IV. Wozu dient die Universität? 96

Nachtrag: Was die Wissenschaft über die Kunst
sagen kann 100

FÜNFTES KAPITEL

Die Ketten in unseren Köpfen 105

    I. Die Entfremdung 105

    II. Das homogenisierte Bewusstsein 113

SECHSTES KAPITEL

Der Staat 123

    I. Wie entsteht der Staat? 123

    II. Der Staat, eine Waffe der Mächtigen 130

    III. Die Bürokraten 136

    IV. Die Staatsräson 137

    V. Der gescheiterte Traum des Karl Marx 141

    VI. Die Universalisierung des Staates 145

    VII. Der Staat, das unmögliche Bollwerk
für die Schwachen 151

SIEBTES KAPITEL

Die Nation 163

    I. Wie entsteht und behauptet sich die Nation
in Europa? 163

II. Die rassistische Bedrohung 171

III. Die misslungene Dekolonisation 176

IV. Das Versagen der Eliten 184

V. Eine Mordkampagne 190

VI. Die Zerstückelung eines Kontinents 194

VII. Die Hölle im Südsudan 198

VIII. Der äußere Faschismus 203

ACHTES KAPITEL
Wie entsteht und wie entwickelt sich die Gesellschaft? 211

I. Die Gesetze der Geschichte 211

II. Wann und wie ist die erste menschliche Gesellschaft
entstanden? 224

NEUNTES KAPITEL
Die Völker des Schweigens 243

ZEHNTES KAPITEL
Die Bruderschaft der Nacht 259

SCHLUSS:
Auf welcher Seite stehst du? 273

Dank 280

Personenregister 281

Orts- und Sachregister 285

10

VORWORT

Eine Nacht in Olinda

Ja, ich glaube an die sanfte Gewalt der Vernunft über die Menschen. Sie können ihr auf die Dauer nicht widerstehen. Kein Mensch kann lange zusehen, wie ich [...] einen Stein fallen lasse und dazu sage: er fällt nicht. Dazu ist kein Mensch imstande. Die Verführung, die von einem Beweis ausgeht, ist zu groß. Ihr erliegen die meisten, auf die Dauer alle.

Bertolt Brecht, *Leben des Galilei*[1]

Ich erinnere mich an eine kühle Nacht in Olinda, der Halbinsel mit ihren Barockkirchen, Tavernen, Klöstern und den Slums am Ufer der Lagune nördlich von Recife, im Nordosten Brasiliens.

Wir saßen gegenüber der Tür an einem Tisch, der sich unter Flaschen mit portugiesischem Weißwein, Schüsseln mit *camarões* und Hühnchen *assado* bog. Männer und Frauen – Bürger und Militärangehörige aus Recife, Priester aus Olinda, Händler aus Paraíba, Zuckerrohrbarone von der Küste, Viehzüchter aus dem Norden – kamen und gingen, schlugen die Türen ihrer Itamaraty-Limousinen zu und begrüßten sich lautstark von Tisch zu Tisch.

Auf einmal tauchte direkt neben mir ein Junge von neun oder zehn Jahren auf, so alt wie damals mein Sohn. Er hatte eine ausgerenkte Hüfte und hinkte – und berührte mich am Arm. In einer Hand hielt er die übliche rostige Konservendose mit weißen Nüssen, die die Bettler in Recife an die Gäste in den Tavernen verkau-

1 75. Auflage, Frankfurt am Main 2013, Drittes Bild. S. 34 f.

fen. Der Schweizer Honorarkonsul, Besitzer großer Zuckerrohr-plantagen im Caribé-Tal, der an unserem Tisch den Vorsitz führte, warf dem Jungen ein paar Centavos zu. Als er meine Verwirrung bemerkte, servierte er mir die abgedroschene Floskel, mit der die Herren des Nordens traditionell durchreisende Europäer abspeisen: »Der kleine Caboclo ist mein Freund. Er ist glücklich, wissen Sie: Er verdient ein paar Groschen, kauft dafür Bohnen und ein bisschen Reis bei einem Straßenhändler und legt sich unter einem Torbogen schlafen. Er muss weder in die Schule noch regelmäßig zur Arbeit gehen. Ach, wenn man doch so frei wäre wie er …!«

Nie werde ich die Augen des kleinen Jungen vergessen. Ich stand unter einem Vorwand auf und fand ihn draußen, auf den Felsen am Meer sitzend. Sein Name war Joaquim. Er zeigte weder Wut noch Traurigkeit, die Angst schnürte ihm die Kehle zu. Seine Geschichte war alltäglich: Sein Vater, ein wandernder Zuckerrohrschneider, litt an Tuberkulose und hatte seit zwei Jahren keine Arbeit mehr, seine vier jüngeren Geschwister und seine kranke Mutter warteten seit dem Morgen in einer Hütte des Slums auf der anderen Seite der Lagune auf ihn. Das Geld, das er mit dem Verkauf von ein paar Nüssen am Abend verdiente, war das ganze Einkommen der Familie.

Joaquim hatte fiebrige Augen und wurde von Hunger gepeinigt. Der Koch streckte den Kopf aus einem Fenster der Taverne, und ich bat ihn, dem Jungen auf den Felsen eine Mahlzeit zu servieren. Als das Essen kam, breitete Joaquim eine alte Zeitung auf den Steinen aus. Mit zitternden Fingern leerte er einen Teller nach dem anderen – Reis, Huhn, *fejão, caruru,* Salat, Kuchen – über der Zeitung aus, verschnürte das Paket und verschwand in der Dunkelheit. Obwohl er selbst vom Hunger geplagt war, trug er das Essen zu seiner Mutter, seinem Vater und seinen Geschwistern.

Ich kehrte in die Taverne zurück, setzte mich wieder an den Tisch und nickte zu dem albernen Geschwätz des Konsuls – kurzum, ich schlüpfte wieder in meine Rolle als Professor und als Abgeordneter (der ich damals war), der auf der Durchreise in Olinda ist.

Warum habe ich meine Reise nicht unterbrochen? Und bin in den Slum gefahren? Habe nach Joaquim und seiner Familie gesucht? Am

Morgen hatte ich mit dem Gouverneur gesprochen und am Mittag mit dem Bürgermeister, ich hatte Freunde in Recife. Wenn ich nicht weitergefahren wäre, hätte ich eine Arbeitsstelle für den Vater organisieren können, ein Krankenhausbett für die Mutter und ein Schulstipendium für Joaquim. Ich hätte eine Woche »verloren« oder einen Monat. Ich habe es nicht getan. Warum? Weil ich einen Zeitplan einhalten musste, Termine vereinbart hatte, eine soziale Rolle spielen, Berichte schreiben und Forschungen durchführen musste.

»Ein schlechtes Gewissen ist ein lebendiger Feind«, hat Jean-Paul Sartre gesagt. Fjodor Dostojewski kämpfte sein ganzes Leben gegen diesen »lebendigen Feind«. In seinem Roman *Die Brüder Karamasow* (1880) findet sich folgender Dialog:

> Iwan Karamasow: »Ich will leben, und ich lebe, und sei es gegen die Logik. Auch wenn ich an die Ordnung der Dinge nicht glaube, aber die klebrigen, im Frühling sich entfaltenden Blättchen sind mir teuer, teuer ist mir der blaue Himmel, teuer ist mir mancher Mensch, den ich liebe, ohne zu wissen, warum, ob du's mir glaubst oder nicht; teuer ist mir manche menschliche Tat, an die man vielleicht längst nicht mehr glaubt, die man aber trotzdem in alter Erinnerung von Herzen achtet.«
> Aljoscha: »Ja, unbedingt, [das Leben] lieben vor aller Logik, unbedingt vor aller Logik, dann erst wird auch der Sinn begreiflich. Die Hälfte deiner Sache ist getan, Iwan, und gewonnen. Du lebst gerne. Jetzt musst du dich auch um die zweite Hälfte bemühen, und du bist gerettet.«[1]

Wie Iwan Karamasow lehne ich intellektuell diese Weltordnung ab. Aber wie er habe ich mich darin eingerichtet. Implizit nehme ich sie als normal hin. Durch mein alltägliches Handeln reproduziere ich sie.

---

1 Fjodor Dostojewskij, *Die Brüder Karamasow,* aus dem Russischen von Swetlana Geier, Frankfurt am Main 2006, S. 371 f.

Wir haben uns selbst verstümmelt. Wie Millionen andere lebe auch ich ständig gegen mich. Zu tun, was man will, und zu wollen, was man tut, ist das Schwierigste, was es gibt. Niemand hat die richtige Theorie für seine Praxis, wir alle sind – in unterschiedlichem Ausmaß – unaufrichtig, das heißt, wir lügen, geben uns Illusionen und Täuschungen hin. Wir schmieden unsere Ketten selbst, unermüdlich, mit Energie und Eifer. Wir füllen unsere sozialen Rollen aus, produzieren sie, reproduzieren sie, wie Beschwörungsrituale, als berge die Freiheit, die unerwartete Begegnung mit dem anderen, für uns schreckliche Gefahren. Aber diese Rollen ersticken uns, schnüren uns langsam die Luft ab. Tief in unseren Köpfen haben wir Ketten, die uns hindern, frei zu denken, zu schauen, zu gehen, zu träumen, zu fühlen.

Aljoscha hat recht: Der Mensch lebt, bildet sich, wächst, entfaltet sich nur mit der Hilfe anderer Menschen. Das Geheimnis der Beziehung ist viel größer als das Geheimnis des Seins. Um den Sinn des Lebens zu entdecken, genügt es nicht, das Leben zu lieben. Wir stoßen nicht auf den Sinn, wie wir beim Gehen an einen Stein stoßen. Der Sinn entsteht, setzt sich zusammen, offenbart sich. Er erwächst daraus, dass ich in der freien Beziehung zu einem anderen Menschen das bekomme, was ich nicht habe. Deshalb ist eine soziale Ordnung, die nicht auf wechselseitigen Beziehungen gründet, darauf, dass die Menschen sich ergänzen, sondern auf Konkurrenz, Beherrschung und Ausbeutung, zum Scheitern verurteilt.

Warum diese Entfremdung? Warum verdrängen wir freiwillig diesen fantastischen Reichtum an Schöpferkraft, an Wünschen, den jede und jeder von uns besitzt? Warum sind zu Beginn des 21. Jahrhunderts wir Menschen im Westen, die wir so großartige Privilegien errungen haben – Freiheiten, Rechte gegen die Willkür –, die wir den Mangel besiegt, das Geheimnis des Universums, der Sterne, des Atoms, des Lebens gelüftet und den Tod um Jahrzehnte hinausgeschoben haben, dennoch unfähig, das Joch unserer Rollen abzuschütteln, in Freiheit und Liebe die unerwartete Begegnung anzunehmen und endlich unserem Leben einen kollektiven Sinn zu verleihen?

Mein Buch versucht, auf einige dieser Fragen Antworten zu geben. Es enthält Einsichten, die nach meiner Einschätzung hilfreich sind, um unsere Situation zu verstehen und aufzuzeigen, was wir tun müssen, um sie zu verändern.

In den letzten dreißig Jahren hat sich die Welt zutiefst gewandelt. Mit dem Zusammenbruch des Sowjetreichs im August 1991 verschwand die weltweite Bipolarität der Staatsgesellschaften. Aus den Ruinen der alten Welt tauchte eine neue Tyrannei auf: die Tyrannei der Oligarchien des globalen Finanzkapitals.

Hunger und Not sind zurück in Europa. Nach Angaben von UNICEF waren 2013 in Spanien 11 Prozent der Kinder unter zehn Jahren unterernährt. Die sogenannte »Sockelarbeitslosigkeit« liegt in den 28 Staaten der Europäischen Union bei 30,2 Millionen Männern, Frauen und Jugendlichen. Besonders schlimm ist sie bei den jungen Leuten unter fünfundzwanzig.

Die hochfliegenden Hoffnungen, die die antikolonialistischen Befreiungsbewegungen im letzten Jahrhundert geweckt haben, sind zerplatzt. In Schwarzafrika, in Mittelamerika und in mehreren asiatischen Ländern sind aus diesen Kämpfen Rumpfstaaten ohne echte Souveränität hervorgegangen, in denen Korruption und Elend herrschen.

Die Präambel der im Juni 1945 verabschiedeten Charta der Vereinten Nationen beginnt mit folgenden Worten: »Wir, die Völker der Vereinten Nationen, fest entschlossen, künftige Geschlechter vor der Geißel des Krieges zu bewahren, die zweimal zu unseren Lebzeiten unsagbares Leid über die Menschheit gebracht hat ...« Aber die Kriege sind wieder da, so furchtbar wie eh und je. Nach den blutigen Auseinandersetzungen im ehemaligen Jugoslawien, auf dem Balkan, in Afghanistan und im Irak wüten heute Kriege in Syrien, im Jemen, im Ostkongo, im Süden und Westen des Sudan, in der Zentralafrikanischen Republik, in Myanmar, auf den Philippinen und in weiteren Regionen der Welt.

Die multiethnische, laizistische, multikulturelle Nation ist eine Errungenschaft der Zivilisation. Heute ist sie existenziell bedroht durch Schreckgespenster, die sich erhoben und Gestalt angenommen haben: den Dschihadismus, den christlichen, jüdischen, hinduistischen und buddhistischen Fundamentalismus, den gewaltbereiten Rassismus und aufklärungsfeindliches Denken jeder Couleur, allesamt Feinde der Vernunft. In zahlreichen westlichen Ländern gewinnen antidemokratische Parteien der extremen Rechten bei jeder Wahl dazu und vergiften das kollektive Bewusstsein.

Die Beziehungen zwischen Mensch und Natur haben sich verändert. Es ist ein neues Bewusstsein für die Gefährdung des Lebens auf der Erde und die Endlichkeit der natürlichen Ressourcen entstanden. Aber die Zerstörung der Natur schreitet fort.

Überall werden die Menschenrechte, diese grundlegende Errungenschaft, die man nach der Schlächterei im Zweiten Weltkrieg für unumstößlich hielt, mit Füßen getreten. Die Rechte auf Essen, Wohnen, einen Arbeitsplatz, auf Gesundheit, körperliche Unversehrtheit und Freizügigkeit werden heute auf allen fünf Kontinenten jeden Tag massiv verletzt.

Es ist wieder legitim, Menschen zu foltern. Folter wird als »notwendig« und sogar »unvermeidlich« erklärt, und das nicht nur von Schurkenstaaten, sondern auch in einem Dekret des vorletzten Präsidenten der Vereinigten Staaten von Amerika.[1]

Der schottische Philosoph Edmund Burke schrieb im 18. Jahrhundert: »*All that evil needs to triumph is the silence of good men*« (»Alles, was das Böse braucht, um zu triumphieren, ist das Schweigen der guten Menschen«).

Wenn alle Welt schweigt, den Blick abwendet, nicht zuhört, passiv bleibt, von Schicksal spricht, vom normalen und unvermeidlichen Lauf der Dinge, muss der »gute Mensch« Fragen stellen, nach-

---

1 Mit einer *executive order* zog George W. Bush im Juni 2004 die amerikanische Unterschrift unter die Konvention der Vereinigten Nationen zurück, die Folter und andere Formen unmenschlicher Behandlung verbietet. Seine Begründung lautete: »Der amerikanische Präsident hat die verfassungsmäßige Gewalt, eine Militäraktion zum Schutz des amerikanischen Volkes durchzuführen ...« Damit wurde das Verbot der Folter bei Verhören auf Anordnung des Oberbefehlshabers aufgehoben (»The prohibition against torture must be construed as inapplicable to interrogation undertaken pursuant to his commmander-in-chief-authority«).

forschen, die Ursachen untersuchen, die Interessen, die im Spiel sind, die Verantwortlichkeiten, die Dinge beim Namen nennen, auf die Schuldigen hinweisen, wirtschaftliche, politische und gesellschaftliche Kalküle ans Licht bringen, die Menschenleben zerstören. Er muss den Frauen und Männern, die die Welt verändern wollen, Waffen in die Hand geben.

Régis Debray hat das so zusammengefasst: »Die Aufgabe des Intellektuellen ist es nicht, Liebenswürdigkeiten zu verteilen, sondern zu sagen, was ist. Er will nicht verführen, sondern bewaffnen.«

Das Buch hat folgenden Aufbau:

Zuerst versuche ich die Frage zu beantworten: Was nützt ein Intellektueller? Wissen ist nie neutral. Wie jede andere Wissenschaft ist die Soziologie ein Instrument, das befreit oder unterdrückt. Anschließend werden wir sehen, wie Ungleichheiten zwischen den Menschen entstehen. Im dritten und vierten Kapitel versuche ich, Ursprung und Funktion von Ideologien auf der einen Seite und der Wissenschaft auf der anderen Seite aufzuzeigen. Die Menschen sind nie so, wie sie zu sein glauben. Die Entfremdung des Bewusstseins hat in den letzten dreißig Jahren enorm zugenommen. Davon erzählt das fünfte Kapitel. Im sechsten Kapitel geht es um den Staat und im siebten um die Nation. Das achte Kapitel behandelt die Frage: Wie entsteht und entwickelt sich die Gesellschaft? Das neunte Kapitel ist den Völkern gewidmet, die keine Stimme haben.

Denken wurzelt immer in einem kulturellen und intellektuellen Nährboden, der bereits vorhanden ist. Ich werde darlegen, wessen Erbe ich bin, wer mein Denken angeregt hat und weiterhin anregt. Ich werde auch darlegen, wo ich mit denen, die mir auf dem Weg vorangegangen sind, und denen, die mich begleitet haben und noch begleiten, übereinstimme und wo nicht.

Und schließlich werde ich erläutern, welche Hoffnung das Buch durchzieht. Ein neues Subjekt der Geschichte ist im Entstehen begriffen: die neue, weltumspannende Zivilgesellschaft. Sie tritt an, die kannibalische Weltordnung zu vernichten. Mein Buch ist kein Buch der Utopie, sondern ein Handbuch für den Kampf, für den Aufstand dieser tausendfältigen Widerstandsfront, dieser mysteriösen Bruderschaft der Nacht.

Das Buch ist auch eine intellektuelle Autobiografie. Über drei Jahrzehnte war ich Professor für Soziologie an afrikanischen, brasilianischen und französischen Universitäten, vor allem und ganz besonders intensiv aber an der Universität Genf. Im Gegensatz zu meinen vorausgegangenen Büchern *Die neuen Herrscher der Welt*; *Das Imperium der Schande*; *Der Hass auf den Westen*; *Wir lassen sie verhungern* enthält *Ändere die Welt!* relativ viele philosophisch-theoretische Elemente. Sie inspirieren und beeinflussen meine Arbeit seit vielen Jahren.

Bei Ernst Bloch steht der paradoxe Appell: »Vorwärts zu unseren Wurzeln!« Für zahlreiche Leserinnen und Leser gehören mehrere der hier vielfach zitierten Autoren ins Neolithikum der Sozialwissenschaften. Karl Marx, Georg Lukács, Max Horkheimer, Jean-Paul Sartre – um nur einige zu nennen – sind die Begründer des radikal kritischen Bewusstseins im Kapitalismus. Alle ihre Werke sind von bestechender Aktualität. Die Mechanismen der Entfremdung, die Schaffung eines homogenisierten Bewusstseins, die akuten Flurschäden des grassierenden Neoliberalismus bleiben ohne sie unverständlich. Wir stehen in ihrer Schuld im Sinne des inzwischen geflügelten Wortes: Wir sind Zwerge auf den Schultern von Riesen ... und sehen deshalb weiter als sie.

Ich stelle mir die Frage, wie nützlich mein berufliches Wirken war. Dieses Buch versucht, seinen Sinn aufzuspüren.

Zum ersten Mal in der Geschichte des Planeten ist heute der objektive Mangel an materiellen Gütern, die zum elementaren Überleben der Menschen nötig sind, überwunden.

Karl Marx starb am 14. März 1883 friedlich in dem einzigen Sessel seiner bescheidenen Wohnung in London. Bis zum letzten Atemzug war er überzeugt, dass der objektive Mangel – das verfluchte Paar aus Herr und Knecht, die miteinander um die Kontrolle über die knappen Güter ringen, die alle Menschen zur Deckung ihrer Grundbedürfnisse brauchen – die Menschheit noch über Jahrhunderte begleiten würde. Seine gesamte Theorie über den Klassenkampf, die weltweite Arbeitsteilung, den Staat als Überbau gründet auf der Hypothese, dass der Mangel an Gütern fortbesteht. Aber Marx hat sich getäuscht. Seit seinem Tod hat die Menschheit eine großartige Abfolge wissenschaftlicher, technischer, elektronischer und industrieller Revolutionen erlebt, die das Potenzial der Produktivkräfte auf unserem Planeten auf außerordentliche und vollkommen unvorhersehbare Weise um ein Vielfaches gesteigert haben. Der objektive Mangel wurde tatsächlich überwunden.[1]

Ich nenne nur ein einziges Beispiel: das tägliche Massaker des Hungers, dem jedes Jahr viele Millionen Menschen zum Opfer fallen. Zum ersten Mal in der Geschichte besteht heute das Problem nicht darin, dass zu wenig Nahrungsmittel erzeugt werden, sondern dass auf skandalöse Weise unzählige Menschen aus Mangel an finanziellen Mitteln keinen Zugang zu Nahrungsmitteln haben, die andernorts im Überfluss vorhanden sind.

Erinnern wir uns an die älteste, strahlendste Erklärung der Menschenrechte, die direkt von Jean-Jacques Rousseau und seinem *Gesellschaftsvertrag* inspiriert wurde: die Erklärung, die die amerikanischen Revolutionäre am Morgen des 4. Juli 1776 in Philadelphia verabschiedeten. Sie ist als Präambel der Unabhängigkeitserklärung der Vereinigten Staaten vorangestellt. Verfasst wurde sie von Thomas Jefferson und Benjamin Franklin. Darin heißt es:

»Folgende Wahrheiten erachten wir als selbstverständlich: dass alle Menschen gleich geschaffen sind; dass sie von ihrem Schöpfer mit gewissen unveräußerlichen Rechten ausgestattet sind; dass dazu Leben, Freiheit und das Streben nach Glück gehören; dass zur Sicherung dieser Rechte Regierungen unter den Menschen eingerichtet werden, die ihre rechtmäßige Macht aus der Zustimmung der Regierten herleiten; dass, wenn irgendeine Regierungsform sich für diese Zwecke als schädlich erweist, es das Recht des Volkes ist, sie

---

1 Vgl. François Perroux, Vorwort zu *Œuvres de Karl Marx*, Bd. I, *L'Économie*, Paris 1965.

zu ändern oder abzuschaffen und eine neue Regierung einzusetzen und sie auf solchen Grundsätzen aufzubauen und ihre Gewalten in der Form zu organisieren, wie es zur Gewährleistung ihrer Sicherheit und ihres Glücks geboten zu sein scheint.«[1]

Im Jahr 1776 kam das Menschenrecht auf das Streben nach Glück noch einer Utopie gleich. Die auf dem Planeten verfügbaren Güter reichten ganz einfach nicht aus, um die Grundbedürfnisse aller zu befriedigen. Heute hingegen könnte dieses Recht für alle Menschen Realität werden, egal, wo und in welcher Gesellschaft sie leben. Um genau zu sein: Ich spreche hier von materiellen Bedürfnissen und materiellen Gütern zu ihrer Befriedigung. Das immaterielle Unglück – Einsamkeit, Liebeskummer, Trauer, Verzweiflung – ist ein anderes Kapitel. Aber, darauf beharre ich: Das materielle Leid, das immer noch Hunderte Millionen unserer Zeitgenossen quält, könnte morgen beseitigt sein.

Wir leben in einer absurden Weltordnung. Jeder von uns, an welchem Ort er sich befindet und zu welcher Gesellschaft er gehört, kann viel zu ihrer Bekämpfung und Überwindung beitragen.

Mein Buch erhebt natürlich nicht den Anspruch, eine Bestandsaufnahme aller aktuellen Kämpfe gegen die Entfremdung zu liefern oder eine vollständige Liste der vorhandenen analytischen Konzepte. Es werden nur die vorgestellt, die direkt mit meiner wissenschaftlichen und politischen Erfahrung verbunden sind und darum mit den praktischen und theoretischen Kämpfen für die Emanzipation der Menschen, an denen ich mich beteiligen wollte und weiterhin beteiligen will. Insofern gibt das Buch eine Erfahrung wieder, ist es eine Rechenschaft mit einem unvermeidlich schicksalhaften und subjektiven Anteil.

Die Suche nach dem Sinn der Gesellschaft, der Geschichte, des Lebens kann immer nur ein kollektives Unterfangen sein. Sie fin-

---

1 Text der amerikanischen Unabhängigkeitserklärung: http://usa.usembassy.de/etexts/ gov/unabhaengigkeit.pdf. In der vom Konvent von Virginia im Zuge der amerikanischen Unabhängigkeitsbewegung verabschiedeten Grundrechtserklärung war erstmals vom »pursuit of happiness« (vom Recht auf das »Streben nach Glück«) die Rede.

det in den und durch die praktischen und theoretischen Auseinandersetzungen statt, in denen wir Akteure und Thema zugleich sind. Jeder von uns, der Autor wie der Leser, ist das konkrete Produkt einer komplexen Dialektik zwischen dem Besonderen und dem Allgemeinen. Das Verlangen nach Totalität und das Streben nach Sinn sind den Menschen angeboren. In dem Maß, wie mein Buch dazu beiträgt, kann es auf einen Wunsch des Lesers antworten, wird es eine gemeinsame Arbeit und erhält es seine Legitimität.

ERSTES KAPITEL

Was nützt ein Intellektueller?

Lerne das Einfachste! Für die
Deren Zeit gekommen ist
Ist es nie zu spät!
Lerne das Abc, es genügt nicht, aber
Lerne es! Laß es dich nicht verdrießen!
Fang an! Du mußt alles wissen!
Du mußt die Führung übernehmen.

Lerne, Mann im Asyl!
Lerne, Mann im Gefängnis!
Lerne, Frau in der Küche!
Lerne, Sechzigjährige!
Du mußt die Führung übernehmen.
Suche die Schule auf, Obdachloser!
Verschaffe dir Wissen, Frierender!
Hungriger, greif nach dem Buch: es ist eine Waffe.
Du mußt die Führung übernehmen.

Scheue dich nicht zu fragen, Genosse!
Laß dir nichts einreden
Sieh selber nach!
Was du nicht selber weißt
Weißt du nicht.
Prüfe die Rechnung
Du mußt sie bezahlen.

> Lege den Finger auf jeden Posten
> Frage: wie kommt er hierher?
> Du mußt die Führung übernehmen.
>
> Bertolt Brecht, *Lob des Lernens*[1]

In den Jahren 1935/1936 hielt Georges Politzer an der Arbeiteruniversität von Paris eine Vorlesung mit dem Titel *Elementare Prinzipien der Philosophie*. Die Arbeiteruniversität wurde 1939 aufgelöst. Politzer, der Widerstandskämpfer gegen den Faschismus und aktive Kommunist, starb durch die Kugeln eines Exekutionskommandos der Nazis. Nach der Befreiung Frankreichs veröffentlichte einer seiner ehemaligen Studenten, Maurice Le Goas, die Aufzeichnungen, die er sich in Politzers Vorlesung gemacht hatte.

Politzer konnte sich eine institutionelle Aufteilung des Wissens nicht vorstellen: Seine Vorlesung richtete sich an Männer und Frauen aus allen Berufen und allen Altersgruppen, die durch ihr Denken und Handeln Zeugnis von ihrer Entschlossenheit ablegten, eine ungerechte Gesellschaft zu verändern. Seine Ausführungen mussten deshalb für jedermann verständlich sein – weil sie sonst für niemanden verständlich gewesen wären. Wie Maurice Le Goas schrieb, sollte die Vorlesung den Arbeitern, jungen wie alten, Hand- und Kopfarbeitern, »eine Methode des Nachdenkens an die Hand geben, die ihnen erlaubt, unsere Zeit zu verstehen und ihr Handeln auszurichten, sowohl in ihrer Technik wie auf dem politischen und sozialen Feld«.[2] Politzers Vorlesung ist für mich ein Modell pädagogischen Handelns.

Indem ich hier die elementaren Prinzipien einer radikal kritischen oppositionellen Soziologie darlege, möchte ich einen möglichst wirksamen Beitrag dazu leisten, dass die Gerechtigkeit und das Bewusstsein der Menschen für ihre eigene Macht Fortschritte machen.

Jede Gesellschaft spricht mit sich über sich selbst. Jeder Mensch

---

1 Bertolt Brecht, *Gesammelte Gedichte,* Bd. 2, Frankfurt am Main 1976, S. 462 f.
2 Georges Politzer, *Principes élémentaires de philosophie,* Vorwort von Maurice Le Goas, Paris 1970, S. 7.

hat vielfältige Meinungen über sich und andere. Die kollektiven und individuellen Vorstellungen, die Bilder, die die Menschen sich von ihrem Leben machen, bilden den Überbau der Gesellschaft. Die materiellen Umstände ihres Lebens, die Produktivkräfte und das dazugehörige Werkzeug bilden den Unterbau. Bilder und Realität, Überbau und Basis ergänzen sich und stehen zugleich im Widerspruch. Diese Beziehungen bilden die Gesellschaft.

Es gibt nur eine Wissenschaft, nämlich jene, die jede *metasoziale Begründung* ablehnt: Alain Touraine hat als Erster 1973 in seinem grundlegenden Werk *Production de la société*[1] die überzeugendste, theoretisch untermauerte Kritik an metasozialen Konzeptionen formuliert. Die metasoziale Begründung, so wie Alain Touraine sie definiert, geht von einer Instanz jenseits der Realität der Gesellschaft aus. Mittels solcher Instanzen erheben die Mächtigen den Anspruch, Bedeutungen zu legitimieren, bestimmte Praktiken aufzuzwingen, Verhaltensweisen zu reglementieren.

In der Geschichte der Gesellschaften hat es den Rückgriff auf metasoziale Begründungen und die entsprechenden Instanzen immer gegeben. Er diente und dient dazu, unveränderliche, ahistorische »Wahrheiten« zu rechtfertigen und letzten Endes den Fortbestand der herrschenden Machtverhältnisse zu sichern.

Drei Beispiele sollen das erläutern, zwei sind der französischen Geschichte entnommen, das dritte der Aktualität der Weltgesellschaft.

Erstes Beispiel: Ludwig der Heilige, dessen Herrschaft im 13. Jahrhundert den Höhepunkt des Königtums der Kapetinger markierte, legitimierte seine Macht mit der Formel »Ludwig, durch die Gnade Gottes König von Frankreich«. Die metasoziale Begründung seiner Macht verweist auf die religiöse Ideologie. Der König empfing seine Macht von Gott, vermittelt durch die kirchliche Bürokratie. Der erste französische König, der gesalbt wurde, war Pippin der Kurze. Er wurde ein erstes Mal 751 von einer Versammlung von Bischöfen des Königreichs gesalbt, die in Soissons zusammengekommen wa-

---

1 Paris 1973.

ren, und ein zweites Mal 754 in Saint-Denis durch Papst Stephan II. Als letzter französischer König wurde Karl X. 1825 in der Kathedrale von Reims gesalbt.

Metasoziale Begründungen können auch dazu dienen, komplexere politische Teilstrategien zu rechtfertigen. Dazu ein Beispiel:

Suger, der Abt von Saint-Denis (der Abtei vor den Toren von Paris, die Grablege der französischen Könige ist), Ratgeber der Könige Ludwig VI. und Ludwig VII. sowie Kanzler des Reichs, illustriert, was damit gemeint ist. Suger wollte der im Entstehen begriffenen Monarchie eine solide Legitimität verschaffen und zugleich seine eigene Macht festigen. Das konnte er nur erreichen, indem er den Heiligen, dessen Reliquien die Abtei besaß, zum Beschützer des Reiches und wichtigsten Heiligen Frankreichs erhob.[1] Darum musste er ein möglichst prunkvolles, luxuriöses und eindrucksvolles Heiligtum errichten. Doch weil damals Not und Hunger herrschten, gab es anhaltende und heftige Kritik an solch verschwenderischen Ausgaben. Suger fand einen Ausweg: In den Schriften, die er über die Verwaltung von Saint-Denis hinterlassen hat[2] – in denen es um die Rekonstruktion der Kirche geht, um möglichst große Balken, kostbare Edelsteine, wundervolle Goldschmiedearbeiten, prächtige Fenster –, präsentiert er sich selbst als Instrument Gottes, des heiligen Dionysius und der anderen Heiligen. Er beteuert, seine Entscheidungen über Ausgaben, über teures Material und so weiter seien ihm in Visionen und durch Wunder »diktiert« worden. Somit geht sein Handeln aus der Heilsgeschichte hervor, die Ereignisse rechtfertigt, ihnen eine metasoziale Begründung verleiht und damit die Realität verschleiert.

Heute ist die mächtigste und zugleich die gefährlichste metasoziale Begründungsweise die »Naturalisierung« ökonomischer Fakten. Die Oligarchien des globalisierten Finanzkapitals berufen sich auf sogenannte »Naturgesetze der Wirtschaft«, um den Menschen aus seiner

---

1 Es handelt sich um den heiligen Dionysius, französisch Denis. Er war der erste Bischof von Paris.

2 Erwin Panofsky, *Gotische Architektur und Scholastik. Zur Analogie von Kunst, Philosophie und Theologie im Mittelalter,* Köln 1989.

eigenen Geschichte zu vertreiben, um präventiv jeden Ansatz von Widerstand, der ihm in den Sinn kommen könnte, zu brechen und ihre Profite abzusichern. Der »Weltmarkt«, die oberste Regelungsinstanz nicht nur für die Produktion und den Austausch von Waren, sondern auch für menschliche Beziehungen und Konflikte, wird auf diese Weise in den Rang einer »unfehlbaren unsichtbaren Hand« erhoben. Das Ziel aller Politik soll demnach die vollständige Liberalisierung sämtlicher Bewegungen von Kapital, Waren und Dienstleistungen sein, die Unterwerfung aller menschlichen Tätigkeiten unter den Grundsatz der Maximierung von Profit und Rentabilität und darum die Privatisierung aller öffentlichen Bereiche. Diese Strategie enthält ein Versprechen: das Versprechen, dass die Marktkräfte, wenn sie erst einmal endgültig der öffentlichen Kontrolle und allen territorialen Beschränkungen entzogen sind, unvermeidlich weltweites Wohlergehen erzeugen werden. Weil dann das Kapital automatisch in jedem Moment dorthin geht, wo es den maximalen Profit erzielen kann.

James Wolfensohn, der einstige Wall-Street-Banker, Multimilliardär, begnadeter Pianist, ein warmherziger, kultivierter Mann, war bis 2005 Präsident der Weltbank. Sein Credo, das er unzählige Male leidenschaftlich auf internationalen Podien wiederholte, lässt sich auf folgendes Motto reduzieren: »*stateless global governance*«. Mit anderen Worten: Die Selbstregulierung des Weltmarkts, endlich befreit von aller Einmischung von Staaten, Gewerkschaften, Bürgern und so weiter, wartet am Horizont und ist das endgültige Ziel der Geschichte.

Die »Marktgesetze« sind eine metasoziale Begründung, die zumal dadurch besonders gefährlich ist, als sie sich auf einen strengen Rationalismus beruft. Tatsächlich handelt es sich um nichts anderes als Hokuspokus, der uns glauben machen möchte, wissenschaftliche Strenge und die Strenge der »Marktgesetze« seien das Gleiche.

Und noch etwas anderes gilt es zu verstehen: Indem sich die Diktatur des globalisierten Finanzkapitals hinter blinden »Marktgesetzen« verschanzt, zwingt sie uns eine geschlossene, starre Sicht der Welt auf, in der es keine menschliche Initiative gibt, kein geschichtliches Handeln, das aus der subversiven Tradition des noch nicht Existierenden, des Unvollendeten, der Freiheit erwächst.

Um zu illustrieren, was ich meine, zitiere ich eine Erinnerung. Einige meiner Bücher, vor allem *Eine Schweiz – über jeden Verdacht erhaben* (1976), *Die Schweiz wäscht weißer* (1990) und *Die Schweiz, das Gold und die Toten* (1997) zogen den Hass der schweizerischen Bankiers auf sich. Um mich finanziell zu ruinieren und so zum Schweigen zu bringen, wurden neun Prozesse gegen mich angestrengt. Meine parlamentarische Immunität wurde aufgehoben. Die Schadenersatzforderungen summierten sich auf mehrere Millionen Schweizer Franken, und weil ich alle Prozesse verloren habe, war ich am Ende tatsächlich ruiniert. Doch trotz des Hasses, trotz aller Meinungsverschiedenheiten blieben einige persönliche Beziehungen bestehen. Eines Abends steige ich in den letzten Zug von Bern nach Genf, der ziemlich leer ist. Ein Privatbankier, Calvinist, in seiner strengen familiären und gesellschaftlichen Tradition eingesperrt wie in einer Zwangsjacke, bemerkt mich. Er vergewissert sich, dass außer uns niemand sonst in dem Abteil sitzt, und macht mir ein Zeichen. Ich setze mich ihm gegenüber. Wir diskutieren über die Lage in der Demokratischen Republik Kongo nach dem Tod von Laurent Kabila. Einige Tage zuvor habe ich im Hotel President Wilson in Genf dessen Sohn und Nachfolger Joseph Kabila getroffen. Die *Tribune de Genève* hat über die Begegnung berichtet.

Der Bankier: »Du hast den jungen Kabila getroffen?«

»Ja.«

»Wie ist die Lage im Kongo?«

»Furchtbar. In Kinshasa gibt es wieder Epidemien, es herrscht Hunger. Seit dem Jahr 2000 sind über zwei Millionen Menschen gestorben. Überall Elend, Krieg. Der Staat ist bankrott.«

»Ich weiß. Einer meiner Cousins ist Missionar da unten ... Er hat mir die Situation geschildert, sie ist schrecklich.«

Ich gehe zum direkten Angriff über: »Mobutu hat über 4 Milliarden Dollar auf schweizerische Konten verschoben. Ich habe gehört, ein Teil der Beute liege bei deiner Bank.«

»Du weißt, dass ich dir darauf keine Antwort geben kann. Bankgeheimnis… Aber unter uns gesagt: Mobutu war ein Dreckskerl. Mein Bruder hat erzählt, an dem heutigen Elend seien vor allem die Plünderungen unter Mobutu schuld.«

Mittlerweile hat der Zug Romont weit hinter sich gelassen. Über dem Genfer See schimmern schwach die Lichter des Lavaux. Es regnet. Ich hake nach: »Also, warum gibst du das gestohlene Geld nicht einfach der neuen Regierung zurück? Du weißt genau, dass sie es sich nicht leisten kann, vor schweizerischen Gerichten jahrelang um die Rückgabe zu prozessieren.«

Mein Gegenüber wirkt nachdenklich. Vor den nassen Zugfenstern ziehen Lichter vorbei. Schließlich sagt er mit fester Stimme: »Unmöglich! In die Kapitalflüsse kann man nicht eingreifen.«

Wir werden im dritten Kapitel auf die neoliberale Wahnidee zurückkommen.

Ein Bestand an »Werten« – die nicht aus der Erfahrung der Menschen hervorgehen, die nicht in ihrer Geschichte ihren Niederschlag finden, sondern die als unerschütterliche, ewige Leitsätze daherkommen – dient als Rechtfertigung für das Handeln der Mächtigen. Der Bruch mit den metasozialen Begründungen macht das materialistische, empirisch-rationalistische Wesen unserer Wissenschaft aus. Er gibt ihr ihre Realität zurück. Oder wie Edgar Morin schrieb: »Das Kriterium für Realität ist die Feststellung der empirischen Existenz des Phänomens, verbunden mit der strikten Beachtung der Regeln rationaler Logik… Das Kriterium der Realität, das nicht das Gefühl der Realität ist, erlaubt dem Gefühl der Realität, sich festzusetzen, Gestalt anzunehmen.«[1]

Wie für jede Wissenschaft gilt auch für die Soziologie: Entweder ist sie materialistisch, oder sie ist gar nicht. Sie kann nur eine empirische und rationale Erklärung des Universums (des physischen, sozialen und so weiter) akzeptieren. Mit anderen Worten: Jede Gesellschaft erschafft sich selbst, sie hat keine anderen Bezüge, keine anderen Anhaltspunkte für ihre Legitimität, keine anderen Werte als

---

1 Edgar Morin, *Le Vif du sujet,* Paris 1969, Neuaufl. »Points Essais«, Paris 1982, S. 38.

die, die ihrer eigenen Praxis entspringen. Genau diese Selbsterschaffung der Gesellschaft will ich erläutern und verständlich machen.

Wenn man die materialistischen Grundlagen der Wissenschaft erst einmal anerkannt hat, ist der nächste Schritt, die Verschleierungsstrategien zu entlarven, die auf metasoziale Begründungen zurückgehen. Wie schon gesagt: Jede Gesellschaft spricht zu sich selbst über sich. Aber jedes System der Selbstinterpretation – jedes kulturelle System, jede Ideologie, jede Religion – verhüllt, verbirgt, lügt und enthüllt zugleich. Was am meisten verborgen wird, ist besonders wahr. Was gezeigt wird, muss erklärt werden durch das, was nicht zu sehen ist. Ich habe gesagt, die Soziologie versuche zu verstehen, wie die Gesellschaft sich selbst hervorbringt. Um es noch präziser zu formulieren: Der Soziologe muss das aufspüren, entlarven, ans Licht bringen, was nicht in der Selbsthervorbringung der Gesellschaft auftaucht. Die Aufgabe ist schwierig, denn was da verborgen ist, wurde absichtlich versteckt.

Jedes System der Selbstinterpretation ist vom Klasseninteresse durchdrungen und besetzt. Jede Ideologie, insofern sie behauptet, die »Wahrheit der Fakten« auszusprechen, ist eine Lüge. Die Aufgabe des Soziologen ist es, die historischen materiellen Bedingungen aufzudecken, unter denen diese »Wahrheit« produziert wurde, sowie die wirtschaftlichen, gesellschaftlichen und politischen Interessen ans Licht zu bringen, die sie kaschiert und denen sie dient. Er analysiert auch die Symbolsysteme, die als Instrumente verwendet werden, um die »Wahrheit« umzusetzen. Bei dieser Aufgabe muss er in jedem Augenblick berücksichtigen, was Bertolt Brecht über das Verhalten des Revolutionärs formuliert hat:

Er fragt die Ansichten
Wem nützt ihr?
[...]
Und wo Unterdrückung herrscht und von Schicksal die Rede ist
Wird er die Namen nennen.[1]

---

1 Bertolt Brecht, *Gesammelte Gedichte,* Bd. 2, a. a. O., S. 467.

*Die Arbeit des Intellektuellen (und damit des Soziologen) ist definitions-
gemäß subversiv.* Seine Arbeit zielt darauf ab, ein Objekt real zu erfassen. Egal, was die subjektive Absicht des betreffenden Subjekts
sein mag, das reale Erfassen eines Objekts ist immer ein subversiver
Akt, das heißt ein Akt, der in Konflikt mit den herrschenden sozialen Strategien gerät. Indem der Soziologe aufzeigt, wie gesellschaftliche Strukturen entstehen, ihre Systeme der Selbstinterpretation,
ihre apodiktischen Behauptungen, bringt er zugleich auch die Strategien ans Licht, mit denen sie erzeugt werden, und die Gewalt, die
bei ihrer Entstehung am Werk ist, kurzum: ihre unabweisbare Kon-
tingenz. Kein Machthaber kann das dulden.

Ich übernehme folgendes Beispiel von Max Horkheimer: Napoleon war nach Preußen vorgedrungen und hatte dort die republikanischen Ideale verbreitet, die Menschenrechte, die Idee der Volkssouveränität, das Konzept der Staatsbürgerschaft. In der Völkerschlacht
von Leipzig wurde die französische Armee 1813 geschlagen. Der
preußische König stellte die autokratische Monarchie wieder her,
in Potsdam triumphierte die Restauration. Aber der König hatte
ein Problem: Er musste die Universität Berlin säubern und sich vor
allem um den wichtigsten Lehrstuhl kümmern, den Lehrstuhl für
Philosophie. Also ließ er in allen deutschen Staaten die Mitteilung
anschlagen, dass er einen Philosophen suche, der in der Lage sein
müsse, die »französische Drachensaat« auszumerzen, das heißt das
republikanische Denken und all jene Ideen, die den Geist der Studenten vergifteten. In Heidelberg stießen die Werber des Königs auf
den scharfsinnigen, brillanten Georg Wilhelm Friedrich Hegel, ein
Reaktionär durch und durch, der von der monarchischen Restauration, autoritärem Denken und Gottesgnadentum überzeugt war
und fest daran glaubte, dass der absolutistische Staat Vorrang gegenüber dem Individuum haben müsse. »Hegel [...] war von einer ver-
drossenen Ablehnung spezifischer Verhältnisse so weit entfernt, daß
der König von Preußen ihn nach Berlin berief, damit er den Studenten die gebührende Loyalität einschärfe und sie gegen politische Opposition immunisiere. Hegel tat sein Bestes in dieser Richtung und
erklärte den preußischen Staat für die ›Wirklichkeit der sittlichen

31

Idee‹ auf Erden. Aber das Denken ist eine eigentümliche Sache. Um den preußischen Staat zu rechtfertigen, mußte Hegel seine Studenten zur Überwindung der Einseitigkeit und der Beschränkungen des gewöhnlichen Menschenverstandes erziehen und zur Einsicht in den wechselseitigen Zusammenhang zwischen allen begrifflichen und realen Verhältnissen bringen. Überdies mußte er sie lehren, die menschliche Geschichte in ihrer komplexen und widersprüchlichen Struktur zu erfassen, den Ideen von Freiheit und Gerechtigkeit im Leben der Völker nachzugehen und zu erkennen, daß diese untergehen, wenn ihr Prinzip sich als unangemessen erweist und die Zeit für neue soziale Formen reif ist. Die Tatsache, daß Hegel seine Studenten im theoretischen Denken unterweisen mußte, hatte für den preußischen Staat durchaus zweideutige Folgen. Auf die Dauer wurde dieser reaktionären Institution dadurch mehr Schaden zugefügt, als sie Nutzen aus ihrer formalen Glorifizierung bezog. Die Vernunft ist ein schwacher Bundesgenosse der Reaktion. Noch nicht zehn Jahre nach Hegels Tod (sein Lehrstuhl war während dieser Zeit unbesetzt) berief der König einen Nachfolger, der gegen die ›Drachensaat des Hegelschen Pantheismus‹ und gegen ›die Anmaßung und den Fanatismus seiner Schule‹ kämpfen sollte.«[1]

Die Frage, was genau ein Intellektueller nützt, zieht unvermeidlich andere Fragen nach sich. Wir schauen uns einige davon an.

Wie jeder Intellektuelle bringt auch der Soziologe neue Erkenntnisse in die Welt. Aber ebenso wie etwa der Nuklearphysiker hat er keine Kontrolle über ihre Anwendung, darüber, welchen Gebrauch Dritte von seinen Forschungsmethoden machen, seinen Analysekonzepten, von dem problematischen Wissen, das er geschaffen hat. So haben die Soziologen äußerst präzise Forschungsmethoden entwickelt, ausgehend von Interviews mit kleinen Gruppen von Personen, die sorgfältig aus einer größeren Gesamtheit ausgewählt wurden. Diese Methoden erlauben es, *unbewusste kollektive Motive* einer ganzen Gesellschaft ans Licht zu bringen (und zu nutzen). Dank

---

1 Max Horkheimer, *Kritische Theorie*, Bd. II, Frankfurt am Main 1968, S. 310 f.

dieser Erkenntnisse kann der Soziologe über die subjektiven Antworten der Befragten hinaus auf ein ganzes Bündel wiederkehrender Verhaltensweisen und verinnerlichter Normen schließen, die der Person in dem Moment, in dem sie befragt wird, gar nicht vollständig bewusst sind. Diese Methoden sind im Allgemeinen nützlich und stellen sicher, dass unsere Kenntnisse über das tatsächliche, reale Funktionieren der Gesellschaft immer besser werden. Aber dieselben Untersuchungsmethoden über die Motive können auch verheerende Wirkungen haben, wenn sie dazu eingesetzt werden, herauszufinden, wie man beispielsweise am besten Zigaretten an junge Leute verkauft. Dazu engagieren Konzerne Soziologen, die durch wissenschaftliche Forschung zu ermitteln versuchen, mit welchem »Image« die Zigaretten am besten bei den Befragten, bei einer bestimmten Altersgruppe, Einkommensschicht und so weiter ankommen.

Wenn das »Image« einmal festgelegt ist, bringen die Marketingleute des Konzerns die unbewussten motivierenden Bilder der ausgewählten Gruppe »in Form« (so reden sie). Ergebnis: Die Mauern unserer Städte werden vollgeklebt mit bunten Plakaten, auf denen halbnackte junge Mädchen, athletische Cowboys oder Discobesucher vor einem Hintergrund sonnenbeschienener Landschaften oder wilder Partys Zigaretten anbieten, die – wie erwiesen ist – daran schuld sind, dass Jahre später Hunderttausende an Lungenkrebs sterben.

Ich gebe noch ein weiteres Beispiel, wie die Forschungsmethoden über die unbewussten kollektiven Motive auf verhängnisvolle Weise genutzt werden. 1946 finanzierte die Republikanische Partei von Südkalifornien eine derartige Untersuchung, um herauszufinden, welches »Image« der ideale Kandidat für die Kongresswahl im 12. Bezirk haben musste. Ausgehend von den Ergebnissen dieser Untersuchung, entwarf die Partei ein Phantombild des idealen Kandidaten und machte sich dann auf die Suche nach einem Mann, der diesem Bild entsprach. In der Presse und bei den Fernsehsendern in Südkalifornien wurden Anzeigen geschaltet. Schließlich blieb nur ein Kandidat übrig, ein Quäker von 33 Jahren, der fromme Sohn einer bescheidenen Witwe aus Whittier, von Beruf Anwalt, bekannt als Kommunistenfeind. Sein Name war Richard Nixon. 1946 wurde er zum Abgeordneten gewählt, 1950 zum Senator, 1952 wurde er Vizepräsident der Vereinigten Staaten und 1968 Präsident. Zu den zahlreichen Verbrechen, die während seiner Präsidentschaft begangen wurden, zählen die schweren Bombardierungen von Wohnvierteln in Hanoi und Haiphong an Weihnachten 1972, bei denen viele zehntausend Männer, Frauen und Kinder schwere Verbrennungen erlitten oder starben.

Was kann der Intellektuelle, der Wissenschaftler gegen die Usurpierung und Zweckentfremdung seiner Methoden durch andere tun, die sie in den Dienst ihrer mörderischen Sache stellen wollen? Auf den ersten Blick nichts. Das soziologische Wissen ist wie alle wissenschaftlichen Erkenntnisse ein öffentliches Gut[1]. Der Soziologe kann allenfalls seine Forschungen abbrechen, seine Aufzeichnungen verbrennen und sich weigern, eine Untersuchung fortzusetzen, deren wahrscheinliche Ergebnisse in den Händen zynischer Machthaber verhängnisvolle Folgen für die Menschheit haben könnten.[2]

Zwischen Wissenschaft und Ideologie besteht eine dialektische Beziehung. Um dieses Problem geht es im vierten Kapitel des vorliegenden Buchs. An dieser Stelle lasse ich es mit der Feststellung bewenden, dass es manchmal schon ausreicht, *wenn eine drangsalierte Gesellschaft oder Kultur in den Rang eines »Forschungsobjekts« erhoben wird, weil dadurch ihre Überlebenschancen steigen.* Ich erinnere mich an eine heiße Nacht in den Tropen, in einem südlichen Viertel von Rio de Janeiro. Edison Carneiro, ein schwarzer Anthropologe, Pionier der Bewegung für die afrikanische Renaissance in Brasilien, erzählte mir in seiner kleinen Wohnung im Stadtteil

---

1 Ausnahmen: Wissenschaftliche Erkenntnisse, die zu militärischen oder Geschäftsgeheimnissen deklariert werden, aber auch Erkenntnisse, die durch Patente geschützt sind.

2 Ein Buch schildert das Dilemma des Wissenschaftlers und seine Möglichkeit zur Selbstverteidigung: Julius Robert Oppenheimer, *Wissenschaft und allgemeines Denken,* Hamburg, Rowohlt 1955. Was Oppenheimer über die gesellschaftliche Situation des Nuklearphysikers schreibt, trifft ganz genauso für den Soziologen zu.

Leblon, wenige Schritte vom Atlantik entfernt, von seinem langen Kampf.[1] Ein ironisches Lächeln huschte über sein von Schmerz und Erschöpfung gezeichnetes Gesicht: »Zwei Franzosen haben uns gerettet, zwei Soziologen, uns *Crioulos do Brasil!*« Carneiro sprach von Claude Lévi-Strauss und Roger Bastide. Vor allem von Bastide, dem Nachfolger von Lévi-Strauss als Direktor der Mission universitaire française und Inhaber des Lehrstuhls für Philosophie an der Universität von São Paulo. Er wirkte dort von 1938 bis 1957. Wie vor ihm schon Lévi-Strauss unternahm auch Bastide ausgedehnte Reisen durch Brasilien. Und wie Lévi-Strauss stieß er auf bedeutende Gesellschaften, reiche Kulturen nicht-europäischen Ursprungs, die Lehre und Forschung der Weißen nahezu vollständig ignoriert hatten. Die Regierung setzte sie anhaltender und gewaltsamer Unterdrückung aus. Lévi-Strauss legte in Brasilien die Grundlagen für eine systematische Erforschung der Indianergesellschaften. Bastide entdeckte den gewaltigen menschlichen, kulturellen und symbolischen Reichtum der aus Verschleppung und Versklavung hervorgegangenen afrikanischen Gemeinschaften. Er begründete eine neue Wissenschaft an der Universität von São Paulo: *die Soziologie der afrikanischen Diaspora in Nord- und Südamerika.* Bedeutende Forscher – Ottavio Ianni, Florestan Fernandes, Maria Isaura Pereira de Queiróz, Juana Elbein dos Santos, Pierre Verger, Vivaldo Castro-Lima, Fernando Henrique Cardoso und seine Frau Ruth Cardoso, Guilherme und Yara Castro, Zaíde Machado und andere – waren Schüler von Roger Bastide. Vor ihm hatten sich hauptsächlich Gerichtsmediziner wie Arturo Ramos, Fernandez und andere mit der afrikanischen Diaspora befasst. Sie behandelten die politischen Systeme und sozialen Verhaltensweisen der Afrikaner aus einer fast ausschließlich eurozentrischen Sicht: Die Trance, ein zentraler Bestandteil des *candomblé,* einer afro-brasilianischen Religion, wurde mit Hysterie gleichgesetzt. Die medizinische und therapeutische Ver-

---

1 Zu seinen wichtigsten Werken (die allesamt leider noch nicht übersetzt wurden) zählen: *Candomblés da Bahia,* Rio de Janeiro 1960, und *O quilombo dos Palmares,* Rio de Janeiro 1958.

wendung von Säften bei den Nagô galt als Giftmischerei, ausgeführt von schwarzen Hausangestellten und darum gefährlich für die weißen Herren! Auf Drängen der Kirche und der weißen Machthaber verfolgte die Polizei systematisch die *yawalorixa* und die *babalao* (die Priester und Priesterinnen) von Bahia, Rio und São Luis. Die wenigen *terreiros* (Kultorte), wo die Eingeweihten und Priester nicht arretiert und die Hütten nicht geplündert wurden, mussten eine halb versteckte Existenz am Rand der Städte oder im Busch fristen, wie etwa auf Itaparica, einer Insel in der Allerheiligenbucht.[1] Ich fragte Edison Carneiro: »Wie kommt es, dass Roger Bastide, ein kleiner, schüchterner, zurückhaltender und distinguierter Mann, der so gar nichts von einem charismatischen Anführer hatte – weder in seinem Aussehen noch in seiner sehr traditionalistischen und bürgerlichen Auffassung von der gesellschaftlichen Rolle des Professors –, in der Lage war, den weißen Mächtigen die Stirn zu bieten und ihre Vorurteile aufzubrechen? Wie konnte er eine ganze soziale und historische Strömung, die mit Mitteln der Kultur und der Polizeigewalt praktizierte rassistische Verachtung, die Ausbeutung und Diskriminierung der Afrikaner in Brasilien, überwinden?«

Carneiro lachte: »Ich sehe, du hast keine Ahnung von den Verhältnissen in Brasilien in den 1940er- und 1950er-Jahren! Wir waren eine Kolonialgesellschaft. Wir sind es immer noch. Es herrschten die Oligarchie der Großgrundbesitzer aus dem Norden und die Oligarchie der Banker aus dem Süden. Diese Leute und damit auch ihre Kinder hatten nichts anderes im Sinn, als abzustreiten, dass es eine brasilianische Identität gibt. Sie wollten Europäer sein, am liebsten Franzosen. In geradezu absurder Weise äfften sie den Lebensstil, die Ideen, Verhaltensweisen und die Kleidung der Pariser nach. Die Damen der feinen Gesellschaft in Rio trugen Pelzmäntel, in den Tropen!

Und da hielt ein *professor francês* in geschliffenem Französisch Vorlesungen, zu denen die gesamte feine Gesellschaft von São Paulo strömte. Bastide erzählte ihnen, dass wir, die Neger, Träger eini-

---

1 São Salvador da Bahia

36

ger der sagenhaftesten Kulturen auf der Erde waren und dass der künftige Reichtum der brasilianischen Kultur gerade im Synkretismus liegen werde oder wenigstens in der Achtung und der wechselseitigen Kenntnis vom Wissen aller Gemeinschaften, der weißen, schwarzen, der indianischen und der *caboclos,* die auf dem Boden unseres Vaterlands leben!«

Die Fakten sind eindeutig: Bastides Wirken über 19 Jahre als Wissenschaftler, Aktivist und Lehrer in Brasilien, seine grundlegenden Werke, die beachtlichen Werke seiner Schüler – all das hat die Lebensbedingungen der 80 Millionen schwarzen Brasilianer nicht radikal verändert. In bestimmten Regionen hat sich die wirtschaftliche Ausbeutung der Mehrheit der Schwarzen durch die herrschenden Klassen der *compradores* oder weißen Brasilianer noch verschlimmert. Auch die politische Diskriminierung und Repression ist schlimmer geworden. Aber die Rückeroberung der kulturellen Identität dieser Gemeinschaften, deren Existenz heute anerkannt wird, war ein erster Schritt. Ihr Wissen wird verbreitet, weiße Kinder, indianische, schwarze und Mischlinge erfahren in der Schule von der schrecklichen Geschichte der Sklaverei, aber auch von der Bedeutung der Rituale, Symbole, Feste und kollektiven Trancen des *candomblé.* Wenn nachts in Casa Branca (Salvador da Bahia), in Casa Grande das Minas (São Luis, Maragnan) oder in Gomeia (Rio de Janeiro) die Trommeln ertönen, strömen die Menschen in Scharen herbei. Viele Brasilianer, aus ganz verschiedenen sozialen Schichten und mit unterschiedlichem ethnischem Hintergrund, lassen sich heute, wenn sie eine Entscheidung treffen müssen, von den *yawalorixas* und *babalaos* der Yoruba, Jêjê und Kongo weissagen.[1]

1979 musste die seit 1964 herrschende brasilianische Militärdiktatur nach wilden Streiks und Hungerrevolten eine gewisse »Liberalisierung« ihrer Politik akzeptieren. Der letzte Militärdiktator João Figueiredo sah sich gezwungen, die Zensur zu lockern und den Menschen einige Grundrechte zu gewähren, vor allem das Ver-

---

1 Ich untersuche diese Weissagungen näher in meinem Buch *Die Lebenden und der Tod,* Salzburg 2011, S. 259 ff.

sammlungsrecht und die Koalitionsfreiheit. Damals entstand eine mächtige schwarze Bewegung, das *Movimento negro unificado*. Sie kämpft offen gegen die Rassendiskriminierung und die Ausbeutung des schwarzen Subproletariats. Eine ihrer wichtigsten Theoretikerinnen und Anführerinnen, Lélia Gonzalez, orientierte sich in ihren Schriften und in der Art, wie sie ihren Kampf führte, an den Thesen von Roger Bastide.

Mit der ersten Frage hängt noch eine weitere zusammen: Kann der Soziologe, wie Antonio Gramsci und viele andere dachten, die Position des »organischen Intellektuellen« der sozialen Bewegung einnehmen?[1]

In seltenen Augenblicken und unter besonderen historischen Umständen *kann der Soziologe, ohne es zu wissen, zum Mit-Urheber einer gesellschaftlichen Umwälzung werden.* Ich erinnere mich an einen lange vergangenen Herbstabend im Jahr 1978. In der kleinen dalmatinischen Küstenstadt Cavtat hatte die Praxis-Gruppe[2] Wissenschaftler, Aktivisten, Schriftsteller aus der ganzen Welt versammelt. Thema des Kongresses war »der Sozialismus und die Dritte Welt«. Wir saßen auf einer Terrasse, umgeben von Pinien mit Blick auf eine überwältigend malerische Bucht. Anwesend waren Lelio Basso, Lopez Cardoso, Melo Antunes, Serge Latouche und andere Freunde. Das Rauschen des Meeres drang zu uns herauf, dumpf und regelmäßig. Die Wolkenberge, die majestätisch über den Himmel zogen, ließen uns das internationale Stimmengewirr des Kongresses vergessen. Jenseits des offiziellen Austauschs sprachen wir ganz selbstverständlich die wirklichen Fragen, die echten Probleme an: die Ängste und die Freuden der Menschen, ihre Sorgen und Hoffnungen.

Cardoso und Antunes erzählten von Portugal. Sie schienen da-

---

1 Antonio Gramsci, *Briefe aus dem Kerker,* Berlin 1956. Siehe auch Jean-Marie Piotte, *La Pensée politique de Gramsci,* Paris 1970, insb. Kap. 1: »L'intellectuel organique«, S. 17 ff. Ich komme auf Gramscis Theorie in Kap. Fünf zurück.

2 Eine Gruppe von Philosophen, Soziologen und anderen Vertretern der Sozialwissenschaften, die alle einen antidogmatischen Marxismus vertraten.

runter zu leiden, dass ihre Revolution allmählich versickerte – wie an physischen Schmerzen, die sie direkt betrafen. Was hatten sie falsch gemacht oder nicht gut genug, dass es nun das Scheitern der großartigen Hoffnung erklärte, die am 25. April 1974 aufgekeimt war?

Weder Basso noch Latouche, noch ich selbst konnten die Frage beantworten. Die Nacht brach herein, der Mond schob sich über den Horizont, der Duft der Pinien wurde noch intensiver. Melo Antunes sprach immer noch mit seiner sanften Stimme. Er erzählte uns, wie sein Vater, ein Militär, ihn gegen seinen Willen gezwungen hatte, in die Armee einzutreten, und wie er dann 15 Jahre lang das Drama des Kolonialkriegs miterlebt hatte; wie er, weil er in den Offiziersschulen des Salazar-Regimes sozialisiert worden war, zunächst keine anderen Analyseinstrumente zur Verfügung gehabt hatte als die des aggressiven Katholizismus einer Kirche, die fest hinter dem imperialistischen Projekt und der faschistischen, diskriminierenden und rassistischen Ideologie stand, die seine militärischen Vorgesetzten vertraten. Aber im Lauf der Jahre, während er in der militärischen Hierarchie aufstieg, gelang es ihm, sich der Überwachung durch die PIDE (die politische Polizei der Diktatur) zu entziehen, die Offiziere wie ihn, die als »nicht zuverlässig« galten, fest im Blick hatte. Während er als Hauptmann in Angola stationiert war, durfte er ab und zu seinen Urlaub in Portugal verbringen. Dank der Mithilfe der TAP (der portugiesischen Fluggesellschaft) konnte er von Zeit zu Zeit mit einem Umweg über Paris nach Europa zurückkehren. Bei solchen Zwischenaufenthalten in Frankreich kaufte er die Bücher von Georges Balandier, Jacques Berque, Jean Duvignaud, von René Dumont, Basil Davidson, Laurent Davezies und vielen anderen, auch meine Bücher über die Befreiungsbewegungen in Afrika, und er las die Artikel von Jean Daniel und Jean Lacouture zu dem Thema. So gelangten die folgenden Bücher erst nach Lissabon und von dort nach Angola, nach Guinea und Mosambik: von Georges Balandier *Sociologie actuelle de l'Afrique noire*[1], von Roger Bastide

---

1 Paris 1955.

Les Religions africaines[1], von mir *Sociologie de la nouvelle afrique*[2], von Jean Duvignaud *Chebika*[3]. Dort zirkulierten sie bei den späteren Rebellen der Kolonialarmee. Melo Antunes bilanzierte: »Französische Soziologen waren die Ersten, die mir die Einzigartigkeit, den unendlichen menschlichen Reichtum, die Geschichte und die universellen Bedeutungen dieser afrikanischen Gesellschaften nahegebracht haben, die das Salazar-Regime immer nur als Banden von geschichtslosen Barbaren hinstellte. Von da an veränderten sich die Meinungsverschiedenheiten zwischen meinen Kameraden und mir grundlegend. Schnell durchschauten wir die Lüge der Kolonialideologie, des Rassenkriegs und des faschistischen Blicks auf die Welt.«

Das Zeugnis von Melo Antunes ist sehr wertvoll: Die geduldige, präzise, innovative wissenschaftliche Arbeit einiger Soziologen, die sich mit afrikanischen Gesellschaften befassten, hat zur Erhebung der Offiziere am 25. April beigetragen, zum Zusammenbruch des Kolonialreichs und zur Vernichtung der faschistischen Diktatur in Portugal.

Der Soziologe entlarvt die ideologischen und sozialen Strategien der gesellschaftlichen Akteure. Er benennt die Klasseninteressen, denen diese Strategien implizit oder explizit dienen. Durch seine Analysen trägt er dazu bei, dass Strukturen des Überbaus einstürzen – Staaten, kulturelle Systeme, Geflechte von Produktionsbeziehungen –, die die freie Kreativität behindern, die Fähigkeit der Menschen, zu produzieren, zu träumen und Neues zu erfinden. Er hilft, die Legitimität der Herrschenden zu untergraben, gibt den Beherrschten eine Waffe für die unverzichtbare Mobilisierung und Erkenntnis in die Hand. Seine Kritik höhlt kulturelle Systeme, Religionen und Ideologien erst aus und zerstört sie dann. Systeme, die, indem sie die Kreativität des Menschen – seine Wünsche, seine Intuition – lähmen und somit seine Entfremdung verfestigen und ihn hindern, wie Marx sagte, dass er »sich um sich selbst und damit

1 Paris 1960.
2 Paris 1964.
3 Paris 1968.

um seine wirkliche Sonne« bewegt. Auf diese Weise fällt das Bemühen des Intellektuellen, die Welt zu verstehen, so wie sie ist, und sie zu verändern, notwendig mit dem Wunsch der Völker nach Unabhängigkeit, Freiheit und Glück zusammen. Es fällt mit der kollektiven Suche nach Sinn zusammen, die unerlässlich für die Konkretisierung dieses Wunsches ist. Aber die moralische Verantwortung des Intellektuellen bleibt erdrückend. Der große Historiker der Pariser Kommune, Prosper-Olivier Lissagaray, ruft uns ins Gedächtnis: »Wer dem Volke falsche Revolutionslegenden erzählt und es durch Vorspiegelung falscher Tatsachen täuscht, ist ebenso strafbar wie der Geograph, der falsche Karten für den Seefahrer entwirft.«[1]

---

1 Prosper-Olivier Lissagaray, *Geschichte der Commune von 1871,* Frankfurt am Main 1971 (franz. Originalausg. 1877), Vorwort, S. 5.

ZWEITES KAPITEL

Die Ungleichheit zwischen den Menschen

I. Wie entsteht Ungleichheit?

Im 18. Jahrhundert boten die Wettbewerbe der verschiedenen Akademien in Frankreich Autoren die Möglichkeit, auf sich aufmerksam zu machen und vor allem ein wenig Geld zu verdienen. Jean-Jacques Rousseau war 1750 berühmt geworden mit seinem *Diskurs über die Wissenschaften und die Künste.* Darin hatte er die Frage der Akademie von Dijon beantwortet: »Hat die Wiederherstellung der Künste zur Läuterung der Sitten beigetragen?« Er gewann den Preis und bekam dafür 300 Livres. 1754 antwortete er auf eine weitere Frage der Akademie von Dijon: »Was ist der Ursprung der Ungleichheit zwischen den Menschen, und lässt sie sich vom Naturrecht ableiten?« Diesmal gewann er den Preis nicht, aber sein *Diskurs über den Ursprung und die Grundlagen der Ungleichheit zwischen den Menschen*[1] ist bis heute noch berühmter als sein Diskurs über Wissenschaften und Künste.

Rousseau – ein schmächtiger, bleicher Mann von unglaublicher Vitalität – war damals 41 Jahre alt und sehr arm. 1745 hatte er die Wäscherin Thérèse Levasseur kennengelernt, die lebenslang seine Gefährtin blieb. Ihre fünf gemeinsamen Kinder brachte Rousseau ins Findelhaus. Rousseaus Theorie der Ungleichheit nährt sich von seinen Kindheitserinnerungen. Sein Großvater war einer der An-

---

1 Jean-Jacques Rousseau, *Diskurs über die Ungleichheit,* Kritische Ausgabe des integralen Textes, hrsg. von Heinrich Meier, 6. Aufl. Paderborn 2008.

führer der Arbeiteraufstände im Genfer Armenviertel Saint-Gervais. Sein Vater, ein Uhrmacher, starb im Exil.

Hören wir Rousseau: »Ich unterscheide in der menschlichen Art zwei Arten von Ungleichheit: die eine, die ich natürlich oder physisch nenne, weil sie durch die Natur begründet wird, und die im Unterschied der Lebensalter, der Gesundheit, der Kräfte des Körpers und der Eigenschaften des Geistes oder Seele besteht; und die andere, die man moralische oder politische Ungleichheit nennen kann, weil sie von einer Art Konvention abhängt und durch die Zustimmung der Menschen begründet oder zumindest autorisiert wird.«[1]

Und weiter: »Man kann nicht fragen, welches die Quelle der natürlichen Ungleichheit ist, weil die Antwort sich in der einfachen Definition des Wortes ausgesprochen fände. Noch weniger kann man danach suchen, ob es nicht eine essenzielle Verbindung zwischen den beiden Ungleichheiten gäbe; denn das hieße mit anderen Worten, zu fragen, ob jene, die befehlen, notwendigerweise mehr wert sind als jene, die gehorchen, und ob die Kraft des Körpers und des Geistes, die Weisheit oder die Tugend sich immer in selben Individuen im entsprechenden Verhältnis zur Macht oder zum Reichtum befinden: Eine Frage, die vielleicht dazu gut ist, unter Sklaven erörtert zu werden, wenn ihnen ihre Herren zuhören die sich aber nicht für vernünftige und freie Menschen schickt, welche die Wahrheit suchen.«[2]

Die kollektive Existenz der Menschen ist überall von Ungleichheit geprägt. Es gibt eine physische, psychische, biochemische oder, um es in Rousseaus Worten auszudrücken, »natürliche« Ungleichheit zwischen den Menschen. Die körperlichen und geistigen Gaben sind ungleich verteilt. Dieser primären Ungleichheit stellt er eine zweite an die Seite, die gesellschaftliche Ungleichheit. Wo immer sie auftaucht, richtet sie schreckliche Verwüstungen an: »Nun ist in den Beziehungen zwischen Mensch und Mensch das Schlimmste, was dem einen widerfahren kann, sich dem Belieben des anderen ausgeliefert zu sehen.«[3]

1 Ebenda, S. 67.
2 Ebenda, S. 67/69.
3 Ebenda, S. 229.

Der Urfehler, der Gründungsakt der gesellschaftlichen Ungleichheit, ist die Einführung des Privateigentums. Rousseau schildert sie folgendermaßen:

»Der erste, der ein Stück Land eingezäunt hatte und es sich einfallen ließ zu sagen: dies ist mein und der Leute fand, die einfältig genug waren, ihm zu glauben, war der wahre Gründer der bürgerlichen Gesellschaft. Wie viele Verbrechen, Kriege, Morde, wie viel Not und Elend und wie viele Schrecken hätte derjenige dem Menschengeschlecht erspart, der die Pfähle herausgerissen oder den Graben zugeschüttet und seinen Mitmenschen zugerufen hätte: ›Hütet euch, auf diese Betrüger zu hören; ihr seid verloren, wenn ihr vergeßt, daß die Früchte allen gehören und die Erde niemandem.‹«[1]

Die Idee, dass die Ursache aller gesellschaftlichen Missstände, der Urfehler, die Einführung des Privateigentums ist, hat sich über die Jahrhunderte gehalten. Pierre-Joseph Proudhon schrieb in seiner 1846 erschienenen *Philosophie des Elends:* »Eigentum ist Diebstahl.« Und ein Jahrhundert später formulierte Max Horkheimer: »Reichtum ist unterlassene Hilfeleistung.«

Rousseau kam in verschiedenen Phasen seines Lebens immer wieder auf die verheerenden Folgen der gesellschaftlichen Ungleichheit zurück und prangerte sie mit der gleichen Heftigkeit an: »Da die Mächtigsten oder die Elendsten sich aus ihrer Stärke oder aus ihren Bedürfnissen eine Art Recht auf das Gut anderer machten, das – ihnen zufolge – dem Eigentumsrecht gleichwertig war, zog die Zerstörung der Gleichheit so die fürchterlichste Unordnung nach sich: Die Usurpationen der Reichen, die Räubereien der Armen, die zügellosen Leidenschaften aller erstickten das natürliche Mitleid und die noch schwache Stimme der Gerechtigkeit und machten so die Menschen geizig, ehrsüchtig und böse. Zwischen dem Recht des Stärkeren und dem Recht des ersten Besitznehmers erhob sich ein fortwährender Konflikt, der nur mit Kämpfen und Mord und Totschlag endete. Die entstehende Gesellschaft machte dem entsetzlichsten Kriegszustande Platz: Das Menschengeschlecht, herabge-

---

1 Ebenda, S. 173.

würdigt und niedergeschlagen, nicht mehr in der Lage, auf seinem Weg umzukehren oder auf die unglückseligen Errungenschaften, die es gemacht hatte, zu verzichten, und durch den Mißbrauch der Fähigkeiten, die es ehren, nur an seiner Schande arbeitend, brachte sich selbst an den Rand seines Ruins.«[1]

Es geht hier nicht um die individuelle Entscheidung zwischen Mitgefühl und Bösartigkeit. Der Fluch der strukturellen gesellschaftlichen Ungleichheit wirkt auf alle, auf den anständigen Menschen genauso wie auf den Bösewicht: »Die rechtschaffensten Leute lernten, es unter ihre Pflichten zu rechnen, ihre Mitmenschen umzubringen; schließlich sah man, wie sich die Menschen zu Tausenden niedermetzelten, ohne zu wissen weshalb; und es wurden mehr Mordtaten an einem einzigen Gefechtstag begangen und mehr Greuel bei der Einnahme einer einzigen Stadt, als im Naturzustand während ganzer Jahrhunderte auf der gesamten Erdoberfläche begangen worden waren. Dies sind die ersten Wirkungen, die man aus der Teilung des Menschengeschlechts in verschiedene Gesellschaften bei flüchtigem Hinsehen entstehen sieht.«[2]

Und an anderer Stelle heißt es: »Ich sah jene weiten, unglücklichen Gegenden [Afrikas], die zu nichts anderm bestimmt scheinen, als die Welt mit Horden von Sklaven zu bedecken. Bei ihrem schimpflichen Anblick wandte ich die Augen vor Verachtung, Entsetzen und Mitleid ab, und da ich den vierten Teil meiner Mitmenschen in Vieh verwandelt sah, um den andern zu dienen, seufzte ich darüber, daß ich ein Mensch bin.«[3]

In Briefen zu seinem *Diskurs über die Ungleichheit* findet man auch folgende Sätze: »Die wichtigste Quelle des Übels ist die Ungleichheit [...] Wir brauchen Mehl, um unsere Perücken zu pudern, deshalb haben so viele Menschen kein Brot.«

1762 brachte Rousseau den *Gesellschaftsvertrag* und *Émile* heraus, zwei Werke, derentwegen ein Haftbefehl gegen ihn erlassen wurde

---

1 Ebenda, S. 211/213.
2 Ebenda, S. 221/223.
3 Jean-Jacques Rousseau, *Julie, oder die neue Héloïse. Briefe zweier Liebender aus einer kleinen Stadt am Fuße der Alpen*, 3. Aufl. München 2003, S. 434.

und er aus Genf, wo beide Bücher verbrannt wurden, fliehen musste. Der *Gesellschaftsvertrag* beginnt mit den Worten: »Der Mensch ist frei geboren, und überall ist er in Ketten. Mancher hält sich für den Herrn seiner Mitmenschen und ist trotzdem mehr Sklave als sie.«

Maximilien Robespierre greift diesen zentralen Gedanken revolutionären Denkens auf: »Wer nicht Herr seiner selbst ist, muss Sklave von anderen sein. Das gilt für die Völker genauso wie für die einzelnen Menschen.«[1]

Die moderne Sozialpsychologie ergänzt die schwierige Frage nach der natürlichen und der gesellschaftlichen Ungleichheit und ihren jeweiligen Ursprüngen und Konsequenzen noch um eine weitere, komplexere Differenzierung.

So unterscheidet der Soziologe Pierre Naville zwischen *interindividueller* und *intraindividueller* Ungleichheit. Die interindividuelle Ungleichheit ist die klassische doppelte Ungleichheit, die »natürliche« und institutionelle (oder gesellschaftliche), zwischen Individuen derselben Gesellschaft und/oder unterschiedlichen Gesellschaften. Die intraindividuelle Ungleichheit wurzelt in einer empirisch überprüfbaren Voraussetzung: Kein Mann, keine Frau ist psychologisch, nervlich-psychisch einheitlich. Auf ungleiche, diskriminierende soziale Situationen reagieren wir unterschiedlich; die eine Ungleichheit ertragen wir, die andere hingegen ist für uns unerträglich. Die Toleranzschwelle, die »Objekte« der Toleranz, variieren von einem Individuum zum anderen. Sie variieren auch mit dem Alter und je nach den Erfahrungen, die jemand gemacht hat, und den Spuren, die sie hinterlassen haben. Jeder von uns kennt innere Ungleichheiten, die sich je nach seiner inneren Verfassung ändern. Mit anderen Worten: Eine Art Schichtung unserer Subjektivität koexistiert dialektisch und konflikthaft mit der gesellschaftlichen und/oder natürlichen Schichtung, deren Objekt wir sind.[2]

---

1 *Œuvres de Maximilien Robespierre,* mit einer historischen Notiz, Anmerkungen und Kommentaren von Laponneraye, Bd. III, Paris 1840, S. 647.
2 Eine Einführung in Pierre Navilles Theorie der intraindivuellen Schichtung gibt sein Referat in *Actes du Séminaire pour le 25e anniversaire du département de sociologie de l'université de Genève,* Genf 1978.

Eine weitere Komplikation: Der Proletarier, fremdbestimmt in seiner Arbeit, kulturell in seinem geistigen Leben abhängig von der herrschenden Ideologie, die ihm ihre Bilder aufzwingt, kann – in einer patriarchalischen Gesellschaft – gegenüber seiner Frau und seinen Kindern eine beherrschende Stellung einnehmen. Umgekehrt kann es sein, dass in einem Land der Peripherie ein Großgrundbesitzer oder Bergwerkbesitzer, der praktisch unangefochten über seine Arbeiter herrscht und sie ausbeutet, bei seinem Einkommen von Marktpreisen abhängig ist (den Einkaufspreisen für Rohstoffe, für Technologie, von Wechselkursen und so weiter), die von den herrschenden Klassen des Zentrums diktiert werden.

Trotz Rousseaus Warnung konstruieren rechtsgerichtete Autoren wie beispielsweise Alain de Benoist, ausgehend von der Feststellung, dass es eine natürliche Ungleichheit und eine institutionelle Ungleichheit gibt, eine Theorie, die jeder empirischen Grundlage entbehrt: Die institutionelle Schichtung sei nur die logische Konsequenz oder, schlimmer noch, die simple Umsetzung der natürlichen Schichtungen. Diese Hypothese widerspricht den Fakten. Jede gesellschaftliche Abstufung ist ein Akt der Gewalt. Sie ist Ausdruck der strukturellen Gewalt der Gesellschaft.

Welche Formen die gesellschaftlichen Schichtungen auch immer annehmen, sie lösen mehr oder weniger heftigen Widerstand aus. Niemand, auf keinem Kontinent, zu keiner Zeit, erträgt auf Dauer Ungleichheit.

II. Die kannibalische Weltordnung

Ich erinnere mich an eine Nacht in einem Hüttendorf auf der steinigen Hochebene über der Pazifikküste in Guatemala. Nie werde ich die ausgemergelten, zahnlosen Maya-Mütter vergessen, deren schöne schwarze Augen im Widerschein der Kohlebecken schimmerten. Die meisten waren nicht einmal dreißig Jahre alt, wirkten aber wie Achtzigjährige. Ihre vielen Kinder mit den neugierigen Augen warteten ungeduldig, dass die wenigen Maiskolben auf den

Kohlebecken endlich gar waren und von den ältesten Männern an die versammelte Menge verteilt wurden. Fast alle Kinder waren zu Skeletten abgemagert. In der Sierra de Chocotan hat die chronische, schwere Unterernährung der Maya schreckliche Verwüstungen angerichtet. Laut UNICEF starben 2013 in Guatemala 98 000 Kinder unter zehn Jahren an Hunger oder an Krankheiten infolge von Unterernährung.

Heute ist der deutlichste Ausdruck der Ungleichheit zwischen den Menschen ganz offensichtlich die kannibalische Wirtschaftsordnung auf unserem Planeten.

Nach den *Weltentwicklungsindikatoren 2013* der Weltbank verfügen 16 Prozent der Weltbevölkerung über 83 Prozent der Vermögenswerte auf dem Planeten. Im Jahr 2001 gab es in den westlichen Ländern 497 Dollar-Milliardäre, die zusammen 1500 Milliarden Dollar besaßen. Zehn Jahre später, 2010, war ihre Zahl auf 1210 gestiegen, und ihr Vermögen summierte sich auf 4500 Milliarden Dollar. Das Vermögen dieser 1210 Milliardäre zusammen übersteigt das Bruttoinlandsprodukt eines wirtschaftlich so starken Landes wie Deutschland.

Der Zusammenbruch der Finanzmärkte 2007/2008, der durch die Börsenspekulationen der Beutejäger ausgelöst wurde, hat die Existenz von Millionen Familien in Europa, Nordamerika, Japan und anderen Regionen zerstört. Nach Angaben der Weltbank wuchs die Zahl der hungernden Menschen infolge der Finanzkrise um 69 Millionen. In den Ländern des Südens wurden überall neue Massengräber ausgehoben. Doch wenig später, 2013, lag das Vermögen der sehr Reichen um das Eineinhalbfache über dem Stand vor der Krise.

Der Anteil der 42 ärmsten Länder am Welthandel betrug 1970 1,7 Prozent. 2014 waren es nur noch 0,4 Prozent.

Die neuen kapitalistischen Feudalherrschaften wachsen und gedeihen. Die Eigenkapitalrendite der 500 größten multinationalen Konzerne der Welt lag seit 2001 im Durchschnitt bei 15 Prozent pro Jahr in den Vereinigten Staaten und bei 12 Prozent in Frankreich. Die finanziellen Mittel dieser Gesellschaften übersteigen bei weitem ihre Investitionsbedürfnisse. Und was machen die neuen »Feudalherren« in dieser Situation? Sie kaufen in großem Stil eigene Aktien an der Börse, schütten enorme Dividenden an ihre Aktionäre aus und zahlen ihren Managern astronomische Boni.

Die 374 größten multinationalen Konzerne, die im S&P-Index zusammengefasst sind, haben heute Finanzreserven von zusammen 655 Milliarden Dollar. Die Summe hat sich seit 1999 verdoppelt. Das größte Unternehmen der Welt, Microsoft, hat 60 Milliarden Dollar auf der hohen Kante.

Die UNCTAD (Welthandels- und Entwicklungskonferenz der Vereinten Nationen), die 1964 als Gegengewicht zur Organisation der reichen Länder, dem GATT (Welthandelsabkommen) und später der WTO (Welthandelsorganisation) gegründet wurde, versammelt in erster Linie die sogenannten »Entwicklungsländer«. Bei ihrer Gründung trugen die Mitgliedsländer zusammen eine Schuldenlast von 54 Milliarden Dollar. Bis heute ist sie auf 2000 Milliarden Dollar angewachsen.

Die Weltbank schätzt die Zahl der Menschen, die in »extremer Armut« leben, das heißt, weniger als 1,25 Dollar pro Tag zur Verfügung haben, auf 1 Milliarde. Jedes Jahr erstellt die amerikanische Geschäftsbank Merrill Lynch in Zusammenarbeit mit der Unternehmensberatung Cap Gemini eine Liste der »Reichen«, das heißt der Menschen, die ein Vermögen von mehr als 10 Millionen Dollar besitzen. Aus der Liste geht hervor, dass die Reichen vor allem in Nordamerika und Europa leben und dass ihre Zahl in China, Südkorea, Japan, Indonesien, Indien, Russland und Brasilien, nicht zu vergessen die Ölstaaten am Golf, rasch wächst.

Und Afrika? In den meisten Ländern des afrikanischen Kontinents ist die innere Kapitalakkumulation bekanntlich schwach, es fließen praktisch keine Steuern, und die öffentlichen Investitionen sind unzureichend. Doch die Zahl der Dollarmillionäre, die aus einem der 54 afrikanischen Länder stammen, steigt ebenfalls rasant. Heute sind es bereits mehr als 100 000. Im Jahr 2013 besaßen die reichsten Afrikaner gemeinsam fast 950 Milliarden Dollar.

Auch innerhalb der Länder hat die Einkommensungleichheit

in den letzten dreißig Jahren oft dramatisch zugenommen, das gilt für Europa ebenso wie für Nord- und Südamerika, für Asien und Afrika. Ich illustriere das an zwei Beispielen aus der jüngsten Geschichte Lateinamerikas.

Nicaragua ermittelt jährlich den Preis der *canesta básica,* des Warenkorbs mit den wichtigsten Haushaltsprodukten. Er enthält die Menge der 24 Lebensmittel, die eine sechsköpfige Familie in einem Monat zum Leben braucht. Im März 2013 lag der Preis der *canesta básica* bei 6650 Córdobas pro Monat, das sind knapp 250 Dollar. Aber der gesetzliche monatliche Mindestlohn eines Landarbeiters betrug zur selben Zeit nur 2000 Córdobas, umgerechnet 80 Dollar.

Gleichzeitig verstärkten sich in vielen Ländern die Konzentration und Monopolisierung von Ackerland in den Händen nationaler oder internationaler Finanzkonzerne. Nur ein Beispiel: In Guatemala besaßen 2013 1,86 Prozent der Bevölkerung 57 Prozent des Ackerlandes. In Guatemala gibt es 47 landwirtschaftliche Großbetriebe mit jeweils 3700 Hektar oder mehr, während 90 Prozent der Bauern mit 1 Hektar oder weniger zurechtkommen müssen.

Das durch Unterernährung und Hunger verursachte Massaker an Millionen Menschen ist heute, zu Beginn des dritten Jahrtausends, ein skandalöser Ausdruck des Kampfs der Reichen gegen die Armen, eine Ungeheuerlichkeit, eine Absurdität, die durch nichts zu rechtfertigen und durch keine Politik zu legitimieren ist. Es ist ein unzählige Male wiederholtes Verbrechen gegen die Menschlichkeit.[1]

Heute stirbt alle fünf Sekunden ein Kind unter zehn Jahren an Hunger oder einer durch Unterernährung verursachten Krankheit. Im Jahr 2014 starben mehr Menschen durch Hunger als in sämtlichen Kriegen, die in diesem Jahr geführt wurden.

Wie steht es mit dem Kampf gegen den Hunger? Er lässt nach. Im Jahr 2001 starb alle sieben Sekunden ein Kind unter zehn Jahren

---

1 Weitere Informationen über dieses Verbrechen enthält Jean Ziegler, *Wir lassen sie verhungern. Die Massenvernichtung in der Dritten Welt,* München 2012.

an Hunger.[1] Im selben Jahr wurden 826 Millionen Menschen durch die Folgen von schwerer, chronischer Unterernährung zu Invaliden. Heute sind es 841 Millionen.[2]

Hunger bedeutet schweres Leid, Schwächung der motorischen und mentalen Fähigkeiten, Ausschluss aus dem aktiven Leben, gesellschaftliche Marginalisierung, Verlust der wirtschaftlichen Autonomie, Angst vor dem nächsten Tag. Er endet in einem schrecklichen Todeskampf.

Weltweit sterben jedes Jahr rund 74 Millionen Menschen, 1 Prozent der Weltbevölkerung, an den verschiedensten Todesursachen. 2013 starben 14 Millionen an Hunger oder seinen unmittelbaren Folgen.

Damit ist Hunger die Haupttodesursache auf unserem Planeten. Und der Hunger ist von Menschen gemacht.

Aus dem alljährlich vorgelegten *Bericht zur Ernährungsunsicherheit* der Welternährungsorganisation geht hervor, dass die Landwirtschaft weltweit mit dem erreichten Niveau ihrer Produktivkräfte normalerweise – durch die Zufuhr von 2200 Kilokalorien täglich für einen Erwachsenen – 12 Milliarden Menschen ernähren könnte, fast das Doppelte der gegenwärtigen Weltbevölkerung. Das durch den Hunger verursachte Massaker an Millionen Menschen hängt deshalb heute nicht damit zusammen, dass zu wenig Nahrungsmittel produziert werden, sondern mit dem Zugang zu den Nahrungsmitteln. Wer genug Geld hat, kann essen und leben; wer nicht genug Geld hat, leidet an Unterernährung, den Krankheiten, die eine Folge davon sind, und an Hunger. Ein Kind, das heute an Hunger stirbt, wird ermordet.

Mächtige Industriestaaten haben damit begonnen, hunderte Millionen Tonnen Mais und Weizen zu verbrennen, um Biotreibstoffe herzustellen (Bioethanol und Biodiesel). Nach dem Börsenkrach 2007/2008 haben die großen Spekulanten – die Hedgefonds, die

---

1 *The State of Food Insecurity in the World 2001* (Bericht der Welternährungsorganisation zur Ernährungsunsicherheit in der Welt), Rom 2001.
2 Bericht 2013.

52

internationalen Investmentbanken und andere – sich den Warenbörsen zugewandt, auf denen landwirtschaftliche Rohstoffe gehandelt werden. Dort haben sie gigantische Gewinne gemacht, indem sie weltweit die Preise von Grundnahrungsmitteln explodieren ließen. Daher ist Ackerland, vor allem in Afrika, Südasien und Mittelamerika, selbst zum heiß begehrten Spekulationsobjekt geworden. 2013 erwarben multinationale Finanzoligarchien 221 Millionen Hektar Ackerland in den Ländern der südlichen Hemisphäre. Und die Folge?

Auf den Flächen, die so in ihren Besitz gelangt sind – durch unbefristete Pachtverträge, durch »Kauf« zu lächerlichen Preisen, durch Korruption –, produzieren die ausländischen Investoren Rosen, Gemüse, Kartoffeln und vieles mehr, was für die Märkte in den nördlichen Ländern mit ihrer hohen Kaufkraft bestimmt ist. Sie importieren unterbezahlte Wanderarbeiter aus Sri Lanka, Pakistan und Nepal und vertreiben die einheimischen Bauernfamilien. Wohin? In die Slums der Megastädte, wo Massenarbeitslosigkeit, Kinderprostitution und die Ratten herrschen.

III. Wie entsteht ein Klassenbewusstsein?

Wenn die Unterdrückung zunimmt
Werden viele entmutigt
Aber sein Mut wächst.

Er organisiert seinen Kampf
Um den Lohngroschen, um das Teewasser
Und um die Macht im Staat.
Er fragt das Eigentum:
Woher kommst du?
Er fragt die Ansichten:
Wem nützt ihr?

> Wo immer geschwiegen wird
> Dort wird er sprechen
> Und wo Unterdrückung herrscht und von
> Schicksal die Rede ist
> Wird er die Namen nennen [...]
> Bertolt Brecht, *Lob des Revolutionärs*[1]

Jede gesellschaftliche Klasse hat zugleich eine objektive und eine subjektive Dimension. Die Produktionsverhältnisse in den verschiedenen Stadien ihrer Entwicklung bestimmen die objektive Realität einer Klasse. Ab einem bestimmten Punkt in der Entwicklung einer Produktionsweise teilen die Menschen konkrete Bedingungen der Produktion, des Wohnens, der Ernährung und der Abhängigkeit. Diese Erfahrung der objektiven Gemeinsamkeit der materiellen Lebensbedingungen – zwischen Menschen, die sich kennen oder nicht, die miteinander sprechen oder nicht – führt zur Entstehung einer kollektiven Erkenntnis ihrer Situation, mit anderen Worten: zu einem Klassenbewusstsein.

Mit dieser Frage befasst sich vor allem ein Werk: *Geschichte und Klassenbewußtsein* von Georg Lukács, erstmals veröffentlicht 1923.

Der Autor von *Die Seele und die Formen* (1911) sowie der *Theorie des Romans* (1916) schloss sich 1919 der kommunistischen Bewegung in Budapest unter der Führung von Béla Kun an. Mit 34 Jahren wurde er Volkskommissar für Kultur der ungarischen Räterepublik. Als diese von den Truppen des Admirals Miklós Horthy blutig niedergeschlagen wurde, gelang Lukács die Flucht nach Deutschland.

Lukács hat eine Typologie erstellt, die hilfreich ist, um die Probleme des Begriffs Klassenbewusstsein zu erfassen.[2]

Lukács schlägt in seiner Theorie des Klassenbewusstseins drei Kategorien vor: das mögliche Klassenbewusstsein, das Klassenbewusst-

---

1 Bertolt Brecht, *Gesammelte Gedichte,* Bd. 2, a. a. O., S. 466 f.
2 Georg Lukács, *Geschichte und Klassenbewußtsein,* 8. Aufl. Darmstadt und Neuwied 1983.

sein an sich, das Bewusstsein der Klasse für sich. Hier eine kurze Definition aller drei:

– *Das mögliche Klassenbewusstsein* bildet sich nur punktuell. Es taucht bei besonderen, isolierten Konflikten auf. Die Menschen, die einen solchen Konflikt auf der Grundlage der gemeinsamen Zugehörigkeit zu einer Klasse erleben, werden sich ihrer gemeinsamen Situation bewusst. Noch präziser formuliert: Sie werden sich bewusst, dass das, was ihnen allen widerfährt, die Folge bestimmter, gemeinsam erlebter materieller Bedingungen ist, die ihre gesellschaftliche Existenz prägen und ihren Handlungsspielraum begrenzen. Das mögliche Klassenbewusstsein ist ein Zwitterwesen: Es hat eine dauerhafte objektive Realität, die Klassenzugehörigkeit, und es hat eine nicht dauerhafte subjektive Realität, das punktuelle Zusammenfallen autochthoner Intersubjektivitäten. Das mögliche Bewusstsein ist vergänglich, und es ist rekurrent. Anders ausgedrückt: Es ist latent vorhanden, und nur manchmal wird es manifest. Dass es nicht kontinuierlich existiert, kommt daher, dass es nur in bestimmten krisenhaften Situationen, bei der Konfrontation mit bestimmten Gegnern, auftaucht, bei einem Streik in einem bestimmten Sektor, in Bergwerken oder Fabriken zum Beispiel. Es ist rekurrent insofern, als es sich immer wieder neu bildet, wie eine Figur der kollektiven Erinnerung, wenn eine Krise oder eine Aggression des gleichen Typs auftritt. Die symbolischen Instrumente des möglichen Klassenbewusstseins sind heterogen. Es erinnert an einen zerbrochenen Spiegel, dessen tausend Teile dem Bewusstsein der Einzelnen bruchstückhafte, individuelle, unterschiedliche Reflexe zuwerfen. Das mögliche Klassenbewusstsein setzt der symbolischen Gewalt des Herrschenden weder eine allgemeine Ablehnung noch eine alternative Totalität entgegen.

– *Das Klassenbewusstsein an sich* hingegen ist eine kollektive Subjektivität von dauerhaftem Charakter. Die Menschen, die an diesem kollektiven Über-Ich teilhaben, die davon durchdrungen sind, sich davon motivieren lassen, haben somit ein klares Bewusstsein, zu einer gemeinsamen Klasse zu gehören – durch ihre Eingliederung in eine Produktionsmaschinerie materieller und symbolischer Güter. Sie haben das Bewusstsein, die objektiven materiellen Bedingungen dieser beiden Produktionsformen zu teilen. In den Ländern der Dritten Welt besteht eine besondere Situation: Der innere Klassenkampf ist dort in gewisser Weise prädeterminiert durch die ausländische imperialistische Beherrschung, die allen Klassen des unterworfenen Volks aufgezwungen wird. Das Volk an der Peripherie verwandelt sich angesichts der imperialistischen Oligarchie des Zentrums in eine einzige abhängige Klasse. Das Bewusstsein an sich ist das alternative Bewusstsein, die antinomische Identität, die das beherrschte Volk dem kollektiven Über-Ich, dem System der symbolischen Gewalt des Herrschenden entgegenstellt. In den Gesellschaften der Dritten Welt waren und sind die nationalen Befreiungsbewegungen die wichtigsten Träger dieses Klassenbewusstseins an sich.

— *Das Klassenbewusstsein für sich* stellt eine neue Phase in der Entwicklung der Menschheit dar, die noch nicht erreicht ist, allenfalls gelegentlich aufscheint. Karl Marx schreibt in diesem Zusammenhang: »Die ökonomischen Verhältnisse haben zuerst die Masse der Bevölkerung in Arbeiter verwandelt. Die Herrschaft des Kapitals hat für diese Masse eine gemeinsame Situation, gemeinsame Interessen geschaffen. So ist diese Masse bereits eine Klasse gegenüber dem Kapital, aber noch nicht für sich selbst.«[1] Erst in einer späteren Phase fallen die letzten Schranken zwischen den Menschen, der freie Zusammenschluss der Produzenten entscheidet in jedem Augenblick über die Investition der gesellschaftlichen Kräfte und der Arbeit eines jeden Einzelnen. Wenn sich das Klassenbewusstsein für sich durchgesetzt hat, werden die hierarchischen Beziehungen zwischen den Menschen verschwinden. An ihre Stelle werden ausschließlich wechselseitige, jederzeit reversible Beziehungen treten. Der Mensch wird sich frei mit der Hilfe der anderen Menschen konstituieren. Die unvollständige Subjektivität eines jeden Einzelnen wird endlich in einem ge-

---

1 Karl Marx, *Das Elend der Philosophie* in: Karl Marx, Friedrich Engels, *Werke*, Bd. 4, Berlin 1972, 2. Kap., § 5, S. 180.

meinsamen menschlichen Projekt aufgehen, vor allem durch die Befriedigung der Bedürfnisse eines jeden. Die einzigen Maßstäbe sind die Entfaltung aller und das Glück eines jeden. Das Klassenbewusstsein für sich ist Teil einer konkreten Utopie, eines »Tagtraums« der Menschheit, um den Begriff von Ernst Bloch aufzugreifen, mit dem er diese Utopie bezeichnete.

Der argentinische Arzt und Kommandant der Befreiungsarmee Boliviens, Ernesto Che Guevara, verkörpert dieses *Bewusstsein für sich.* Im September 1967 befanden sich die Überlebenden seiner Guerillatruppe militärisch in einer desolaten Lage, waren gesundheitlich angeschlagen und hatten nicht genug zu essen. Die Eliteregimenter der bolivianischen Diktatur, unterstützt von zahlreichen Agenten der nordamerikanischen CIA, hatten das trockene, dünn besiedelte Gebiet im Südosten Boliviens, wo die Guerillakämpfer seit mehr als zwei Jahren operierten, nahezu vollständig eingeschlossen. Che Guevara litt seit seiner Kindheit an schwerem Asthma. An der *caratera central,* die La Paz und den Altiplano mit Santa Cruz und dem Oriente verbindet, befand sich in dem kleinen Ort Samaipata eine Apotheke. Er ritt an der Spitze seines Trupps dorthin und kaufte die Medikamente, die er dringend benötigte.

Hinter der breiten, asphaltierten Straße beginnt der Dschungel. Etwas weiter entfernt erstrecken sich die Yungas, dichte Bergwälder, und dahinter liegen die Siedlungen der Bergarbeiter, die sich damals erhoben hatten. Mehrere Guerillakämpfer drängten Che, die große Straße zu überqueren, in dem Wald unterzutauchen und sich zu den Bergarbeitern durchzuschlagen. Che lehnte ab. Gequält von Hustenanfällen und Schmerzen, stieg er wieder auf sein Pferd und kehrte in die Falle im Tal des Rio Grande zurück.

Einige Wochen später zerschmetterte ihm in der Quebrada del Yuro, einem engen Tal zwischen zwei Bergketten, die Kugel eines bolivianischen Soldaten den rechten Arm. Er wurde gefangen genommen und mit zwei Kameraden in die Schule des kleinen Dorfs La Higuera gebracht. Dort wurde er an den einzigen Tisch im Klassenzimmer gefesselt und in der Nacht vom 8. auf den 9. Oktober

1967 von Unteroffizier Mario Teran mit einer Maschinengewehr-salve erschossen.

Che Guevara war in Samaipata umgekehrt und in das umzingelte Tal zurückgekehrt, weil er die hungernden Bauern und ihre Familien, aus deren Mitte er seinen Kampf geführt hatte, nicht im Stich lassen wollte. Er hatte ihnen sein Wort gegeben, dass er bis zum Tod für ihre Befreiung und die Rückgabe ihres Landes kämpfen würde. Er wollte ihre Hoffnung nicht zerstören.[1]

Evo Morales, der 2005 zum Staatspräsidenten Boliviens gewählt wurde und damit zum ersten Indio-Präsidenten auf dem südamerikanischen Subkontinent, ist der direkte Erbe Che Guevaras. Eine außerordentliche Welle der Solidarität der indigenen Bevölkerung des Altiplano und des Oriente trug ihn ins Amt. Im Mai 2006 verstaatlichte er 221 multinationale ausländische Öl-, Gas- und Bergbaukonzerne und beendete damit beinahe fünfhundert Jahre kolonialer Ausplünderung. Heute sind die Völker Boliviens dank der reichen Bodenschätze in ihrem Land dabei, die uralten Geißeln zu überwinden: die chronische Unterernährung, den Analphabetismus, die Bodenerosion, die wiederkehrenden Epidemien, die Zerrüttung ihrer staatlichen Institutionen. Bei praktisch allen öffentlichen Veranstaltungen ist die Erinnerung an das Opfer Che Guevaras in Bolivien gegenwärtig.

Das kollektive *Bewusstsein für sich* durchdringt bis heute die bolivianische Revolution.

Nachtrag

Eine Form des Bewusstseins entzieht sich der wissenschaftlichen Analyse: das *individuelle Gewissen,* das unhintergehbar und einzigartig ist. Georg Lukács' Typologie erfasst es nicht, das Vokabular

---

1 Fünf Kämpfer haben Che Guevara überlebt, darunter der Kubaner Daniel Alarcón Ramírez, genannt Benigno, sein Leibwächter seit der Zeit in der Sierra Maestra. Benigno hat mir von den letzten Monaten der Guerillakämpfer erzählt.

der empirisch-rationalistischen Sozialwissenschaften kennt es nicht. Aber weil es der wahre innerste Kern des Menschseins ist, hat es die Philosophen der Aufklärung sehr beschäftigt. Für Jean-Jacques Rousseau war es die höchste souveräne Instanz, das endgültige soziale Gericht. Zu ermöglichen, dass die »unsterbliche und himmlische Stimme«[1] des Gewissens sich frei ausdrücken kann, galt ihm als die edelste Aufgabe der Philosophen. Eine Generation später beschwor der englische Dichter George Byron, ein glühender Anhänger Rousseaus, diese innerste souveräne Macht. Er empfand sie, als er auf einer Pilgerfahrt auf den Spuren Rousseaus in Clarens Schloss Chillon besuchte und dort den Kerker, in dem man Bonivard eingesperrt hatte, einen Helden des Genfer Unabhängigkeitskampfs gegen Savoyen: »*Eternal Spirit of the Chainless Mind! Brightest in Dungeons, Liberty!*«[2] (»Ewiges Genie des Geistes ohne Ketten! In den Verliesen leuchtest du am hellsten, Freiheit!«)

Jedes Individuum ist immer das Produkt einer kollektiven und spezifischen, kontingenten, historischen, abhängigen Sozialisierung, aber der innerste Kern, das absolut Singuläre, entzieht sich der Klassifizierung. Somit ist das eigene Gewissen, das die marxistischen Analytiker gern vernachlässigen, eine mächtige historische Kraft.

---

1 »Glaubensbekenntnis des savoyischen Vikars«, in *Emil oder über die Erziehung,* Viertes Buch, 11. Aufl Paderborn 1993, S. 306.
2 Sonnet on Chillon, 1816 (Übersetzung des Autors).

DRITTES KAPITEL

Die Irrwege der Ideologien

Die Menschen benötigen einen Sinn der Geschichte wie die Zugvögel einen Sinn der Orientierung. Was auch immer die konjunkturellen Umstände sind, der Mensch kann sich nicht mit einer Existenz ohne Obsessionen und ohne Utopie begnügen.

Régis Debray, Vorwort zu Victor Serge *Carnets*[1]

I. Was ist eine »richtige« Ideologie, und was ist eine »falsche«?

Der sozialistische Staatsmann und Philosoph Jean Jaurès erzählt folgende Geschichte: »An einem Winterabend ergriff mich in dieser riesigen Stadt so etwas wie ein soziales Schaudern. Mir schien es, als hätten die Tausende und Abertausende Menschen, die aneinander vorbeigingen, ohne sich zu kennen, eine zahllose Menge einsamer Phantome, keinerlei Bindungen. Und ich fragte mich mit einer Art unpersönlichem Schrecken, wie all diese Wesen die ungleiche Verteilung des Guten und des Schlechten hinnahmen und wie es kam, dass die gewaltige gesellschaftliche Struktur nicht zerfiel. Ich sah keine Ketten an ihren Händen und Füßen und dachte: Durch welches Wunder ertragen diese Tausende leidender, geschundener Menschen all das? [...] Die Kette befand sich im Herzen, das Denken war gefesselt, das Leben hatte dem Geist ihre Formen eingeprägt, die

1 Paris 1985.

61

Gewohnheit hatte sie fixiert. Die gesellschaftliche Ordnung hatte die Menschen geformt, sie war in ihnen, in gewisser Weise war sie zu ihrer Substanz geworden, und sie lehnten sich nicht gegen die Realität auf, weil sie sich mit ihr verwechselten. Der Mann, der da schlotternd vorbeiging, hätte es wohl für weniger unvernünftig und weniger schwierig gehalten, alle Steine der großen Stadt Paris in die Hand zu nehmen, um sich ein Haus zu erbauen, als das gewaltige, niederdrückende und schützende gesellschaftliche System in Frage zu stellen, in dem er sich in einer Ecke nach seiner Gewohnheit und in seinem Elend eingerichtet hatte.«[1]

In der Geschichte spielen Ideologien eine oft entscheidende Rolle. Was ist eine Ideologie? Der Historiker Georges Duby bezeichnet Ideologien als »diskursive polemische Formationen«; die Ideologie ist »keine Widerspiegelung des Erlebten, sie ist vielmehr ein Entwurf, Einfluß auf das Erleben zu nehmen. Soll das Handeln überhaupt eine Chance haben, wirksam zu sein, darf der Unterschied zwischen dem imaginären Bild und den ›Realitäten‹ des Lebens nicht allzu groß sein. Doch insofern dem Diskurs Gehör geschenkt wird, kristallisieren sich alsbald neue Haltungen heraus, welche die menschliche Wahrnehmung der Gesellschaft verändern.«[2]

Eine Ideologie ist ein Symbolsystem, das auf der Basis einer eigenen Logik errichtet ist und dem eine kohärente diskursive Vernunft innewohnt. Der Begriff »Symbolsystem« bezeichnet eine Gesamtheit von Bedeutungen, Werten, Ideen, Konzepten, Glaubensüberzeugungen und Vorstellungen.

Jede Ideologie übernimmt damit eine Aufgabe: die Aufgabe, die Welt zu »deuten«.

---

1 Artikel in *L'Armée nouvelle,* 1911. Zitiert bei Michel Bataille, *Demain Jaurès,* Vorwort von François Mitterrand, Paris 1977, S. 39.
2 Georges Duby, *Die drei Ordnungen. Das Weltbild des Feudalismus,* Frankfurt am Main 1981, S. 22.

Auf die Frage, was eine »richtige« und was eine »falsche« Ideologie sei, geben Duby und Vladimir Jankélévitch[1] überzeugende Antworten. »Falsch« ist eine Ideologie, wenn sie einer Strategie der Entfremdung, der Unterdrückung, der Regression des Menschen dient. Befördert sie jedoch die Emanzipation, die Selbstbestimmung, die Menschwerdung eines Menschen – dann ist sie »richtig«. In seinem berühmten Dokumentarfilm »Le chagrin et la pitié« (1969) gibt Marcel Ophüls dem Anstaltsgeistlichen des Zuchthauses von Nancy, einem katholischen Priester, das Wort. Dieser hatte während der deutschen Besatzung viele zum Tode verurteilte Menschen zur Hinrichtung in den Gefängnishof, zur Guillotine, geführt. Der französische geheime Widerstand war stark und lebendig in Lothringen. Der Priester führte viele Widerstandskämpfer – Männer und Frauen allen Alters, aller sozialen Klassen – zur Guillotine. Die allermeisten unter ihnen starben mutig, Ihre letzten Worte waren häufig: »Vive la France!« Dann legten sie den Hals auf den Block.

1944 kerkerten die Behörden des befreiten Paris im selben Zuchthaus die abgeurteilten Folterknechte der Gestapo und die Massenmörder der SS ein. Derselbe Priester führte auch sie zum Schafott. Viele Nazi-Verbrecher wandten sich nach Osten, nach Berlin, hoben den Arm zum Führergruß und riefen: »Heil Hitler!« Die allermeisten starben mutig. Die einen – die Widerstandskämpfer – waren beseelt von einer »richtigen« Ideologie, jener des Patriotismus, des Widerstands gegen das Verbrechen, der Hoffnung auf Befreiung, der Emanzipation des Menschen. Die anderen – die Gestapo-Folterer und SS-Mörder – starben im Dienste einer Ideologie der Menschenverachtung, der rassistischen Hybris, der Verehrung von Gewalt und Tod.

Eine Ideologie ist niemals harmlos. Entweder befreit sie, oder sie unterdrückt. Wenn sie in einer Machtbeziehung eingesetzt wird, verschiebt sie mit ihrem Gewicht die Machtverhältnisse. Darum muss

1 Vgl. S. 68.

man wissen, im Dienst welcher Strategien, welcher Mächte und welcher Interessen sie eingesetzt wird. Dazu zwei Beispiele:

Das erste Beispiel hat mit den *Begräbnisritualen* der katholischen Kirche zu tun. In vielen Ländern Lateinamerikas, Südeuropas und Asiens übt die katholische Kirche eine große – und meistens rückwärtsgewandte – Macht über Geist und Körper der Menschen aus. Die Manipulation des Todes, die Begräbnisrituale bilden die Grundlage der Macht. Nur ein mit dem Segen des Priesters bestatteter Toter hat die Aussicht, ins Paradies zu gelangen. Den anderen droht das Fegefeuer oder die Hölle! Jeder Mensch hat Angst vor dem Tod. Die Manipulation des Todes durch die Kirche unterwirft die Menschen der kirchlichen Bürokratie, ihrem Moralkodex, den gesellschaftlichen, sexuellen, politischen, ökonomischen und ideologischen Wertvorstellungen, die sie umsetzt. Die Manipulation der Angst des Menschen vor dem Tod ist ein Herrschaftsinstrument der Kirche. Trotzdem können die Manipulation des Todes und die Begräbnisrituale der Kirche unter bestimmten historischen Umständen auch hilfreich sein.

Nach dem Staatsstreich von General Pinochet im September 1973 »verschwanden« in Chile jeden Monat Hunderte Menschen, die ermordet worden oder unter der Folter gestorben waren. Im Allgemeinen wurden die »Verschwundenen« in Massengräbern verscharrt, den »heimlichen Friedhöfen«. In der Folge kam es immer wieder vor, dass ein Bauer, der sein Feld bestellte, oder ein Spaziergänger einen solchen Friedhof entdeckte. 1979 legte Kardinal Raúl Silva Henríquez, der Erzbischof von Santiago und höchster Würdenträger der katholischen Kirche in Chile, im Kampf gegen die Diktatur bemerkenswerten Mut an den Tag und schrieb einen offenen Brief an General Pinochet, in dem er die Respektierung des Konkordats einforderte, insbesondere der Bestimmungen, die mit den Begräbnisprivilegien der Kirche zusammenhingen. Silva Henríquez verlangte, dass jeder getaufte Chilene – und die meisten Chilenen sind getauft – künftig das Recht auf ein christliches Begräbnis haben sollte; dass jeder Leichnam, woher er auch kam – ob aus einem Krankenhaus, einer Kaserne oder einem Polizeikommissariat – seinen Angehörigen übergeben werden müsse, damit sie ihn mit einem Priester und den Begräbnisritualen der Kirche zu Grabe tragen könnten. Ohne Zweifel war der Vorstoß von Silva Henríquez – bei dem er repressive Begräbnisrituale in den Dienst der Befreiung und des Lebens der Menschen stellte – ein mutiger Versuch, gegen das »Verschwinden« politischer Gefangener in Chile zu kämpfen. Kardinal Silva Henríquez hörte nicht auf, den Mächtigen zuzusetzen; er war für Pinochet ein Stachel im Fleisch, so sehr, dass Pinochets Ehefrau im Juni 1983 sagte, als der Kardinal nach Erreichen der Altersgrenze in den Ruhestand treten musste: »Es scheint, dass Gott uns erhört hat.«

Das zweite Beispiel betrifft den Einsatz von Initiationsriten für unterschiedliche Altersgruppen bei den Bantu-Völkern. Insbesondere zwei afrikanische Regimes haben diese Riten genutzt oder nutzen sie noch, und zwar auf diametral entgegengesetzte Art und Weise: Guinea-Bissau und Zaire.

Amílcar Cabral und sein PAIGC (Partido Africano da Independência da Guiné e Cabo verde, Afrikanische Partei für die Unabhängigkeit von Guinea und Kap Verde) bezogen sich auf Initiationsriten, um in der ersten Phase des ländlichen Guerillakampfs gegen die portugiesischen Kolonialherren junge Kämpfer zu rekrutieren. Die Befreiungsarmee, die in einem sehr kleinen Gebiet operierte, bedrängt von einem Feind, der nicht nur die Städte kontrollierte, sondern auch weite Teile des Landesinneren, hatte große Probleme mit der Rekrutierung. Die pädagogische Vorbereitung der Rekrutierung – wie sie etwa in Algerien während des Unabhängigkeitskriegs von 1954 bis 1962 entwickelt worden war und die Cabral genau studiert hatte – war in Guinea praktisch undurchführbar. Bis ins erste Drittel der 1960er-Jahre hinein verfügte die Befreiungsarmee nicht über wirklich befreite Zonen. Die Führung sah sich mehreren offensichtlich widersprüchlichen Anforderungen gegenüber: Die Verluste waren hoch, deshalb mussten beständig und in großer Zahl neue Kämpfer rekrutiert werden; die Überwachung des Gebiets und die technischen Mittel zur Kontrolle, über die der Feind verfügte, zwangen die Anwerber, strikt im Geheimen zu agieren und dauernd ihren Standort zu wechseln. In bestimmten Gebieten konnten sie nur eine oder zwei Nächte im selben Dorf bleiben. Selbst die Einberufung einer Dorfversammlung war oft unmöglich. Auch die Rekrutierung selbst musste heimlich stattfinden und schnell vor sich gehen. Und eine letzte Herausforderung: Auf die angeworbenen Kämpfer warteten schwere Opfer. In Guinea wandten die portugiesischen Kolonialherren schreckliche Repressionsmethoden an: Folter in Verhören war üblich; ein gefangener Guerillakämpfer galt nicht als Kriegsgefangener; er wurde meist sofort erschossen; oft gab es Repressalien gegen die Familie. Die Integration eines neuen Rekruten in seine Einheit musste nicht nur schnell und heimlich erfolgen, sie musste überdies von der ersten Stunde an so überzeugend und so intensiv wie möglich sein. Die Initiationsriten aus der Kosmogonie der Balante erfüllten die meisten dieser Forderungen. Bei ihren nächtlichen Besuchen überzeugten die jungen Anwerber des PAIGC die Balante-Priester von der Notwendigkeit des Befreiungskrieges. Einige Tage oder Monate später wurden die Heranwachsenden des Dorfs mittels einer kurzen, geheimen, intensiven Zeremonie, die von den Balante-Priestern geleitet wurde, in junge PAIGC-Kämpfer verwandelt. Die Promotion zum Krieger fand in Gruppen statt. Die Gruppen junger Balante (oder Peuhl, Bissagos, Mandingues und anderer), welche die Initiationsrituale (Aussetzung in einem schlangenverseuchten Wald, wochenlanges Fasten, Sprung durch loderndes Feuer und so weiter) gemeinsam durchlitten, bildeten fortan eine total solidarische Einheit, die kein Feind und keine Angst zu brechen vermochte.

In Zaire inszenierte Präsident Mobutu das gleiche Ritual. Der korrupte Diktator hoffte, auf diese Weise die jungen Kongolesen – die noch nicht akkulturiert waren, im traditionellen Milieu lebten, vom Land kamen, die Mehrheit der Bevölkerung stellten – für sich und seine politische Strategie zu gewinnen.

So wie Cabral den Initiationsritus der Balante für die Rekrutierung und Integration neuer Kämpfer in die Guerillaeinheiten des PAIGC einsetzte, hatte der Ritus eine »fortschrittliche« Bedeutung, das heißt, er diente der Emanzipation, der Befreiung der Menschen. Als das Mobutu-Regime mit seiner »Authentizitäts«-Ideologie sich der traditionellen Initiationsriten der jeweiligen kongolesischen Völker bemächtigte und sie als Waffe für seine Unterwerfungsstrategie gebrauchte, änderte sich ihr Sinn grundlegend: Der Ritus wurde zu etwas Entfremdendem, Regressivem. Als »regressiv« bezeichne ich jedes Symbol, das den Sinn reduziert, das Glück und die Hoffnung auf Befreiung auslöscht, Bedingungen schafft, die die Versklavung von Menschen begünstigen.

Die Hervorbringung und der Einsatz von Ideologien werfen noch andere Probleme auf. *Derjenige, der die Ideologie einsetzt, kann in gutem Glauben handeln oder auch nicht.* Er kann von der Bedeutung, die er dem kollektiven Gedächtnis entnommen hat, überzeugt sein oder auch nicht. Zur Erläuterung: Hitler, Goebbels, Rosenberg und Himmler glaubten ohne Zweifel an die pangermanischen Rassemythen, die sie ausgegraben hatten, aktualisierten, neu interpretierten und einsetzten, um ihre Politik der Ausrottung nicht-arischer Völker zu »erklären«. Insofern waren sie guten Glaubens. Umgekehrt kenne ich einen katholischen Vikar aus dem Norden Brasiliens, einen überzeugten Marxisten, der die rückwärtsgewandte Politik der Mehrheit der brasilianischen Bischöfe, die mit der Diktatur gemeinsame Sache gemacht hatten, vollkommen ablehnte. Er verwendete, in »schlechtem Glauben«, die Sprache der Institutionen der Kirche, um in seiner Diözese einen kühnen Kampf für die Agrarreform, die Organisation von Gewerkschaften und die »Bewusstseinsbildung« der Bauern zu führen. Während der Militärdiktatur (1964–1982) waren die Hirtenbriefe, Proklamationen und Botschaften der brasilianischen Bischofskonferenz pompös und verlogen. Der Vikar von Ceará verlas sie von der Kanzel und interpretierte die bischöflichen Floskeln in seinem Sinn. Er glaubte nicht an die Floskeln. Aber sie waren ihm nützlich. Die Schergen der Geheimdienste von Luftwaffe, Armee und Marine wagten es nicht, ihn zu ermorden oder auch nur zu verhaften. Der Vikar rechtfertigte ja jede seiner konkreten Initiativen – Gewerkschaftsgründungen, Bauernkooperationen und so weiter – mit Zitaten aus den Hirtenbriefen.

Das Kriterium, ob das jeweilige Subjekt in gutem oder schlechtem Glauben spricht, sagt darum nichts über den Wert einer Ideologie aus. Hitler, Goebbels, Rosenberg und Himmler verkörperten die abstoßendste Perversion des menschlichen Geistes. Ihre Reden »in gutem Glauben« produzierten absurde Behauptungen, die die fürchterlichsten Verbrechen zur Folge hatten. Auf der anderen Seite wirkte der episkopale Vikar von Ceará »in schlechtem Glauben« für den Schutz der Verfolgten, den Kampf gegen das Elend, die Emanzipation der Bauern, die er als Priester unter seiner Obhut hatte.

Vladimir Jankélévitch, Philosophieprofessor an der Sorbonne, fasst das Problem in einer Geschichte zusammen: Die SS dringt in ein Haus ein, in dem sich Widerstandskämpfer treffen. Einer hat sich in einem Schrank versteckt. Der SS-Offizier fragt: »Ist jemand in dem Schrank?« Die Bewohner des Hauses antworten: »Nein.« Jankélévitch erklärt, dass die Bewohner die »Wahrheit« gesagt haben:[1] Die französischen Widerstandskämpfer und ihre Verbündeten arbeiten für das Ziel einer befreiten Gesellschaft. Ihre Antwort an den SS-Offizier zeugt von »schlechtem Glauben«; die Ideologie aber, der sie dient, ist richtig und wahr. Sie befördert die Emanzipation des Menschen.

II. Wie entstehen, entwickeln und wandeln sich Ideologien?

> Wissen ist ein Schmerz. Und wir wußten es:
> Jede aus dem Dunkel hervorgesickerte Kunde
> Bescherte uns das nötige Leid:
> jenes Gerücht wurde tausendfach Wahrheit,
> es füllte die dunkle Tür sich mit Licht,
> und es läuterten sich die Schmerzen.

---

1 Vladimir Jankélévitch, Vorlesung an der Universität Paris-Sorbonne 1974–1975.

Wahrheit war bei diesem Tod das Leben.
Schwer lastete der Sack des Schweigens.
Und immer noch kostete es Blut, ihn aufzuheben,
zu viele Steine der Vergangenheit waren es.

Hernach aber wurde mutig der Tag:
mit goldnem Messer durchbrach er das Dunkel
und eindrang die Erörterung wie ein Rad,
das wiedereingesetzt durch das Licht, hinrollte
bis zum Polarpunkt des Landes.

Nun krönten Ähren
die Herrlichkeit der Sonne und ihre Energie:
von neuem gab Antwort der Kamerad
auf die Frage des Kameraden.
Und jener grausame Weg in die Irre
wurde unter der Wahrheit wieder Weg.

Pablo Neruda, *Memorial von Isla Negra*[1]

Die Klassenkämpfe, die der Entstehung, Entwicklung und Wandlung der Ideologien Substanz verleihen, vollziehen sich notwendigerweise an der doppelten Front des materiellen und des ideologischen Kampfs oder, wie Louis Althusser sagt, *des praktischen und des theoretischen Klassenkampfs.* Nehmen wir als Beispiel, um diese Kämpfe an doppelter Front zu verstehen, um zu zeigen, wie eine neue Klasse, die im Begriff ist, die wirtschaftliche Macht in der Gesellschaft zu erobern, einen ideologischen Krieg anzettelt, um ihren Sieg zu beschleunigen und ihren Kampf zu erklären und zu rechtfertigen, die Reformation und insbesondere die calvinistische Prädestinationslehre. Ich zitiere sie nach Friedrich Engels: Calvins »Dogma war den kühnsten der damaligen Bürger angepaßt. Seine Gnadenwahl war der religiöse Ausdruck der Tatsache, daß in der Handels-

---

1 Pablo Neruda, *Memorial von Isla Negra,* hrsg. von Karsten Garscha, Darmstadt 1985, S. 187 f.

welt der Konkurrenz Erfolg oder Bankrott nicht abhängt von der Tätigkeit oder dem Geschick des einzelnen, sondern von Umständen, die von ihm unabhängig sind. ›So liegt es nicht an jemandes Wollen oder Laufen, sondern am Erbarmen‹ überlegner, aber unbekannter ökonomischer Mächte. Und dies war ganz besonders wahr zu einer Zeit ökonomischer Umwälzung, wo alle alten Handelswege und Handelszentren durch neue verdrängt, wo Amerika und Indien der Welt eröffnet wurden und so selbst die altehrwürdigsten ökonomischen Glaubensartikel – die Werte des Goldes und des Silbers – ins Wanken und Krachen gerieten.«[1]

Die erste bürgerliche Republik des Kontinents wurde 1536 von dem puritanischen französischen Prediger und Reformator Jean Calvin ausgerufen. Er war ein hagerer, introvertierter Mann mit bleichem Gesicht. Er starb mit 56 Jahren an einem Magenleiden.

Ein berühmtes Theaterstück von Dominique Ziegler trägt den Titel *Le maître du temps* (Der Herr über die Zeit). Ein wichtiges Dekret des Predigers aus der Picardie – der durch Zufall auf der Reise von Rom Richtung Straßburg durch Genf gekommen war und dort von den mit dem Fürstbischof im Konflikt liegenden Bürgern zurückgehalten wurde – war die »Erfindung der Zeit«. Überall in der Stadt und in den umliegenden Dörfern am Ufer des Sees wurden Uhren aufgestellt. Fortan galt es, jede Minute zu nutzen. Zeit war gelebtes Leben, streng normiert, im Dienste der frühkapitalistischen Produktion. Vom Kirchenvater Thomas von Aquin stammt das Wort: »Der Mensch wird geboren, um die Schöpfung zu vollenden.«

Jean Calvin eignete sich diese Moral an. Er kleidete sie in Normen, schuf ein rigides Arbeitsethos und eine genaue Arbeitsteilung. Er errichtete eine gewalttätige Theokratie. Dissidenten wurden verbrannt, so der immigrierte spanische Theologe Michel Servet. Jean Calvin machte das »protestantische Rom« in kurzer Zeit zum La-

---

1 Friedrich Engels, *Die Entwicklung des Sozialismus von der Utopie zur Wissenschaft*, Einleitung zur ersten Ausgabe in englischer Sprache (1892), 13. Aufl. Berlin 1966, S. 34.

boratorium der sich anbahnenden kapitalistischen Produktionsweise.

Die Theorie der Prädestination, die Calvin in seinem mehrbändigen Monumentalwerk »Institutio Christianae Religionis« verteidigte und die seine Prediger in ganz Europa, in Nordamerika und Südafrika verbreiteten, hat die koloniale Eroberung, die Aggressivität der Invasoren und die Verachtung der autochthonen Bevölkerung potenzialisiert. Die calvinistischen Afrikaaner in Südafrika, die Gründerväter der dreizehn britischen Kolonialstaaten in Nordamerika (die 1776 zur Unabhängigkeit gelangten und sich zu den Vereinigten Staaten zusammenschlossen), sie alle betrachteten sich als »Auserwählte« und damit von anderer, höherer Essenz als die indianischen Völker oder die Bantu-Stämme, die sie ihres Landes beraubten und in vielen Fällen massakrierten.

Die Erschütterungen in der Wirtschaft, die Vervielfachung der Entscheidungszentren, der Zerfall der alten Feudalwelt mit ihrer festen, hierarchischen gesellschaftlichen Schichtung, dazu die Auflösung der geografischen Grenzen der Welt, die man bis dahin für unumstößlich gehalten hatte, all das erzeugte große Ratlosigkeit, Verwirrung und ein Gefühl tiefer Verunsicherung bei den Menschen des 16. Jahrhunderts. Die calvinistische Ideologie reagierte auf ein konkretes, drängendes Bedürfnis: das Bedürfnis, heftige, die Menschen beunruhigende Widersprüche aufzulösen zwischen der kommerziellen, wirtschaftlichen, finanziellen, wilden, aggressiven und scheinbar unbegrenzten Freiheit der bürgerlichen Bankiers und Händler in den Städten einerseits und der permanenten, tiefinneren, unabweisbaren Begierde des Menschen andererseits, die Zukunft »vorauszusehen«, die Welt zu verstehen, die gesellschaftlichen Erfahrungen zusammenzubringen, in der Geschichte einen Sinn zu finden. Die Lehre von der Prädestination der Seelen – unvorhersehbar für den Menschen, aber vorhergesehen von Gott –, die Jean Calvin, Theodor von Bèze und ihre Schüler verbreiteten, diente dem Bedürfnis der neuen bürgerlichen Klasse ganz hervorragend. Und so wurde der Calvinismus im 16. Jahrhundert zur Rechtfertigungslehre für die politischen Eroberungen des Handel treibenden Bürgertums in Genf, den Niederlanden, in Schottland und bei Teilen des aufstrebenden Bürgertums in Deutschland und Italien. Die Lehre von der Vorherbestimmung der Seele diente auch dazu, Völkermorde zu rechtfertigen wie die englischer calvinistischer Einwanderer im 17. Jahrhundert an den Mohikanern, den Pequot und anderen Völkern an der nordamerikanischen Ostküste oder die Massaker, die im 17., 18. und 19. Jahrhundert aus Holland stammende Calvinisten an den Völkern der Buschmänner, der Twa und der Zulu im südlichen Afrika verübten.[1]

Eine Ideologie entwickelt sich nach einer *relativ autonomen Logik*. Die Logik hängt davon ab, wie die Werkzeuge der ideologischen Produktion – Institutionen, Berufsstände wie Priester, Intellektuelle, Künstler[2] – beschaffen sind sowie von dem Bestand an Ideen, Kenntnissen, Symbolen, Bildern, den Kulturen und Wissenschaften, aus denen die Ideologien ihre Argumente schöpfen je nach den Strategien, die sie unterstützen.

Roger Bastide formulierte in seinem Buch *Les Religions africaines au Brésil*[3] eine kohärente Theorie des »autonomen Bewusstseins«, die er der marxistischen Theorie von der Entwicklung der Ideologien gegenüberstellt. Er analysiert die Entwicklung der Ideologien, die von den afrikanischen Gesellschaften in der brasilianischen Diaspora hervorgebracht wurden. Ich verweile bei diesem Beispiel, weil es sehr klar zeigt, wie eine Ideologie sich verselbstständigt und die materielle Gesellschaft überlebt, in der sie entstanden ist. Das gilt natürlich immer unter der Bedingung, dass die betreffende Ideologie den realen Bedürfnissen der Menschen dient, die sich auf sie berufen.

---

1 Den ideologischen und militärischen Krieg, den sich das ganze 17. Jahrhundert hindurch die eingewanderten englischen Calvinisten und die Ureinwohner der nordamerikanischen Ostküste lieferten, schildet Leo Bonfanti, »The New England Indians«, in *The New England Historical Series*, Wakefield 1968, 4 Bde. Zu den Massakern, die weiße Calvinisten im südlichen Afrika verübten, vgl. die Quellenangaben in meinem Buch *Afrika. Die neue Kolonisation*, Darmstadt 1980.
2 Siehe dazu insb. die Analyse von Pierre Bourdieu: »Le marché des biens symboliques«, in *L'Année sociologique*, 1971.
3 Paris 1960.

Die traditionellen Gesellschaften der Kongo, Yoruba, Fon und Ewe auf dem afrikanischen Kontinent wurden größtenteils zerstört. Aber ihre Ideologien, ihre Symbolsysteme haben nicht nur das Überleben der in ein fremdes Land deportierten schwarzen Sklaven gesichert, die oft unter unbeschreiblich grausamen Bedingungen lebten, sondern sogar ihre kulturelle und politische Renaissance ermöglicht. Obwohl die Abstammungslinien zerstört und die Clans niedergemetzelt wurden, trotz der großen geografischen Entfernung und obwohl Familien zerrissen und die Schwarzen zu Objekten herabgewürdigt wurden, hat das geschundene schwarze Volk überlebt. Und es hat im Exil eine sehr mächtige Kultur hervorgebracht, die heute in Brasilien und in anderen Ländern Amerikas für die Schwarzen wie auch die Weißen eine Alternative zur Ideologie des multinationalen Monopolkapitalismus und seiner Legitimationstheorie, dem aggressiven, obskurantistischen Neoliberalismus, darstellt. Eine Zuflucht, eine Waffe des Widerstands, eine alternative Identität und paradoxerweise auch einen alternativen Kampf.

Die zentrale Institution dieser Kultur ist der *terreiro* oder *candomblé*[1]. Er ist in erster Linie ein spezieller Ort, wo afrikanische Götter von Männern oder Frauen Besitz ergreifen, oder, noch häufiger, ein Ort der kulturellen Gemeinschaft. Der *terreiro* oder *candomblé* ist zugleich ein System geistiger Vorstellungen, eine Hierarchie der Macht, ein Bestand an Ritualen und die Gemeinschaft, die all dies transportiert.

Diese in sich abgeschlossenen, voneinander unabhängigen Geheimgesellschaften, zu denen Nicht-Afrikaner lange Zeit keinen Zutritt hatten, sind typisch für die brasilianische Küste von Curitiba bis Belém do Pará. In den kolumbianischen Städten Barranquilla und Cartagena gibt es stark strukturierte afrikanische Kultgesellschaften. Auf Kuba schlagen die Nachfahren der Sklaven weiter die Trom-

---

1 *Xangô* ist die Bezeichnung für den *candomblé* nördlich des Flusses São Francisco. *Macumba* steht für die im Allgemeinen verarmten, im Prozess der Akkulturation begriffenen Gemeinschaften des *candomblé* im südlichen Brasilien (einschließlich der Bundesstaaten Espírito Santo, São Paulo und Rio de Janeiro).

mel, und die Orixas steigen auf sie herab wie auf ihre fernen Brüder in Abeokuta (oder Kétou[1]). Im Tal des Orinoco in Venezuela und auf den Hochebenen der Yungas (der alten Andenprovinz der Jesuitenpatres) in Bolivien werden die Orixas als Realität erfahren, als allmächtige Gottheiten, die jede Kleinigkeit des Alltagslebens und die Vorgänge der umgebenden Welt regeln. Ihre Priester wirken in Haiti, auf Jamaika und in Kuba. Vor einigen Jahrzehnten sind die Santeros in den schwarzen Gettos der nordamerikanischen Metropolen aufgetaucht. Heute gibt es allein im Getto von Harlem über zweihundert Lucumi-*terreiros,* sie sind eine Inspiration für Hunderttausende junger Schwarzer, die gegen die rassistische Unterdrückung durch die Weißen aufstehen.

Der Rückgriff auf diese religiöse Ideologie in Harlem und anderen schwarzen Gettos nordamerikanischer Großstädte, in denen die wissenschaftlichen und technischen Kenntnisse den höchsten Stand erreicht haben, den es auf der Welt jemals gegeben hat, zeigt, dass dort Erklärungen für den Sinn des Lebens, der Welt, des Menschen und seiner Beziehung zu den Mitmenschen weitgehend fehlen. Erfolgreich ist die Ideologie dort deshalb, weil die Initiation afrikanischer Priesterinnen und Priester sich fortsetzt und die Riten und Werte in den massiv diskriminierten Gruppen kontinuierlich reproduziert werden.

III. »Naturgesetze«

Welche Ideologie dominiert heute auf dem Planeten?

Es ist die Ideologie des Neoliberalismus.[2] Sie dient heute dazu, die weltweite Herrschaft der Oligarchien zu rechtfertigen, die das Finanzkapital besitzen.

Guy Debord schreibt: »Zum ersten Mal sind dieselben Leute

---

1 Eine Yoruba-Stadt im Norden des heutigen Benin.

2 In meinem Buch *Die neuen Herrscher der Welt* (2003) habe ich zum ersten Mal die neoliberale Wahnidee analysiert. Im vorliegenden Kapitel übernehme ich einige Elemente dieser Analyse.

Herr über alles, was wir tun, und über alles, was wir darüber sagen.«[1]

Und was sind die Grundlagen der neoliberalen Ideologie?

Im August 1991 implodierte die Sowjetunion. Bis dahin lebte jeder dritte Mensch auf dem Planeten in einem kommunistischen Regime. Auch wenn die UdSSR den Namen »kommunistisch« nicht verdiente, denn sie war ein korrupter Polizeistaat, so war die Bipolarität der Weltgesellschaft doch offensichtlich. Die kapitalistischen Klassen im Westen lebten in der ständigen Angst, dass die europäischen, amerikanischen und anderen Bürger und Bürgerinnen sich womöglich dafür entscheiden könnten, der »kommunistischen« Ideologie zu folgen. Darum akzeptierten sie eine zwar begrenzte, aber doch freiwillige Umverteilung ihres Reichtums, was Eingriffe des Staates in die wirtschaftlichen Mechanismen implizierte. Insbesondere das keynesianische Wirtschaftsmodell, benannt nach dem englischen Ökonomen John Maynard Keynes, Verfasser des 1936 erschienenen Werks *Allgemeine Theorie der Beschäftigung, des Zinses und des Geldes,* propagierte eine andere Politik als die des klassischen Liberalismus: Die schrittweise Erhöhung der Kaufkraft der Arbeiter soll für Wirtschaftswachstum sorgen, und der Wohlfahrtsstaat garantiert den abhängigen Klassen ein Minimum an sozialer Sicherheit. An diesem Modell orientierten sich die westlichen Demokratien seit dem amerikanischen *New Deal* von Franklin D. Roosevelt als Reaktion auf den Laissez-faire-Kapitalismus und die Weltwirtschaftskrise von 1933 bis zum Zerfall des Ostblocks.

Aber mit dem Ende des Sowjetreichs verschwand die Bipolarität und mit ihr die demokratische Gefahr als beständige Bedrohung des Monopols der herrschenden westlichen Klassen auf die politische und finanzielle Macht.

Die herrschenden Klassen führten eine neue wirtschaftliche und politische Praxis und eine originelle Bezeichnung dafür ein: den »Washingtoner Konsens«.

Dabei handelt es sich um informelle Vereinbarungen, um *gentle-*

---

1 Guy Debord, *Panégyrique,* Paris 1989.

man agreements, die im Lauf der 1980er- und 1990er-Jahre zwischen den führenden transkontinentalen Mächten, Wall-Street-Banken, der amerikanischen Federal Reserve Bank und internationalen Finanzinstitutionen (Weltbank, IWF und so weiter) geschlossen wurden.

Im Jahr 1989 formalisierte der Chefökonom und Vizepräsident der Weltbank, John Williamson, den Konsens. Seine Grundprinzipien zielen darauf ab, so schnell wie möglich alle Regulierungsinstanzen zu beseitigen, staatliche wie andere auch, eine möglichst weitgehende Liberalisierung der Märkte (für Waren, Kapital, Dienstleistungen und so weiter) zu erreichen und letztlich zu *stateless global governance* zu gelangen, einem einheitlichen Weltmarkt, der sich vollständig selbst reguliert.[1]

Ziel des Washingtoner Konsenses ist die Privatisierung der Welt[2] durch die Umsetzung der folgenden Prinzipien:

- In jedem Land muss es eine Steuerreform nach den folgenden beiden Gesichtspunkten geben: Senkung der Steuerlast für die höchsten Einkommen, damit die Reichen produktive Investitionen tätigen; Ausweitung der Zahl der Steuerpflichtigen, das heißt Abschaffung von steuerlichen Vergünstigungen für die Ärmsten, um das Volumen der Steuereinnahmen zu vergrößern.
- Aufhebung aller Einschränkungen für die Finanzmärkte.
- Garantierte Gleichbehandlung von inländischen und ausländischen Investoren, um die Sicherheit der ausländischen Investitionen und damit ihr Volumen zu erhöhen.
- Möglichst weitgehende Zerschlagung des öffentlichen Sektors; alle Unternehmen im Besitz des Staates oder quasi-staatlicher Körper-

---

1 Das Konzept der *stateless global governance* wurde von Informatikern wie Alvin Toffler und Nicholas Negroponte entwickelt (vgl. Toffler, *Machtbeben. Wissen, Wohlstand und Macht im 21. Jahrhundert,* Düsseldorf 1990, und Negroponte, *Total Digital,* München 1995) und anschließend von mehreren Ökonomen der monetaristischen Chicagoer Schule aufgegriffen.

2 Über die Entstehung des Washingtoner Konsenses siehe Michel Beaud, *Mondialisation, les mots et les choses,* Paris 1999; Robert Reich, *Die neue Weltwirtschaft. Das Ende der nationalen Ökonomie,* Frankfurt am Main 1993.

schaften sollen privatisiert werden wie etwa Schulen, Krankenhäuser, Verkehrsbetriebe, Wasser- und Energieversorgung und so weiter. Damit werden sie den Gesetzen des Profits unterworfen.

— Maximale Deregulierung der Volkswirtschaft, um das freie Spiel der Konkurrenz zwischen den verschiedenen ökonomischen Kräften zu gewährleisten.
— Verstärkter Schutz des Privateigentums.
— Rasche Liberalisierung des Handels mit dem Ziel, die Zölle immer weiter zu senken und schließlich ganz abzuschaffen.
— Da der Freihandel durch Exporte vorangetrieben wird, muss man in erster Linie die Entwicklung jener Wirtschaftsbereiche fördern, deren Produktion in den Export geht.
— Abbau der staatlichen Haushaltsdefizite bis auf null.
— Staatliche Subventionen für private Akteure müssen überall gestrichen werden. Ein Beispiel: Die Staaten der Dritten Welt, die die Preise von Grundnahrungsmitteln subventionieren, um sie niedrig zu halten, müssen diese Politik aufgeben. Bei den Staatsausgaben müssen solche Priorität haben, die in den Ausbau der Infrastruktur fließen und für die multinationalen Konzerne nützlich sind.

Die britische Zeitschrift *The Economist* ist nicht gerade ein revolutionäres Kampfblatt. Doch der Kommentar zum Washingtoner Konsens triefte geradezu von Ironie: »*Anti-globalists see the Washington Consensus as a conspiracy to enrich bankers. They are not entirely wrong.*«[1] (»In den Augen der Globalisierungsgegner ist der Washingtoner Konsens eine Verschwörung mit dem Ziel, die Banker reich zu machen. Sie haben nicht ganz unrecht.«)

Der Neoliberalismus behauptet, die »Naturgesetze« der Wirtschaft auszudrücken. Pierre Bourdieu urteilte unerbittlich über den Neoliberalismus im Allgemeinen und die Umsetzung des Washingtoner Konsenses im Besonderen: »Der Neoliberalismus ist eine Eroberungswaffe, er verkündet einen ökonomischen Fatalismus, gegen

1 »A plague of finance«, *The Economist*, 29. September 2001, S. 27.

den jeder Widerstand zwecklos erscheint. Er ist wie Aids: Er greift zuerst das Abwehrsystem seiner Opfer an.«[1]

Und an anderer Stelle schreibt er: »All das, was man unter dem Begriff der ›Globalisierung‹ fasst, ist keineswegs das Ergebnis zwangsläufiger ökonomischer Entwicklungen [...] Diese Politik [...] ist eine *Politik der Entpolitisierung* und zielt paradoxerweise darauf ab, die Kräfte der Ökonomie von all ihren Fesseln zu *befreien,* ihnen dadurch einen fatalen Einfluss einzuräumen und die Regierungen ebenso wie die Bürger den derart von ihren Fesseln ›befreiten‹ Gesetzen der Ökonomie zu unterwerfen [...] Der Eindruck von Schicksalhaftigkeit ist das Resultat permanenter Propaganda.«[2]

In der Geschichte der Ideen stellt diese Ideologie einen spektakulären Rückschritt dar. Ist tatsächlich alles schicksalhaft? Die Lüge ist krass, aber nützlich: Sie erlaubt den Herrschenden zu verschleiern, dass sie die Verantwortung für das tragen, was den von ihnen unterdrückten Völkern widerfährt.

Die Kapitalströme? Die weltweite Güterverteilung? Die Abfolge der technologischen Revolutionen und der Produktionsweisen? Man kann ihre Gesetzmäßigkeiten beobachten, aber man kann nicht den Anspruch erheben, ihren Lauf zu verändern. Denn all das hängt mit der »Natur« der Wirtschaft zusammen. Wie der Astronom, der die Bewegung der Gestirne, die wechselnde Ausdehnung der Magnetfelder oder die Geburt und den Untergang von Galaxien beobachtet, misst, analysiert, betrachtet, kommentiert, wägt der neoliberale Banker die komplizierten Bewegungen von Kapital und Gütern ab. Auf wirtschaftlichem, gesellschaftlichem oder politischem Gebiet eingreifen? Daran ist gar nicht zu denken, meine Herrschaften! Jeder Eingriff würde bestenfalls die freie Entfaltung der wirtschaftlichen Kräfte verzerren – schlimmstenfalls würde er sie blockieren.

Die Naturalisierung der Wirtschaft, ihre Verwandlung in eine Naturkraft, ist die ultimative List der neoliberalen Wahnidee.

---

1 Pierre Bourdieu, »Politik ist entpolitisiert«, Interview in *Der Spiegel,* Nr. 29, 2001. http://www.spiegel.de/spiegel/print/d-19646181.html
2 Pierre Bourdieu, *Gegenfeuer 2,* Konstanz 2001, S. 62.

IV. Obskurantismus

Soziale Gerechtigkeit, Brüderlichkeit, Freiheit, wechselseitige Ergänzung? Das universelle Band zwischen den Menschen, das Allgemeinwohl, die aus freien Stücken akzeptierte Ordnung, das Gesetz, das befreit, unreine Willen, die durch die allgemeine Regel verwandelt werden (Kant), der Gesellschaftsvertrag? Alles Schnee von gestern! Veraltetes Gestotter, über das die jungen, effizienten Raubtierkapitalisten in den multinationalen Banken und anderen globalen Unternehmen nur müde lächeln können.

Der Gladiator wird wieder zum Helden des Tages. Alle vergangenen Kulturen bemühten sich, die kriegerischen, gewalttätigen, destruktiven Triebe zu zügeln, die Beziehungen zwischen den Menschen zu befrieden, Bande der Solidarität, der Komplementarität, der Reziprozität, des Teilens zu knüpfen. Indem die Piraten der Wall Street und ihre Söldner bei der Welthandelsorganisation (WTO) und dem Internationalen Währungsfonds (IWF) wieder den Gladiator als gesellschaftliches Modell propagieren und die gnadenlose Konkurrenz zwischen den Menschen glorifizieren, wischen sie Jahrtausende geduldiger Bemühungen um Zivilisiertheit einfach beiseite.

»Das Glück des Schwachen ist der Ruhm des Starken«, schrieb Lamartine 1820 in seinen *Poetischen Betrachtungen*. Für die neoliberale Ideologie ist der Satz des romantischen Dichters eine Absurdität. Die Starken (aber auch die Schwachen, die davon träumen, zu den Starken zu gehören) finden das Glück künftig im einsamen Genuss eines Reichtums, der auf Kosten von anderen errungen wurde, durch die Manipulation von Börsenkursen, durch immer größere Unternehmenszusammenschlüsse und die immer schnellere Akkumulation von Mehrwert durch denkbar brutale Methoden und aus allen möglichen Quellen.

Die herrschende Ideologie wirkt durch symbolische Gewalt. Was ist damit gemeint?

Pierre Bourdieu schreibt dazu: »Die Macht der symbolischen Gewalt, das heißt, die Macht, die daher rührt, Bedeutungen aufzuzwingen und sie als legitim aufzuzwingen, indem man verschleiert, welche Kräfteverhältnisse ihnen zugrunde liegen, fügt diesen Kräfteverhältnissen ihre eigene, im eigentlichen Sinn symbolische, Kraft hinzu.«[1] Die symbolische Gewalt ist ein Konzept, das die Werkzeuge bezeichnet, die auf symbolischer Ebene analog zu denen wirken, die auf der materiellen Ebene den gleichen Absichten der Beherrschung dienen. Diese symbolischen Waffen haben wie die materiellen Waffen eine Geschichte, sie haben Institutionen, sie können auf ihre Hüter vertrauen. Und zu den aufmerksamsten Hütern gehören die Schule, die Presse und die Massenmedien.

Ihren Anfang nimmt die neoliberale Ideologie bei zwei englischen Philosophen aus dem frühen 19. Jahrhundert: Adam Smith und David Ricardo.

Der Schotte Adam Smith hatte kurze Zeit den Lehrstuhl für Logik an der Universität Glasgow inne. Dank Protektion durch den Herzog von Buccleuch, einen ehemaligen Schüler, erhielt er die fabelhafte Pfründe (von der schon sein Vater profitiert hatte) des Zollkommissars von Schottland. 1776 erschien sein Hauptwerk *An Inquiry into the Nature and Causes of the Wealth of Nations* (Untersuchung über Wesen und Ursachen des Wohlstands der Nationen).

David Ricardo war der Sohn eines sephardischen Bankiers aus Portugal, der sich in London niedergelassen hatte. Im Alter von 21 Jahren brach er mit seiner Familie und wurde Quäker. Als Börsenhändler verdiente er so viel, dass er mit 25 Jahren reich war wie Krösus. 1817 veröffentlichte er sein Hauptwerk *The Principles of Political Economy and Taxation* (Über die Grundsätze der politischen Ökonomie und der Besteuerung).

Smith und Ricardo sind somit die beiden geistigen Väter des ultraliberalen Dogmas, das die Basis für das kollektive Über-Ich der derzeit auf dem Planeten herrschenden Finanzoligarchen bildet. Und was besagt das Dogma? Wenn das Kapital sich selbst überlassen wird, befreit von allen Fesseln, allen Einschränkungen und Kontrol-

---

1 Pierre Bourdieu und Jean-Claude Passeron, *La Reproduction. Éléments pour une théorie du système d'enseignement,* Paris 1970, S. 18.

len, fließt es spontan und jederzeit an den Ort und in die Objekte, wo es maximalen Profit erbringt. Auf diese Weise entscheiden die Produktionskosten darüber, an welchem Ort sich eine bestimmte Produktion ansiedelt.

Bleibt noch das Problem der Verteilung zu regeln.

Smith und Ricardo waren beide zutiefst gläubig. In Glasgow und London lebten zu ihrer Zeit viele Menschen in Not, und ihr Schicksal beschäftigte die beiden reichen Gelehrten durchaus ernsthaft. Was schlugen sie vor? Den *trickle down effect,* das Durchsickern von Reichtum von oben nach unten.

Smith und Ricardo zufolge gibt es eine objektive Grenze für die Akkumulation von Reichtum. Diese Grenze hängt mit der Befriedigung von Bedürfnissen zusammen. Der Lehrsatz gilt für Einzelne genauso wie für Unternehmen.

Nehmen wir die Einzelnen. Auf sie bezogen besagt der Lehrsatz: Wenn eine bestimmte Menge Brot vorhanden ist, findet die Verteilung an die Armen praktisch automatisch statt. Weil die Reichen von dem Reichtum, der weit über die Befriedigung ihrer Bedürfnisse (so kostspielig und extravagant sie auch sein mögen) hinausgeht, nichts haben, werden sie die Umverteilung selbst in die Wege leiten.

Mit anderen Worten: Ab einem bestimmten Niveau des Reichtums akkumulieren die Reichen nichts mehr. Sie verteilen den Reichtum um. Ein Milliardär erhöht das Gehalt seines Chauffeurs, weil er – im wahrsten Sinn des Wortes – nicht mehr weiß, was er mit seinem Geld machen soll.

Diese Theorie ist offensichtlich falsch. Warum? Weil Smith und Ricardo die Akkumulation an Bedürfnisse und an den Gebrauch knüpfen. Aber für einen Milliardär hat Geld nichts – oder nur sehr wenig – mit der Befriedigung von Bedürfnissen zu tun, und seien es noch so luxuriöse. Dass ein Pharao nicht auf zehn Booten gleichzeitig fahren, zehn Villen am selben Tag bewohnen oder 50 Kilo Kaviar bei einer Mahlzeit essen kann, ist letztlich bedeutungslos. Der Gebrauch spielt keine Rolle mehr. Geld produziert Geld. Geld ist ein Mittel zu Macht und Herrschaft. Und der Wunsch zu herrschen ist unausrottbar, für ihn gibt es keine objektiven Grenzen.

Richard Sennett, der aus einer russischen Einwandererfamilie stammt und in Amerika aufgewachsen ist, zählt heute zu den renommiertesten Professoren an der London School of Economics.

Ich erinnere mich an einen Herbstabend in einem Heurigenlokal in Wien. Sennett und ich hatten zuvor an einer Diskussionsrunde im ORF teilgenommen. Uns gegenüber hatte der Generaldirektor des transkontinentalen Erdölgiganten Shell gesessen. Das Thema war gewesen: die Hinrichtung in Port Harcourt von Ken Saro-Wiwa, dem großen nigerianischen Poeten, und zehn seiner Mitkämpfer. Sie hatten gegen die massive Umweltverschmutzung durch den Shell-Konzern protestiert und waren auf Befehl des Militärdiktators Sani Abacha im Hof des Gefängnisses von Port Harcourt gehängt worden. Die *Shell Nigeria Exploration and Production Company* ist dank ihrer Ausbeutung der riesigen Offshore- und Inlandquellen die eigentliche Macht im Staat. Sie führt die Diktatoren in Abuja am Gängelband. Der Beutejäger von Shell behauptete, dass dank der massiven Investitionen des Konzerns im Niger-Delta ein »goldener Regen«, ein *trickle down effect,* entstehe, der eines Tages allen Bewohnern des Deltas – also auch den Ogoni – zugutekommen werde.

Der Abend war mild, der Heurige ausgezeichnet. Sennett war noch immer empört. Er sagte zu mir: »Dieses Hirngespinst vom *trickle down effect* konnte nur in den Köpfen von Ökonomen mit jüdisch-christlichem Hintergrund entstehen. Es ist das genaue Abbild der absurden Schimäre des Paradieses, wie sie die Kirche verbreitet. Krepiert, ihr lieben Leute in der Dritten Welt und anderswo! Im Paradies erwartet euch ein besseres Leben. Das Dumme ist, dass niemand euch sagt, wann dieses großartige Paradies kommen wird. Was nun den *trickle down effect* betrifft, so ist die Antwort klar: niemals.«

Kurz vor seinem Tod sagte Pierre Bourdieu in einem Interview mit Radio suisse romande etwas ganz Ähnliches wie Richard Sennett. Er sprach über den theoretischen Klassenkampf, der heute auf unserem Planeten wütet: »Der Obskurantismus ist wieder zurück.

Aber diesmal haben wir es mit Mächten zu tun, die sich auf die Vernunft berufen.«[1]

Unter diesen neuen Bedingungen geht der weltweite Krieg gegen die Armen, von dem im vorangegangenen Kapitel die Rede war, immer und schlimmer noch weiter.

---

[1] Pierre Bourdieu im Interview mit Isabelle Ruef, Radio suisse romande 1, 31. Januar 1999.

VIERTES KAPITEL

Wissenschaft und Ideologie

I. Max Webers Irrtum

Der Gegensatz zwischen Ideologie und Wissenschaft ist das Ergebnis eines historischen Prozesses. Im Lauf der Jahrhunderte hat sich die wissenschaftliche Praxis, das Experimentieren, nur sehr mühsam aus der Bevormundung durch die Kirche gelöst. Erst als sich die Wissenschaft Regeln gab, eine eigene Epistemologie, setzte sie sich als autonome und – scheinbar – von allem ideologischen Ballast freie Praxis durch.

Wie können wir Wissenschaft definieren? Durch die Suche nach Wahrheit. Die Wissenschaft sucht nach der Wahrheit. Sie ist autonom geworden, als es ihr gelungen ist, gegen die Religionen, die Kosmogonien, die Ideologien ihre eigene Definition von Wahrheit durchzusetzen. Lange Zeit waren die Wissenschaftler überzeugt, dass ihre Definition von Wahrheit nichts mit ideologischen Prämissen zu tun hatte, anders gesagt: dass die Regeln, die sie sich für ihre Forschungen und Schlussfolgerungen gaben, garantierten, dass sie die Fakten unverfälscht, unmittelbar, durch keine Instanz vermittelt erfassten. Heute schwindet diese Überzeugung: Die schwerwiegenden Probleme, die jeden Tag in der nuklearen, biologischen, genetischen, medizinischen, pharmazeutischen, chemischen, psychologischen Forschung und anderen Forschungsbereichen auftauchen, zwingen zu einer neuen Sichtweise. Das Verständnis, was Wahrheit ist, ändert sich schrittweise. Immer mehr Wissenschaftler erkennen den paradigmatischen Charakter des Konzepts von Wahrheit an, mit dem sie umgehen. Sie entdecken, dass Politik und Wirtschaft die Indikatoren für die Legitimität des Konzepts der Wahrheit manipulieren.

Ideologie und Wissenschaft haben nicht die gleiche Geschichte und nicht den gleichen gesellschaftlichen Status. Eine Ideologie ist vor allem ein Bezugsrahmen für das politische, wirtschaftliche, gesellschaftliche – kollektive wie individuelle – Handeln der Menschen. Aber wenn Ideen, auch falsche, von den Menschen Besitz ergreifen, wird die Ideologie zu einer materiellen Kraft, die die Realität verändert. Die Wissenschaft wiederum ist eine Praxis der Erkenntnis und Verwandlung der Realität durch Experimentieren.

Die Debatte über Ideologie und Wissenschaft innerhalb der Soziologie wird heute – zumindest in Frankreich, Italien und Deutschland – durch die Axiome und Theoreme von Max Weber bestimmt. In zwei Vorträgen, die er 1919 vor Studenten in München hielt – *Wissenschaft als Beruf* und *Politik als Beruf*[1] – unterscheidet Weber zwei Tätigkeiten und zwei ethische Vorstellungen, die sich scheinbar unversöhnlich gegenüberstehen. Weber zufolge gehorcht der Wissenschaftler oder Gelehrte einer Ethik der Objektivität. Sein Ziel ist es, Konzepte zu entwickeln, die der Realität der Tatsachen möglichst nahe kommen. Das höchste Ziel der wissenschaftlichen Tätigkeit ist es somit, die maximale Übereinstimmung des Konzepts mit dem Objekt zu erreichen. Der Wissenschaftler kennt nur eine Autorität: seinen Wunsch, zur Wahrheit vorzustoßen, die unauslöschbare Stimme seines persönlichen Gewissens. Ganz anders der Politiker, der Ideologe: Er folgt einem völlig anderen Gebot, dem der Effizienz. Sein oberstes Ziel ist es nicht, die Welt zu erkennen, sondern er will sie beherrschen, um sie zu verändern. Dazu erarbeitet er Konzepte und Symbole, die Menschen mobilisieren und Gruppen von Mitstreitern organisieren können. Die Ideologie verlangt Gefolgschaft aus Überzeugung, die Wissenschaft Gefolgschaft durch Evidenz. Gruppen, die

---

1 Max Weber, »Wissenschaft als Beruf«, »Politik als Beruf«, in *Studienausgabe der Max-Weber-Gesamtausgabe,* hrsg. von Wolfgang J. Mommsen, Abt. 1, Bd. 17, Tübingen 1994.

durch die Ethik der Ideologie gelenkt werden, funktionieren mittels Disziplin. Wenn ein Mitglied der Gruppe zu einer anderen Analyse der Realität gelangt als die Mehrheit, unterdrückt es seine Skrupel und fügt sich. Es wird davon ausgehen, dass die kämpferische Einheit der Gruppe, ihre Handlungsfähigkeit und Schlagkraft wichtiger sind als seine persönliche Wahrnehmung der Realität.

Max Weber war der *Prototyp des liberalen Intellektuellen,* marxistische Thesen lehnte er vehement ab. Als einflussreicher Autor und von seinem Metier begeisterter Professor machte er sich Sorgen über die politische, philosophische und existenzielle Verunsicherung vieler seiner Studenten und Kollegen. Die sozialdemokratische Regierung hatte soeben die deutsche Revolution niedergeschlagen, es war die Zeit der Weimarer Republik. Über die jungen Leute brach eine Fülle widersprüchlicher Ideologien herein. Und was war die Antwort von Max Weber? Eine Lehre, die zwischen Wissenschaft und Ideologie unterschied und eine unüberwindliche Hierarchie errichtete. Ihm zufolge führt die Wissenschaft zur Wahrheit, die Ideologie hingegen zur Mobilisierung von Gruppen und zur Abdankung des Individuums angesichts der Parolen des Anführers. Julien Freund und Raymond Aron, die glühendsten Verfechter der Lehren Max Webers in Frankreich, und Reinhard Bendix, sein wichtigster Gefolgsmann in den Vereinigten Staaten, sehen in Weber vor allem den Hüter der traditionellen liberalen Werte: Meinungsfreiheit, der Wunsch, die Welt zu begreifen, kritische Prüfung ideologischer Aussagen.[1]

Ich stimme nicht mit Aron, Freund und Bendix überein und beurteile die konkreten Auswirkungen, die Webers Lehren in den Köpfen der jungen Deutschen der damaligen Zeit hatten, anders. Webers Theorie der zwei Arten von Ethik mit unterschiedlichem

---

1 Raymond Aron legt Webers Grundsätze in seiner Doktorarbeit dar, *Introduction à la philosophie de l'histoire. Essai sur les limites de l'objectivité historique,* Paris 1938, und erneut in seinem Buch *Histoire et dialectique de la violence,* Paris 1973. Julien Freund ist Verfasser von *Sociologie de Max Weber,* Paris 1966. Reinhard Bendix hat die bis heute umfassendste Biografie von Max Weber geschrieben, *Max Weber. An Intellectual Portrait,* New York 1960 (deutsch: *Max Weber – das Werk. Darstellung, Analyse, Ergebnisse,* München 1964.)

Wert erstickte praktisch jedes konkrete politische Engagement der jungen deutschen Intellektuellen, und damit trug er ganz wesentlich Verantwortung für die Tragödie der deutschen Universität. Bis 1933 hatte die Universität eine Fülle beeindruckender Wissenschaftler hervorgebracht. Doch die Mehrzahl – ausgenommen die Soziologen der Frankfurter Schule, kommunistische Wissenschaftler wie Walter Markov, Ernst Bloch und einige wenige liberale wie Franz Böhm – beobachtete tatenlos die Geburt und den Aufstieg des nationalsozialistischen Monsters. Viele wie Martin Heidegger dienten dem Hitler-Regime sogar aus Überzeugung.

Bleiben wir einen Augenblick bei Heidegger. Dank seines 1927 erschienenen Hauptwerks *Sein und Zeit* war er zu dem Zeitpunkt, als Hitler an die Macht kam, einer der berühmtesten europäischen Philosophen. Seine Frau gehörte der Nazi-Partei seit der ersten Stunde an. Heidegger selbst schwenkte bald zur nationalsozialistischen Ideologie um, wie seine Korrespondenz mit Karl Jaspers, Hannah Arendt und anderen belegt[1]; 1933 trat er in die Partei ein. 1933 wurde er Rektor der Universität Freiburg, und dort präsidierte er beim *Dies Academicus* mit dem Hakenkreuz am Revers. Seine Berühmtheit rettete ihn 1945 vor einer schweren Bestrafung: Er wurde nur mit einem zeitweiligen Lehrverbot belegt.

Martin Heideggers Verhalten war nicht ungewöhnlich: Wie er machten viele deutsche Wissenschaftler gemeinsame Sache mit den völkermörderischen Nazis oder legten zumindest abgrundtiefe Feigheit angesichts ihrer Verbrechen an den Tag. Aber diese Haltung hatte verheerende Konsequenzen: Die Vertreibung jüdischer Studenten und Professoren von den deutschen Universitäten und später ihre massenhafte Ermordung stießen nur auf wenig Widerstand bei ihren Kommilitonen und Kollegen.

Dennoch waren nicht alle deutschen Universitätsangehörigen aktive oder passive Komplizen der Nazi-Tyrannei. Es gab einige wenige Ausnahmen wie beispielsweise die Widerstandsorganisation *Die Weiße Rose,* der Studenten und Professoren der Universität München ange-

---

1 Elzbieta Ettinger, *Hannah Arendt, Martin Heidegger. Eine Geschichte,* München 1996.

hörten. In sechs Flugschriften, die sie zwischen Juni 1942 und Februar 1943 in vielen Tausend Exemplaren an Universitäten und Gymnasien in Süddeutschland verteilten, riefen sie zum Widerstand gegen das Hitler-Regime auf, bis ein Pedell der Universität München sie verriet. Die Gestapo verhaftete und folterte sie, die führenden Köpfe der Gruppe – die Studenten Hans und Sophie Scholl, Alexander Schmorell, Wilhelm Graf und Christoph Probst sowie der Philosophieprofessor Kurt Huber – wurden im Lauf des Jahres 1943 im Münchner Gefängnis Stadelheim mit der Guillotine hingerichtet. Nach der Zerschlagung der *Weißen Rose* warf die englische Luftwaffe über ganz Deutschland Millionen Exemplare ihrer sechsten Flugschrift ab.

Die Theorie vom Gegensatz zwischen Wissenschaft und Ideologie, wie Max Weber sie formuliert hat, funktioniert im Übrigen nicht. Sie ignoriert geflissentlich das Problem der Sozialisierung des Wissenschaftlers. Das individuelle Gewissen – Sitz der Ethik der Objektivität, höchste Autorität und letzter Bezugspunkt des kognitiven Prozesses – ist ebenfalls zum großen Teil das Produkt einer kontingenten, historischen, abhängigen Sozialisation. Das Gewissen des Wissenschaftlers fällt nicht vom Himmel, es ist historisches Bewusstsein in Verbindung mit dem »individuellen Gewissen«, von dem zuvor die Rede war. Anders als Weber, Aron, Bendix, Freund und ihre Schüler glauben, gibt es kein »Wissen an sich«. Jede Form des Denkens, auch das wissenschaftliche Denken, wird durch die verschiedenen Formen der gesellschaftlichen Organisation gebrochen, die das denkende Subjekt erst hervorbringen. Dieses Subjekt ist ein praktisches Wesen, es lässt sich nicht darauf reduzieren, dass es in der Lage ist, Dinge zu verstehen. Indem es in die Welt tritt, verändert es die Welt. Die subjektiven Intentionen sind in diesem ersten Stadium von zweitrangiger Bedeutung. Das reale Erfassen des Objekts, das heißt die maximale Annäherung des Konzepts an das Objekt – der Vorgang, der nach meinem Verständnis die wissenschaftliche Tätigkeit ausmacht –, bewirkt in der gesellschaftlichen Realität Veränderungen, die sich der Kontrolle desjenigen entziehen, der sie verursacht hat. Zudem können diese Effekte Veränderungen hervorrufen, die von den Verursachern weder vorhergesehen noch gewünscht wurden. Ich verweise auf das im ersten Kapitel zitierte Beispiel von Hegel und die Sorgen des preußischen Königs.

Darum muss man den Primat des individuellen Verstehens, wie ihn Max Weber postuliert, bestreiten. Das Verstehen gesellschaftlicher Tatsachen – das heißt der Vorgang, diskursiv »Ordnung zu schaffen«, sie in adäquate Symbole zu übersetzen – hängt nicht nur von der Anwendung der analytischen, rationalen Fähigkeiten des Wissenschaftlers ab, sondern ebenso davon, wie der Wissenschaftler in die Gesellschaft eingebunden ist. Die Soziologie – und das gilt für jede andere Wissenschaft genauso – ist kein unveränderliches Referenzsystem, durch das alle gesellschaftlichen Ereignisse, synchron wie diachron, ihren Sinn bekommen. Sie spricht nicht uneingeschränkt die Wahrheit über die Welt aus. *Aber sie erzählt von den materiellen Bedingungen, den symbolischen Modalitäten, welche die Produktion der Wahrheit bestimmen.*

II. Galileis Sieg

Auf stund der Doktor Galilei
Und sprach zur Sonn: Bleib stehn!
Es soll jetzt die creatio dei
Mal andersrum sich drehn.
Jetzt soll sich mal die Herrin, he!
Um ihre Dienstmagd drehn.
[…]
Ihr, die auf Erden lebt in Ach und Weh
Auf, sammelt eure schwachen Lebensgeister
Und lernt vom guten Doktor Galuleh
Des Erdenglückes großes ABC.
Gehorsam war des Menschen Kreuz von je!
Wer wär nicht auch mal gern sein eigner Herr und Meister?

Bertolt Brecht, *Leben des Galilei*[1]

---

1 Bertolt Brecht, *Leben des Galilei,* a. a. O., Zehntes Bild, S. 95, S. 97.

In der Beziehung zwischen Ideologie und Wissenschaft gibt es vielfältige, komplizierte Probleme. Wir betrachten einige davon näher.

Das erste Beispiel zeigt ein konflikthaftes Verhältnis. Galileo Galilei stammte aus Pisa, war Astronom, Mathematiker, Geometer und Physiker, ein Pionier der modernen Naturwissenschaften. Im 17. Jahrhundert entdeckte er das Gesetz der Pendelbewegung: Die kleinen Schwingungen des Pendels benötigen immer die gleiche Zeit, egal, wie groß die Schwingungsweite ist. Galilei beschrieb das Prinzip der Trägheit und unterschiedliche Arten von Bewegungen. Er baute das erste Fernrohr zur Himmelsbeobachtung und erfand ein Thermometer. Er vertrat die kopernikanische Weltsicht, dass die Erde sich um die Sonne dreht (Heliozentrismus), und nicht die antike Lehre seit Aristoteles und Ptolemäus, die auch die Kirche lehrte. Die katholische Kirche lehnte Kopernikus' Lehre ab und verbot ihre Verbreitung. Brechts Gedicht am Anfang dieses Abschnitts illustriert großartig die Gründe dieser Ablehnung. Aber Galileo gab nicht nach. 1632 veröffentlichte er alle »Beweise«, die ihm zur Verfügung standen, um die Richtigkeit der kopernikanischen Theorie zu belegen. Daraufhin wurde er 1633 vor das Tribunal der Inquisition zitiert. Nach schwerer Folter, bedroht mit dem Tod, schwor er auf Knien all seinen wissenschaftlichen Theorien ab. Er tat gut daran und blieb am Leben.

Eine Version dieser Ereignisse, die lange Zeit dominierte und offenbar Ergebnis einer Manipulation der Quellen durch dem Vatikan nahestehende Historiker war, besagt, Galilei sei nicht der Folter der Inquisition unterworfen worden. Seriöse Forschungen, insbesondere die von Italo Mereu[1], belegen jedoch das Gegenteil. Die dominierende Ideologie der Zeit war so stark, dass sie Galilei daran hindern konnte zu sprechen, zu lehren, seine Entdeckungen bekannt zu machen. Trotzdem war seine wissenschaftliche Theorie richtig, und sie setzte sich durch, weil sie sich auf einem Feld der Realität bestätigte, das nicht der ideologischen Manipulation durch die Kirche ausgeliefert war: der Seefahrt.

---

1 Vgl. Italo Mereu, *Storia dell'intolleranza in Europa,* Mailand S. 1979, insb. S. 356 ff.

Der toskanische Gelehrte war ein angesehener Lehrer und hatte viele Schüler in Italien. Nach seiner Verurteilung in Rom traf sie die Repression. Die Inquisition verfolgte sie. Aber vielen gelang die Flucht. Die meisten flohen in die protestantischen Provinzen der Niederlande, wo sie einen neuen Broterwerb fanden: die Anfertigung von Seekarten auf der Grundlage des Weltbilds von Galilei. Diese Karten waren sehr viel präziser als die nach den geozentrischen Vorgaben des Vatikans erstellten.

Dieser Wissenstransfer hatte spektakuläre wirtschaftliche Folgen: Die Händler, Reeder und Bankiers von Amsterdam, Rotterdam, Antwerpen und anderen Städten kauften massenhaft die Karten der exilierten Schüler Galileis. Weil sie so viel besser waren, verloren die holländischen Reeder weniger Schiffe und Ladung als ihre Konkurrenten aus Venedig, Pisa, Genua und Livorno in den Stürmen auf dem Atlantik und dem Pazifik, durch falsche Kursbestimmungen oder weil Schiffe im Indischen Ozean oder im Chinesischen Meer auf Grund liefen. Die Holländer eroberten neue Märkte und richteten überall auf der Welt Handelskontore ein, kurzum, sie strichen die Gewinne ein, die ihren italienischen, spanischen und portugiesischen Konkurrenten entgingen.

Von da an gärte es in den Palästen in Venedig, Genua, Pisa, Florenz und Livorno. Die Dogen von Venedig schickten Delegationen zum Papst, die forderten, der päpstliche Bann über die nach den kopernikanischen Erkenntnissen erstellten Karten müsse aufgehoben, und in Italien müssten »holländische« Karten für die Navigation zugelassen werden. Die päpstliche Bürokratie sah sich gezwungen nachzugeben. Das kapitalistische Interesse erwies sich als mächtiger als die kirchliche Lehre.

III. Die Perversion der Wissenschaft

Szcytno-Szymany ist ein stillgelegter Militärflugplatz in einer Waldlichtung nahe bei Warschau. In einer kalten Winternacht 2005 fährt ein Kleinbus mit verdunkelten Fenstern vor. Ein 26-jähriger Tunesier wird in den Keller des Gebäudes gestoßen. Amerikanische Agenten foltern ihn. Der junge Tunesier wurde verdächtigt, eine Verbindung zu al-Qaida zu haben. Er war Angestellter in einem Restaurant in Islamabad gewesen. Der pakistanische Geheimdienst hatte ihn verhaftet und den Amerikanern überstellt. Die USA zahlen 5000 Dollar für die Überstellung eines Verdächtigen.

Die amerikanischen Folterknechte schlugen den jungen Mann bis aufs Blut. Dann ketteten sie ihn nackt auf den eiskalten Betonboden... und vergaßen ihn. Drei Tage später fand ihn ein Wärter. Tot. In vielen anderen Geheimgefängnissen (etwa in Bulgarien, Kairo, Rumänien, Litauen, Afghanistan) folterten amerikanische Beamte Verdächtige während rund zehn Jahren. Mit den verschiedensten, fürchterlichsten Methoden: Schlafentzug über 180 Stunden, fiktive Erschießung, ausgerissene Fingernägel, Waterboarding...

All diese Schrecken sind dokumentiert in einem viele tausend Seiten umfassenden, akribisch recherchierten Untersuchungsbericht der *US-Senatskommission für die Überwachung der Geheimdienste*. Am 10. Dezember 2014 stellte die Vorsitzende der Kommission, die demokratische US-Senatorin aus Kalifornien, Dianne Feinstein, eine 3400 Seiten lange Zusammenfassung des Berichts in Washington vor. Frau Feinstein ist eine zierliche, energische, elegante Dame von 81 Jahren. Ich kenne sie. Sie kommt hin und wieder nach Genf. Sie hat Nerven wie Stahl. Am 1. Januar 2015 verlor sie ihren Vorsitz. Die Republikaner, welche die Wahlen im November 2014 gewonnen hatten, übernahmen ihren Posten. Feinstein setzte in letzter Minute die Veröffentlichung des Berichts durch.

Im Juni 2004 erließ Präsident George W. Bush ein Dekret *(Executive Order)*. Dieses besagt, dass im Krieg gegen den Terrorismus das Folterverbot aufgehoben sei. Artikel 5 der Allgemeinen Erklärung der Menschenrechte der UNO lautet: »Niemand darf der Folter oder grausamer, unmenschlicher oder erniedrigender Behandlung oder Strafe unterworfen werden.«

Kein amerikanischer oder sonstiger Präsident kann dieses Verbot aufheben, es sei denn, sein Land träte aus der UNO aus.

Am 11. Dezember 2014 sagte Präsident Obama: »Solche Praktiken sind mit den amerikanischen Werten unvereinbar.« Eine Bestrafung der Folterknechte schloss Obama jedoch aus. Der Folterkerker Guantanamo zum Beispiel (wo ursprünglich über 700 Gefangene festgehalten wurden, heute sitzen nach zwölf Jahren immer noch über 100 Verdächtige ein) funktioniert weiter.

Der Tessiner Abgeordnete Dick Marty, Berichterstatter des Europarates, verlangte 2007 von der Regierung in Bern, dass sie den schweizerischen Luftraum für CIA-Flugzeuge mit rechtlosen Gefangenen darin schließe. Die Regierung lehnte Martys Ansinnen ab.

Das US-Folterprogramm lief unter dem Namen: *Enhanced Interrogations* (verschärfte Verhörmethoden). Die Zeitschrift *Der Spiegel* (Nr. 51, 2014) weist darauf hin, dass die CIA den Titel fast wörtlich von der Gestapo übernommen hat. Ab 1937 hieß das Folterprogramm der Nazi-Verbrecher offiziell: »Verschärfte Vernehmung«.

Die Mitarbeiterinnen und Mitarbeiter der Feinstein-Kommission sicherten über 6,2 Millionen Dokumente der Jahre 2001 bis 2008: E-Mails, Telefonabhörprotokolle, Verhörberichte, administrative Anweisungen, medizinische Expertisen und vieles mehr. Zwei Wissenschaftler, beide Psychologen, die Professoren James Mitchell und Bruce Jessen, entwickelten das Folterprogramm. James Mitchell selbst entwarf zwölf besonders schreckliche Foltermethoden, darunter wochenlanges Einschließen in enge Stehzellen, Gegen-die-Wand-Klatschen, *Waterboarding* (Eintauchen des Opfers in Wasser bis kurz vor dem Erstickungstod). Elf dieser Methoden wurden von der CIA-Direktion akzeptiert.

Jessen und Mitchell wohnten auch persönlich den »verschärften Verhören« in diversen Geheimgefängnissen bei. Sie überprüften vor Ort die Effizienz ihrer Methoden und setzten für jedes Opfer die Schmerzgrenzen fest.

Von Mitchell stammt auch die Anweisung, Leichname verstorbener Opfer sofort zu verbrennen, damit bei einer möglichen Autopsie Folterspuren nicht nachgewiesen werden können.

Den beiden Wissenschaftlern James Mitchell und Bruce Jessen

zahlte der amerikanische Steuerzahler für ihre »Arbeit« insgesamt über 80 Millionen Dollar.

Welche Verwüstungen im Kollektivbewusstsein eine »falsche« Ideologie bewirken kann, haben wir im Kapitel III gesehen. Es gibt auch eine »falsche« Wissenschaft.

Bei Rabelais heißt es: »*Science sans conscience est la ruine de l'âme*« (»Wissenschaft ohne Gewissen ist der Ruin der Seele«). In den Konzentrations- und Vernichtungslagern führten die NS-Wissenschaftler Experimente durch, die wissenschaftliche Erkenntnisse erbrachten. Aber jenseits der gewonnenen technischen Resultate war ihre Wissenschaft rein kriminelles Handeln, das nichts als Abscheu weckt und Strafe verdient. Später experimentierten in den Gefängnissen von Chile, Argentinien und Uruguay, in den sowjetischen Nervenkliniken Psychiater mit sogenannten »Wahrheitsdrogen« (das heißt Behandlungen, die darauf abzielten, den mentalen Widerstand des Gefangenen zu brechen). Diese chemischen Experimente haben unsere rein technischen Kenntnisse über die nervlich-psychischen Vorgänge beim Menschen und die chemischen Veränderungen in den Zellen des Gehirns vergrößert. Aber trotzdem waren es ungeheuerliche Verbrechen, die jeder zivilisierte Mensch unermüdlich anprangern muss.

Ein weiteres Beispiel: Der spanische Jesuit José de Acosta veröffentlichte 1590 in Sevilla eine *Historia natural y moral des las Indias*, eine minutiöse Beschreibung der kurz zuvor von Spaniern und Portugiesen eroberten Neuen Welt. Acostas Werk ist vor allem eine bewundernswerte Bestandsaufnahme der Fauna und Flora, der geologischen Formationen, der klimatischen Bedingungen, der Geländebeschaffenheit, der Völker, ihrer Gepflogenheiten, ihrer Weltbilder, ihrer Bestattungsrituale, ihrer sexuellen Verhaltensweisen und Ernährungsgewohnheiten. Es wurde auf Anhieb ein großer Erfolg mit Übersetzungen in die meisten europäischen Sprachen und zahlreichen Auflagen. Vom 17. bis zum 19. Jahrhundert hatten die meisten Reisenden, die diese Gebiete ansteuerten, Acostas Buch im Gepäck, so auch Alexander von Humboldt, und stützten sich bei der

Formulierung ihrer eigenen Hypothesen auf Acostas Beschreibungen.

Und das sagte dieser bewunderungswürdige Gelehrte über die Männer, Frauen und Kinder, die er in Amerika traf und deren Verhaltensweisen er mit so viel Talent beschrieb: »Die Indianer sind Götzenanbeter. Sie kennen keine Schrift, sind dem Geld gegenüber gleichgültig und sind nicht beschnitten [...] Es scheint uns, dass die Angelegenheiten der Indianer nicht mehr Beachtung verdienen als die, die man einem im Wald gefangenen Wildbret schenkt, das man zu unserem Dienst und Zeitvertreib nach Hause gebracht hat.«[1]

Ich wiederhole es noch einmal: Die Folterpsychiater in Uruguay, Chile, Argentinien, in den sowjetischen Nervenkliniken, der NS-Mediziner Mengele und der spanische Jesuit Acosta trugen zur Vermehrung wissenschaftlicher Kenntnisse bei, aber um den Preis der Herabwürdigung oder Vernichtung von Menschen. Ihr Handeln ist uneingeschränkt zu verurteilen. Sie sind Feinde der Menschheit.

IV. Wozu dient die Universität?

Der Obstbaum, der kein Obst bringt
Wird unfruchtbar gescholten. Wer
Untersucht den Boden?

Der Ast, der zusammenbricht
Wird faul gescholten, aber
Hat nicht Schnee auf ihm gelegen?
Bertolt Brecht,
Über die Unfruchtbarkeit[2]

---

1 Bei Payot ist 1979 eine von Jacques Rémy-Zéphir aktualisierte Neuausgabe des Buchs von José de Acosta erschienen. Die Zitate stammen aus Buch VI, Kapitel 1 dieser Ausgabe.
2 Bertolt Brecht, *Gesammelte Gedichte,* Bd. 2, a. a. O., S. 602.

Bis zu meiner Ernennung zum UN-Sonderberichterstatter im Jahr 2000 habe ich den größten Teil meines beruflichen Lebens als Professor an der Universität Genf gewirkt. Ich habe diesen Beruf mit Leidenschaft, Dankbarkeit und großer Zufriedenheit ausgeübt. Auf welcher Legitimität beruhte diese Fähigkeit zu lehren, eine pädagogische Autorität auszuüben, von den Studenten zu fordern, dass sie die Examensnoten akzeptierten, die ich ihnen zugedacht hatte?

Auf den ersten Blick lautet die Antwort: auf keiner Legitimität. Meine pädagogische Autorität war situationsbedingt: Sie leitete sich aus einem Erlass des Staatsrats (der Regierung) der Republik und des Kantons Genf ab, durch den ich zum Professor für Soziologie an der Fakultät für Wirtschafts- und Sozialwissenschaften berufen wurde. Mit anderen Worten: Meine Autorität als Professor hing vom zufälligen Stand des Klassenkampfs in der Schweiz ab, vom Kräfteverhältnis zwischen feindlichen Klassen, das in Genf zum Zeitpunkt meiner Berufung gerade das Fundament der (wirtschaftlichen, politischen, universitären) Institutionen bildete. Das ging im Übrigen nicht ohne sehr konkrete Kämpfe ab, und es hätte nicht viel gefehlt, dann hätten die Gegner meiner Berufung den Sieg davongetragen.[1]

In unseren kapitalistischen Warengesellschaften im Westen werden wissenschaftliche Erkenntnisse vor allem von den Universitäten und den angegliederten Instituten und Forschungszentren produziert und verwaltet. Die Universität besitzt eine ideologische Macht, deren Ursprung und Funktionsweise eine Reihe von Fragen aufwerfen. Verschiedene Aspekte der heutigen Ausübung dieser vielschichtigen und beträchtlichen Macht – beispielsweise Selektion und die Reproduktion kognitiver und sozialer Hierarchien – müssen bekämpft werden. Aber in einem wesentlichen Punkt erscheint mir die gesellschaftliche und politische Rolle der Universität nützlich: Die ideologische Macht der Universität trägt dazu bei, die Autonomie, die Freiheit, die Entfaltung des Individuums zu fördern. Die Pari-

---

1 Vgl. das Kapitel über die »Affäre Ziegler« in Jean-Pierre Gavillet, *André Chavanne, homme d'État, humaniste et scientifique*, Gollion 2013. André Chavanne, der sozialdemokratische Bildungsminister der Republik und des Kantons Genf, hat meine Berufung gegen den Widerstand des gesamten Establishments durchgesetzt.

ser Sorbonne ist im 13. Jahrhundert entstanden, als sich die Lehrer und Studenten allmählich aus der Bevormundung durch den Bischof und die Klöster befreiten. Die Universität Genf ging aus der Akademie hervor, die die calvinistischen Rebellen 1559 gegründet hatten. Die Universität von Bologna, die als die älteste der westlichen Welt gilt, wurde 1088 gegründet.

Was ist das Wesen der Universität?

Als Produkt einer tausendjährigen Geschichte ist die Institution Universität weder ein reines ideologisches Instrument der herrschenden Klassen noch ein Elfenbeinturm realitätsfremden Wissens, akademischer Freiheiten und der metaphysischen Spekulation, wo sich die Erkenntnis der Welt und des Menschen abgeschottet von den sozialen Kräften vollzieht. Heute muss man sie gegen die Strategie der Oligarchien des multinationalen Finanzkapitals verteidigen, die in Frankreich, in der Schweiz, in Italien und Deutschland den Anschein zu erwecken versuchen, dass die Universität wegen ihrer archaischen Strukturen und ihrer Verpflichtung, möglichst viele Studenten auszubilden, nicht mehr in der Lage sei, Grundlagenforschung zu betreiben. Diese Aufgabe müsse stattdessen, so sagen sie, privaten Labors, Instituten und Forschungszentren übertragen werden.

In ihrer langen, an Konflikten reichen Geschichte, hat die Universität nach und nach eine relative Autonomie errungen. Sie ist mit der und gegen die Aneignung der nacheinander herrschenden Klassen entstanden, in jeweils unterschiedlichen, von Widersprüchen geprägten Beziehungen. Daraus hat sich bis heute eine komplexe ideologische und gesellschaftliche Konstellation ergeben: Auf der einen Seite ist die Universität der symbolischen Gewalt des Kapitals ausgeliefert. Das Klassensystem und die Prinzipien von Rentabilität und Profit bestimmen die Auswahl der Studenten, die Berufung von Professoren und die Bestellung von Assistenten, die Lehrprogramme, die Organisation der Wissenskontrollen, die universitäre Machthierarchie. Die Universität ist eine Fabrik, die die weltweite gesellschaftliche Schichtung, die bestehenden Produktionsverhältnisse und den normativen Diskurs reproduziert. Sie manipuliert die Indizien für die Legitimität von Kenntnissen und ihren Produzenten. Die herrschenden Klassen rekrutieren dort ihre organischen Intellektuellen und ihre Kader.

Andererseits sichert die Universität einen Freiraum für Forschung, schöpferisches Wirken und Innovation. Dieser Freiraum ist für die durch unsere überverwalteten, überausgestatteten, bürokratisierten Gesellschaften entfremdeten Menschen von lebenswichtiger Bedeutung. Die Universität ist heute einer der letzten Zufluchtsorte für kreatives Denken. Diesen Freiraum gilt es um jeden Preis zu bewahren. Das vorliegende Buch will dazu beitragen.

Vor über vierzig Jahren formulierte der Astrophysiker Evry Schatzman Beobachtungen über die Natur der Universität, die bis heute gültig sind: »Die materiellen Veränderungen in einer bestimmten Gesellschaft spiegeln sich schließlich in der Repräsentation der gesellschaftlichen Beziehungen wider. Aber die materiellen Veränderungen reichen nicht aus. Die gesellschaftlichen Verhältnisse werden erst dann allgemein infrage gestellt, wenn die Distanzierung ein Massenphänomen wird. Dabei spielt die wissenschaftliche und universitäre Entwicklung eine wesentliche Rolle. Indem wir das Räderwerk aufdecken, legen wir eindeutig dar, dass die Rolle der Wissenschaft von ihrer Existenz herrührt und nicht von einer bestimmten Tätigkeit, die angeblich das Privileg der Wissenschaftler ist. Ebenso hängt die Rolle der Universität in erster Linie mit der Natur der Bildung zusammen, damit, dass die höhere Bildung zu einem Massenphänomen wird. So wie die französische Kolonialmacht in ihrem Gepäck Lehrer mitbrachte, die die Ideen der Französischen Revolution verbreiteten – Freiheit, Gleichheit, Brüderlichkeit –, so erstickt die Universität einerseits die Studenten in einem komplexen System von Initiationsriten, spiegelt auf der anderen Seite aber die rebellische, kreative und kritische Natur der Wissenschaft wider.«

Und weiter heißt es bei Schatzman: »Genauso sind für die Wissenschaft trotz der hierarchischen Strukturen und der Entfremdungen die neuen Züge charakteristisch, weil sie Initiation, Macht und Repression infrage stellen, die nötige Distanz vermitteln, damit man die wahre Natur der Transmission der Institutionen und des Wissens erfassen kann.«[1]

Die tägliche Aufgabe des Soziologen besteht darin, die Gesetze aufzudecken, die bei der Geburt, der Entwicklung und dem Verfall von Gesellschaften am Werk sind. Er muss sich unermüdlich bemühen zu enthüllen, wie die Gesellschaft hervorgebracht wurde, und – um Pierre Bourdieu zu zitieren – welche »Kräfteverhältnisse das Fundament ihrer Kraft bilden«. Dazu muss er hinter die täuschenden Vorstellungen, die Verschleierungen, die Illusionen und die Lügen blicken, die die Ideologien den Menschen aufzwingen. Die Universität bietet den idealen Freiraum für solches Tun.

Nachtrag:
Was die Wissenschaft über die Kunst sagen kann

Die Wissenschaft ist absolut unfähig zu sagen, was Kunst ist. Trotz ihrer mächtigen gesellschaftlichen Wirkung gehört die künstlerische Praxis zu den menschlichen Betätigungen, die sich weitgehend dem wissenschaftlichen Zugriff entziehen.

Die Wissenschaft, ganz besonders die Soziologie, hat trotzdem versucht, die Kunst zu ergründen. Aber dabei stieß sie sogleich auf eine Reihe von Schwierigkeiten.

Erste Schwierigkeit: Das Feld der Kunst oder vielmehr die Felder der unterschiedlichen künstlerischen Produktionen sind derart mit Kommentaren, Beschreibungen, kritischen Urteilen, Interpretationen, geschichtlichen Darstellungen überfrachtet, dass der Wissenschaftler sie erst einmal entwirren muss, bevor er zu ihrem Objekt vordringen kann.

Zweite Schwierigkeit: Die verschiedenen Formen der künstlerischen Produktion stellen jeweils eigene, in mehr oder weniger getrennte Bereiche zerschnittene Universen dar, die sich gegenüber der

---

1 Evry Schatzman, *Science et société,* Paris 1971, Reihe »Liberté«.

Wirtschaft und der Gesellschaft verselbstständigt haben, zuerst in der Zeit vom 16. bis zum 19. Jahrhundert im Westen, bis zum Anbruch des 21. Jahrhunderts dann in der ganzen Welt. Pierre Bourdieu, der vor allem untersucht hat, wie die Kunst am Ende des 19. Jahrhunderts autonom wurde, spricht von einem fremden Universum, in der eine »umgekehrte Ökonomie« herrscht, wo der Künstler durch finanziellen Profit jedes Prestige einbüßt und wo die Künste nur dann als solche »anerkannt« werden, wenn sie gerade nicht den ökonomischen Gesetzen gehorchen, die auf den anderen Feldern herrschen. Jeder künstlerische Teilbereich ist durch seine eigene Geschichte, eigene Zeitlichkeit, eigene gesellschaftliche Produktionsbedingungen und Handlungsweisen charakterisiert, hinzu kommt noch die unendliche Verzweigung der materiell und symbolisch betroffenen Objekte (Gemälde, Bauwerke, Sinfonien, Romane, Gedichte, Fotografien und so weiter). Dies alles in einem großen theoretischen Entwurf zu erfassen, stellt eine ungeheure Herausforderung dar, während gleichzeitig in diesen Bereichen ein lähmender Positivismus herrscht.

Der Ungar Arnold Hauser hat sich dieser Herausforderung gestellt. Er gehörte 1915 in Budapest zum »Sonntagskreis«, einer Gruppe von Intellektuellen, die bei dem Filmkritiker und -theoretiker Béla Balázs zusammenkamen; zu der Gruppe gehörten auch Georg Lukács, Karl Mannheim und Friedrich Antal. Diese Gruppe institutionalisierte sich als »Freie Schule der Geisteswissenschaften«. Man debattierte über alle damals brennenden Fragen des kulturellen Lebens. Auf Anregung von Lukács engagierte sich Hauser ab 1917 auch in der Kulturpolitik der Revolutionsregierung von Béla Kun, und wie Lukács musste er nach deren Sturz 1919 das Land verlassen. Nach einer Irrfahrt durch ganz Europa ließ sich Hauser schließlich in London nieder. Er hat eine kunstgeschichtliche Darstellung verfasst, die von der herrschenden Kunstkritik bis heute ignoriert wird: *The Social History of Art and Literature,* erschienen 1951. Auf die deutsche Übersetzung musste man zwanzig Jahre warten, auf die französische Übersetzung ein Vierteljahrhundert.[1]

---

1 Arnold Hauser, *Sozialgeschichte der Kunst und Literatur,* München 1972.

Einer rein formalistischen und idealistischen Geschichte der Kunst stellt Arnold Hauser eine echte Geschichte gegenüber. Er setzt die künstlerischen Formen und technischen Fähigkeiten mit den geistigen Strukturen und den gesellschaftlichen, wirtschaftlichen und politischen (den Arbeits- und Herrschaftsverhältnissen) Bedingungen einer jeden Epoche in Beziehung. Die Rezeption des Werks von Arnold Hauser, welche Kritiken, Widerstände, Entdeckungen es begünstigt hat, hat der italienische Kunsthistoriker Enrico Castelnuovo materialreich dokumentiert.[1]

Kunst ist eine Hervorbringung des Menschen. Der Soziologe kann darum ihre Geschichte nachzeichnen, er kann die Produktionsbedingungen untersuchen. Wer sind die Produzenten und die Adressaten? Welches sind die Rezeptionsbedingungen? Wer definiert, was Kunst ist und was nicht? Wer legt die Norm und den Wert fest? Welche theoretischen Debatten werden geführt? Welche materiellen und technischen Innovationen haben die Kunst vorangebracht? Welchen Interessen dient sie? Wie werden die Künstler sozialisiert? Welchen Einflüssen unterliegen sie? Woher nehmen sie ihre Modelle? Woher und von wem erhalten sie ihre Inspiration? Im Rahmen welcher Institutionen arbeiten sie? Wer sind ihre Auftraggeber, ihre Kunden, ihre Händler, ihr Publikum? Was ist ihr Marktwert, und sogar, um eine Frage von Pierre Bourdieu im Hinblick auf die zeitgenössischen visuellen Künste aufzugreifen, »wer hat die Schöpfer geschaffen«?[2]

Die Kunst produziert materielle und symbolische Güter, sie ist Gegenstand von Strategien, vermittelt Kenntnisse, Glaubensüberzeugungen, Ideologien und dient ihnen als Unterstützung; Kunst wird gesammelt, lässt Berufe und Vermittlungsinstanzen entstehen, unterhält finanzielle Kreisläufe, bringt Moden und Schulen hervor, wird zum kollektiven Erbe. Die Künstler schreiben sich in ihre Epoche ein, erhalten eine Ausbildung, unterliegen Einflüssen, profitie-

---

1 Enrico Castelnuovo, »L'histoire de l'art, un bilan provisoire«, in *Actes de la recherche en sciences sociales,* Nr. 6, 1976, S. 63–75.

2 Pierre Bourdieu, »Mais qui a créé les créateurs ?«, in *Questions de sociologie,* Reihe »Reprise«, Paris 2002 (erste Auflage 1984), S. 207–221.

ren von Entdeckungen, spüren neue Geschmacksrichtungen auf. All diese Umstände können erforscht werden.[1]

Die Werke selbst – der Teil von Poesie und Verzauberung in der Literatur, das Geheimnis der Musik, das *Un-Sinnige* an der Musik, der Anteil der Genialität an der visuellen und plastischen Schöpfung, die emotionale Wirkung bestimmter Werke von Theater und Kino, die Talente, die in den betreffenden Werken erkennbar werden und so weiter –, all das wird leider von den soziologischen, anthropologischen und psychologischen Ansätzen kaum berührt und bleibt die Domäne der »Spezialisten« für die verschiedenen Künste: der Kunsthistoriker, Musikhistoriker, Theaterhistoriker, Ethnologen und anderen.[2]

Die Beziehung zwischen den Werken und der Gesellschaft bricht jedoch nicht ab, wenn der schöpferische Akt vollendet ist. Sofern die Werke nicht zerstört werden, werden sie weitergegeben, verändert, neu interpretiert, wiedergelesen, sind sie Objekte wiederholter kultureller und gesellschaftlicher Filterungsprozesse, Träger vielfältiger Kenntnisse und Missverständnisse, nationale Kulturgüter. Die Rezeption der Werke und ihr Schicksal im Lauf der Zeit sind Teil des Forschungsgegenstands der Wissenschaft. Wie man sieht, ist die zu leistende Aufgabe gewaltig.

Gibt es noch etwas hinter oder jenseits der Wissenschaft und der Ideologie? Existieren Formen der Wahrnehmung, die nicht dem rationalen Verständnis unterworfen sind? Wird es eines Tages möglich sein, eine wissenschaftliche Theorie der fühlenden Erkenntnis, eine wissenschaftliche Theorie der künstlerischen Schöpfung aufzustel-

---

1 In Frankreich haben sich vor allem Pierre Bourdieu und seine Mitarbeiter dieser Aufgabe gewidmet. Siehe zum Beispiel Pierre Bourdieu, *Die feinen Unterschiede. Kritik der gesellschaftlichen Urteilskraft,* Frankfurt am Main 1982 und insb. *Die Regeln der Kunst. Genese und Struktur des literarischen Feldes,* Frankfurt am Main 1999. Andere Autoren haben im Kontext derselben Problematik andere Fragen behandelt.

2 Vgl. die Pionierarbeiten von Erwin Panofsky, »Die Perspektive als ›symbolische Form‹«, in *Vorträge der Bibliothek Warburg,* 1924/1925, Leipzig und Berlin 1927; *Sinn und Deutung in der bildenden Kunst,* Köln 1975 (Originalausg. Garden City 1955).

len? Diese Fragen bleiben offen. Die Sozialgeschichte der Kunst und die Kunstphilosophie haben in den letzten Jahrzehnten große Fortschritte gemacht. Aber es sieht sehr danach aus, als ob die Schönheit, das künstlerische Talent, die Qualität oder der existenzielle Wert von Kunstwerken in den Augen der Sozialwissenschaftler nach wie vor suspekt wären, weil sie mit der Subjektivität assoziiert werden, dem unauflöslichen Kern des menschlichen Wesens.

Derzeit haben wir nur einige Gewissheiten: Die Gefühle, die Kunst im tiefsten Inneren des Menschen auslöst, die Kommunikation, die sie zwischen Menschen anregt, die neuen und immer unerwarteten Formen, die sie jeden Tag zu den bereits bestehenden Formen hinzufügt, sind wesentliche und unersetzliche Bereicherungen der menschlichen Existenz.

FÜNFTES KAPITEL

Die Ketten in unseren Köpfen

Unsere Arme sind Zweige, mit Früchten überladen,
Der Feind schüttelt sie.
Er schüttelt uns, Tag und Nacht;
Und um uns leichter und unbekümmerter
plündern zu können,
Legt er nicht mehr unsere Füße in Ketten,
Sondern unsere Köpfe,
Meine Geliebte.

Nâzim Hikmet, »Die Feinde«[1]

I. Die Entfremdung

Antonio Gramsci war ein kluger Philosoph, ein unabhängiger Geist
und ein unbeugsamer Revolutionär. Mit seinen wachen, dunklen
Augen hinter den randlosen Brillengläsern, seinem mächtigen Haar-
schopf, seinem zurückhaltenden, zur geduldigen Analyse neigenden
Temperament war der junge Sarde auch rein äußerlich der Prototyp
des linken italienischen Intellektuellen. In Turin studierte er Philosophie und Literaturwissenschaften. Mit seinem fast gleichaltrigen
Freund Palmiro Togliatti gründete er als knapp Dreißigjähriger 1919
die Zeitung *L'Ordine Nuovo*, die bald großen Einfluss in der politischen und literarischen italienischsprachigen Welt erlangte. 1921

1 In *Anthologie poétique,* Paris 1964.

105

entstand aus diesem Freundeskreis die Kommunistische Partei Italiens, deren Generalsekretär der junge Philosoph 1924 wurde. Sein Traum von der demokratischen Emanzipation der unterdrückten sozialen Klassen Italiens jedoch zerbrach. 1922 hatte König Vittorio Emanuele III. – eingeschüchtert durch den bedrohlichen faschistischen Marsch auf Rom – den ehemaligen Lehrer Benito Mussolini zum Ministerpräsidenten berufen. Dessen Partei gewann 1924 die Wahlen, ein Jahr später kassierte Mussolini die Freiheitsrechte und zementierte seine persönliche Diktatur.

Antonio Gramsci wurde eingekerkert, seine Partei zerschlagen und verfolgt. Der Philosoph blieb praktisch Zeit seines verbleibenden Lebens hinter Gittern. 1937 amnestiert, starb er kurze Zeit nach seiner Entlassung aus dem Kerker.

In den Jahren von 1929 bis 1935 schrieb er sein Hauptwerk, bescheiden betitelt: *Quaderni del carcere* (Gefängnishefte). Für Gramsci wie für seine marxistischen Freunde konnte nur der Aufstand der unterdrückten Klassen zur Menschwerdung des Menschen, zur Emanzipation, zur revolutionären Gesellschaft führen. Aber anders als seine Genossen stellt Gramsci eine Bedingung: Der revolutionäre Aufstand kann nur dann eine befreite, gerechte Gesellschaft hervorbringen, wenn die Proletarier zuvor die »kulturelle und moralische Hegemonie« über sich selbst und über die alte Gesellschaft erringen. In den *Quaderni*, der umfänglichen Sammlung der von Gramsci im Gefängnis niedergeschriebenen Gedanken und Reflexionen, kommt das Konzept der »kulturellen Hegemonie« wie ein beschwörendes Mantra immer wieder vor.

Hören wir Antonio Gramsci: »Man kann die politische Macht nicht übernehmen, ohne zuvor die kulturelle Macht übernommen zu haben.« Beinahe visionär hat Gramsci in seiner Zelle das zentrale Problem der menschlichen Emanzipation, des demokratischen Revolutionsprozesses erkannt. Heute liegt seine Vision in Trümmern.

In den kapitalistischen Warengesellschaften in Europa, Nordamerika und Asien haben die Arbeiterklassen vorläufig den ideologischen Krieg verloren. Diese Niederlage erklärt, dass sie politisch, wirtschaftlich und gesellschaftlich durch die transkontinentale Finanzoligarchie und die mit ihr verbundenen bürgerlichen Klassen anhaltend beherrscht werden. Mit anderen Worten: Die Entfremdung der arbeitenden Klassen schreitet in dem Maß voran, wie die Monopolisierung des Kapitals und die Rationalisierung des imperialistischen Systems zunehmen. Wie Horkheimer gesagt hat: »Die Sklaven schmieden unablässig ihre eigenen Ketten.« Im Westen ist die Entfremdung der Arbeiter heute beinahe vollständig. Der Begriff »Entfremdung« stammt aus der materialistischen deutschen Philosophie und bezeichnet »den Menschen, der sich selbst fremd geworden ist«. Das Synonym ist Verdinglichung, »zum Ding werden«.

Theodor W. Adorno verwendet noch einen anderen Begriff: *Entäußerung*. Er bedeutet, »sich freiwillig von seiner eigenen Substanz trennen«. Das Individuum verliert seine Einzigartigkeit und wird allein auf seine Funktion in der Warengesellschaft reduziert.

Der Mensch existiert, entwickelt und reproduziert sich nur mit der Hilfe anderer Menschen, im wechselseitigen Austausch und in gegenseitiger Ergänzung. Ohne Gesellschaft und ohne Geschichte gibt es keine Menschen. Und es gibt keine Gesellschaft ohne ein kollektives System der Selbstdeutung, das die menschlichen Erfahrungen in einen großen Zusammenhang bringt und in richtiger oder falscher Weise auf die grundlegenden Fragen antwortet, die sich die Menschen stellen. Der von den anderen Menschen getrennte Mensch ist nur ein Schrei. Deshalb ist es die implizite Strategie im wirtschaftlichen, politischen, gesellschaftlichen und kulturellen System des heutigen Kapitalismus, den Menschen auf sein Funktionieren in der Warengesellschaft zu beschränken. Auf diese Weise »enthumanisiert« man den Menschen, um eine Formulierung von Georg Lukács aufzugreifen.

Was auch immer der dominierende Diskurs der neoliberalen kapitalistischen Oligarchien behauptet, nicht der Mensch, seine Selbstverwirklichung und die schrittweise Entfaltung seiner schöpferischen Kräfte bestimmen den Aufbau der Gesellschaft. Vielmehr hat eine Verschiebung stattgefunden: Die Parameter des gesellschaftlichen Prozesses, welche die abhängigen Klassen – und die herrschenden Klassen im Übrigen auch – verinnerlicht haben, heißen nunmehr technischer Fortschritt, Rentabilität der Produktion, Konkurrenz, Wettbewerbsfähigkeit, Tauschwert, Funktionalität, Konformität. Auf diese Weise wird der Mensch von den anderen Menschen und von der kollektiven Sinnsuche abgetrennt, er ist allein. Er wird ein Fremder für sich selbst.

Zwei Analysen der Entfremdung in Europa erscheinen besonders hilfreich: einmal die von Karl Marx und seinen Nachfolgern, und dann die von Roger Bastide.

Im Zentrum der marxistischen Theorie steht die »doppelte Reproduktion«. Was ist damit gemeint?

Das Ziel der »Entfremdung« ist die Reduzierung des Menschen auf sein reines Funktionieren in der Warengesellschaft. Mit anderen Worten: die Zerstörung seiner einzigartigen Identität. In der kapitalistischen Warengesellschaft sind die Produktionsverhältnisse fundamental ungleich. Der Arbeiter vor seiner Maschine, die Supermarktverkäuferin vor ihrer Kasse, der Büroangestellte vor seinem Computer – sie alle erleiden, reproduzieren und akzeptieren *nolens volens* diese Ungleichheit. Gezwungenermaßen setzen sie die ungleichen Arbeitsbedingungen um. Noch bevor sie am Morgen an ihrem Arbeitsplatz ankommen, haben der Arbeiter, die Verkäuferin und der Angestellte ihre Bedingungen als Unterdrückte und Ausgebeutete in ihren Köpfen reproduziert, also verinnerlicht, akzeptiert und legitimiert. In dem Augenblick, in dem nach Verlassen der Wohnung der Arbeiter seinen Motorroller anwirft, die Verkäuferin zur U-Bahn hinuntersteigt und der Angestellte sein Auto anlässt, vollziehen sie die erste Reproduktion. Die zweite kommt, wenn sie konkret mit der Arbeit beginnen.

Der Mensch konkretisiert seine Freiheit in der Arbeit. Er wird vom anderen in seinen Werken erkannt, und er erkennt den anderen in dem, was er aus seinem Leben macht. Die Arbeit schafft die Reziprozität, die die Grundlage jeder gesellschaftlichen Existenz bildet. Jean-Paul Sartre hat geschrieben: »Der Mensch ist das, was er aus dem macht, was man mit ihm gemacht hat.« Gesellschaftliche und persönliche Existenz fließen in der Arbeit zusammen.[1]

Die kapitalistische Produktionsweise bricht diese Einheit auf: Die kapitalistische Verdinglichung entfremdet den Menschen dem Produkt seiner Arbeit und damit dem, was ihn zum Menschen macht.[2] Dieser Punkt ist mir besonders wichtig: Der Kapitalismus setzt die Warenbeziehung als universelle Beziehung durch. Im kapitalistischen System muss die Arbeitskraft verkauft werden. Sie hat einen Preis. Dieser Preis wird durch den Tauschwert bestimmt, das heißt durch die Summe der Güter, die für ihre Reproduktion erforderlich sind. Die Objektivierung der menschlichen Arbeit führt somit zur formalen Gleichsetzung aller Arten von menschlicher Arbeit. Das bedeutet den totalen Bruch mit dem Universum der organischen Produktion von Gütern, die nach dem Gebrauchswert ausgerichtet ist. In Bezug auf was sind die Waren für den unterschiedlichen Gebrauch im kapitalistischen System austauschbar? Natürlich in Bezug auf ihren Tauschwert. Und der Tauschwert wird nach der gesellschaftlichen Zeit bemessen, die für die Produktion der betreffenden Güter aufgewendet werden muss. Aber die gesellschaftliche Zeit des kapitalistischen Systems, das den universellen Austausch der Waren sicherstellt, wird in eine ganz bestimmte Dynamik investiert.

Die Besitzer der Produktionsmittel betreiben die beschleunigte Akkumulation und die kontinuierliche Profitmaximierung. Dabei unterwerfen sie den Prozess der Arbeit einer zunehmenden Rationalisierung. Die Rationalisierung beschleunigt wiederum die kontinuierliche Verschlechterung der Arbeitsbedingungen durch die Komprimierung der gesellschaftlichen Zeit, die für die Produktion aufgewendet wird. Die schrittweise Universalisierung der Warenform führt auf diese Weise zu einer Abstraktion der menschlichen Arbeit. Zuerst objektiviert sich die Arbeit in der Ware, wird zur Ware. Dann verändern sich die gesellschaftlichen Beziehungen

---

1 Karl Marx, »Die entfremdete Arbeit«, in *Ökonomisch-philosophische Manuskripte aus dem Jahre 1844,* Berlin 1987, S. 56–68.

2 Der junge Marx sprach von *Essenz.* Der Begriff taucht in seinen Schriften nach 1844 nicht mehr auf.

selbst (ursprünglich reziproke, komplementäre, solidarische Beziehungen) und werden immer mehr zu Warenbeziehungen. Auf diese Weise tendiert die Gesamtheit der Beziehungen – sie machen ein menschliches Wesen aus – zur schrittweisen Verdinglichung, zur Verwandlung in eine Ware. Dies betrifft und verändert die Beziehungen zwischen den Menschen, löst sie von der Gesellschaft ab und enthumanisiert sie damit.

Die gesellschaftliche Zeit ist das Maß, wie viel Arbeit zur Herstellung einer bestimmten Ware gesellschaftlich nötig ist. Die Arbeitszeit wird zunächst als mittlere Arbeitszeit empirisch erfasst. Aber unter dem Einfluss einer immer stärkeren Automatisierung wird die Arbeitszeit »als objektiv berechenbares Arbeitspensum« begriffen, »das dem Arbeiter in fertiger und abgeschlossener Objektivität gegenübersteht«, wie Georg Lukács sagt.[1]

An dem Punkt kündigt sich der Niedergang des kulturellen Systems an, dessen Träger der Produzent ist: Konfrontiert mit einem fertigen und abgeschlossenen System, dem System der rationalisierten Arbeit, das unabhängig von seinen Wünschen funktioniert, nach Festlegungen, auf die er keinen Einfluss hat, versinkt der arbeitende, der produzierende Mensch allmählich in einer Art von Gleichgültigkeit. Der Mensch weiß, dass er keine Kontrolle mehr über die Welt hat, und zieht sich geistig von der Welt zurück. Sein System der Selbstinterpretation, seine Vision der Welt, kurzum sein symbolisches Universum torkelt ins Leere. Oder wie Marx sagt: »Das Pendel der Uhr [ist] der genaue Messer für das Verhältnis der Leistungen zweier Arbeiter geworden, wie er es für die Schnelligkeit zweier Lokomotiven ist. So muß es nicht mehr heißen, daß eine [Arbeits-] Stunde eines Menschen gleichkommt der Stunde eines andern Menschen, sondern daß vielmehr ein Mensch während einer [Arbeits-] Stunde soviel wert ist wie ein anderer Mensch während einer Stunde. Die Zeit ist alles, der Mensch ist nichts mehr, er ist höchstens noch die *Verkörperung der Zeit.*«[2]

1 Georg Lukács, *Geschichte und Klassenbewusstsein*, a. a. O., S. 100.
2 Karl Marx, »Das Elend der Philosophie«, a. a. O., 1. Kap., § 2, S. 85.

Und nun die Theorie der Entfremdung, wie sie Roger Bastide formuliert hat.

Bastide interessierte sich in erster Linie für die psychologischen und psychosomatischen Auswirkungen, die der mentale Strukturverlust, die Angst des Individuums verursachen. Der Strukturverlust und die Angst sind die Folge der zunehmenden Verdinglichung des Bewusstseins der Menschen. In den kapitalistischen Warengesellschaften des Westens sind die Menschen zu Waren geworden. Sie müssen in scheußlichen Bauten wohnen, werden wie Waren in Betonsilos gelagert, einsortiert, nummeriert. Immer mehr »Siedlungen« umzingeln das, was von den europäischen Städten, wie man sie früher kannte, noch übrig ist. Die Warenwelt der Banker und Immobilienspekulanten dringt in die Städte ein und verwüstet alles bis zum letzten Stein. Auch die Sprache folgt der allgemeinen Tendenz zur Anonymisierung. Die alten Symbolsysteme sterben. An ihre Stelle tritt eine notdürftige Verständigung, ein phonetisches Stammeln, wie es die in ihrem Realismus erschreckenden Figuren in den Filmen von Jean-Luc Godard ausstoßen. Die neuen Lautsysteme bringen im eigentlichen Sinn des Wortes nichts mehr zum Ausdruck. Sie dienen nur dazu, das für die Produktion, die Verteilung und den Konsum der Waren unverzichtbare Minimum von Verständigung zwischen den Menschen aufrechtzuerhalten. Selbst das Geld ist heute anonym. Früher war Geld »das Blut der Armen«[1]. In der ursprünglichen kapitalistischen Gesellschaft war seine Akkumulation in den Händen einiger Weniger das sichtbare Zeichen der Ausbeutung, des Elends und der Unterdrückung der großen Masse. Die Theaterstücke von Ibsen, Strindberg, Wedekind und Hauptmann legen Zeugnis von der Leidenschaft für Geld in den bürgerlichen Klassen des 19. Jahrhunderts ab, davon, welche blutigen Dramen, welche Verfehlungen und welche Schlachten diese Leidenschaft verursachte. Das Geld war Objekt der Begierde oder des Abscheus. Ibsens Stücke *Ein Puppenheim* (1879) und *Hedda Gabler* (1890), August Strindbergs autobiografischer Roman *Der Sohn*

---

1 Die Formulierung stammt von Léon Bloy.

einer Magd (1886) und sein Stück *Fräulein Julie* (1888), die die Zuschauer und Leser erst in Oslo und Stockholm und bald in der ganzen Welt begeisterten, drehen sich alle mehr oder weniger um das gleiche Problem: die Mesalliance, die romantische Liebe, die nicht standesgemäße Leidenschaft zwischen Menschen, die unterschiedlichen Gesellschaftsklassen angehören und unterschiedlich viel Geld besitzen. Das Geld trennt sie, zerstört ihre Leidenschaft, verwandelt die Liebe, die sie anfänglich verband, in Eifersucht und Hass.

Roger Bastide schreibt dazu: »Als Objekt der Zuneigung, Quelle von Mesalliancen und vielfältigen täglichen Dramen war das Geld damals Träger existenzieller Werte. Heute haben das Geld und die Ware, seine perfekte Verkörperung, jede Individualität verloren. Die Ware ist zum schlichten Referenzsystem eines verrückten Wettlaufs um Produktion, Konsum, Reproduktion und erneutem Konsum von Gütern geworden, die bei diesem Wettlauf ihre Qualität als Güter eingebüßt haben.«[1]

Die Gehirnwäsche – ob durch staatliche Propaganda, durch die perversen Weltbilder bestimmter religiöser Bewegungen oder durch die verlogene Werbung der großen Handelsunternehmen – erstaunt niemanden mehr. Die täglichen, unendlich geschickten Aggressionen haben den Widerstand der meisten Menschen schon vor langer Zeit gebrochen. Man könnte denken, dass zumindest der Körper, die letzte Bastion der konkreten Individualität der Menschen, mit seinen geheimnisvollen Kreisläufen, seinen verborgenen Organen, seinem pulsierenden Leben dem Kannibalismus der Warenwelt entzogen bliebe. Weit gefehlt! Die Nieren, das Herz, die Lungen, die Leber und die Augen sind heute Waren. Die wichtigsten Organe des Menschen werden gekauft, verkauft, transplantiert, gelagert, vermarktet. In den amerikanischen Krankenhäusern zirkulieren bebilderte Kataloge, in denen Organe zum Kauf angeboten werden. Organbanken und -börsen setzen immer mehr Organe um. Der menschliche Körper, der lebende wie der tote, wird Teil des Kreis-

---

1 Roger Bastide, »La parole obscure et confuse«, in *Revue du monde non chrétien*, Nr. 75, 1965, S. 156 ff.

laufs der produzierten, konsumierten, reproduzierten und wieder konsumierten Dinge. Dieser Kreislauf und seine Beschleunigung erzeugen eine – für den Menschen – radikal neue Situation in der Geschichte der Gesellschaften. Roger Bastide definiert sie so: »Man kann sagen, dass die (Waren-)Gesellschaft ein Modell unserer Persönlichkeit vom Typ der Schizophrenie begünstigt, wie sie der Psychiater definiert, das heißt: Unpersönlichkeit der menschlichen Beziehungen, affektive Gleichgültigkeit und Isolierung in den großen Metropolen, auf den Geschlechtsakt reduzierte Sexualität, Fragmentierung unserer täglichen Verhaltensweisen infolge unserer Zugehörigkeit zu vielfältigen Gruppen, die uns oftmals widersprüchliche Rollen aufzwingen, Verlust des Gefühls der Verwurzelung in der sozialen Welt wie auch des Gefühls für unsere persönliche Identität, Vermännlichung der Frau, generelle Zunahme unserer Abhängigkeiten statt Eroberung von Autonomie.«[1]

Und etwas weiter: »Am schlimmsten ist, dass die Beschleunigung der Geschichte zu einer fundamentalen Diskontinuität im Verlauf unseres Lebens führt, dass sie langsame Entwicklungen durch brutale Veränderungen ersetzt und das Individuum damit zwingt, permanent seine Energien zu mobilisieren und, wenn es nicht genug davon hat, gegen die unvorhergesehenen Veränderungen und die Vielzahl der Brüche anzukämpfen, entweder durch eine neurotische Reaktion oder durch die rigiden Strukturen der Psychose, um das Trauma der Veränderung ohne Atempause aufzuheben.«[2]

II. Das homogenisierte Bewusstsein

Die Sterne sind fern, sagt Ihr?
Und unsere Erde ist ganz klein.
Und wenn schon!

---

1 Roger Bastide, »Approche des causes sociales de la maladie mentale«, in *Informations sociales,* Sonderheft *Environnement et santé mentale,* Paris 1972, S. 45 ff.
2 Ebenda.

Darüber lache ich.
Denn das finde ich viel wichtiger,
Viel gewaltiger
Viel geheimnisvoller und viel größer:
Einen Menschen, den man hindert zu gehen;
Einen Menschen, den man in Ketten legt.

Nâzim Hikmet,
»Leben und Tod von Benerdji«[1]

Die kapitalistische Warengesellschaft im Westen steht unter der Herrschaft des versteinerten, *homogenisierten Bewusstseins:* Die Entfremdung ist beinahe vollständig. Sie betrifft alle Klassen und jedes Klassenbewusstsein, die Herrschenden erleiden sie ebenso wie die Beherrschten. Oft lassen sich diejenigen, die täuschen, als Erste selbst täuschen. In Westeuropa restrukturiert die transkontinentale kapitalistische Oligarchie – die aus den Handel treibenden bürgerlichen Klassen und der kolonialen Akkumulation im 19. und 20. Jahrhundert hervorgegangen ist – ihr System der Beherrschung, indem sie die verbreiteten Wünsche nach Freiheit und allgemeiner Brüderlichkeit, die aus den Widerstandskämpfen gegen den Faschismus erwachsen sind, zu ihrem Vorteil umlenkt und pervertiert.

Die Art und Weise, wie die herrschende Klasse, konkret die Chefs der transnationalen Konzerne, die Banker, Industriellen und ihre Söldner, sich ihre eigene Praxis vorstellt, ist offensichtlich keine wissenschaftliche Theorie dieser Praxis. Wäre das der Fall, würde sie darauf hinwirken, ihnen jedes Mittel zum Handeln zu nehmen, denn die Theorie würde zeigen, wie die Praxis funktioniert, wem sie nützt, wen sie ausbeutet, wen sie tötet, wen sie über seine Ziele täuscht. Niemand würde sie mehr akzeptieren. Doch das Gegenteil ist der Fall: Die herrschende Klasse produziert Erklärungen, die ihre Praxis falsch darstellen, damit sie ihre Herrschaft weiter ausüben kann, und die sie gleichzeitig als logisches, harmloses, natürliches, alternativloses Handeln im Dienst der Nation und der Allgemeinheit legitimieren.

---

1 In *Anthologie poétique,* a. a. O.

Die Ideologie der Herrschenden belügt nicht nur die Beherrschten. Sie führt oftmals auch die hinters Licht, die sie propagieren. Tatsächlich kommt es häufig vor, dass die Hauptprotagonisten des Imperialismus fest an die Wohltätigkeit ihrer Mission glauben. Im Übrigen greifen die Herrscher aus den Banken, den Handelsgesellschaften und den transkontinentalen Industriekonzernen oft auf Ideologien der Vergangenheit zurück, die Bildung und Sozialisation als universelle Wahrheiten in den Köpfen aller Menschen verankern und ihnen ihre Urteilskriterien liefern. Und so wird die reale Praxis der herrschenden Klasse, die Praxis, die die unerträgliche Ordnung der Welt verkörpert, für gut befunden auf der Grundlage von Parametern, die aus falschen Voraussetzungen resultieren.

Heute sieht der Vorstandsvorsitzende eines transkontinentalen Bankenimperiums dieselben Fernsehsendungen wie der Arbeiter, die Putzfrau, der Bauer oder der Angestellte. Er hat die gleichen Wahrnehmungskategorien wie sie und ist dem Wirken derselben medialen Vermittler unterworfen. Die Homogenisierung des kollektiven Bewusstseins, die wir heute feststellen, ist das Ergebnis einer langen Geschichte.

Ein Beispiel: Das öffentlich-rechtliche Fernsehen für die Französische Schweiz führte bei Fernsehzuschauern (eine Stichprobe von tausend Personen aus allen französischsprachigen Regionen des Landes, allen sozialen Schichten, Altersgruppen und so weiter) eine Umfrage durch. Sie sollten folgende Frage beantworten: Sind die politischen Sendungen, die politischen Informationen des französischsprachigen Fernsehens eher links oder eher rechts ausgerichtet? Ergebnis: 12,3 Prozent sagten »eher links«, 12,7 Prozent fanden sie »eher rechts«, 75 Prozent meinten »weder das eine noch das andere«. Das bedeutet, dass drei Viertel der befragten Fernsehzuschauer glauben, ihr öffentliches Fernsehen gebe Tag für Tag die Wahrheit über die Welt wieder, berichte die objektive Realität der Dinge.

Das Ergebnis ist erstaunlich: Wie bei jeder Kommunikationseinrichtung bestehen und herrschen auch im französischsprachigen schweizerischen Fernsehen bestimmte ideologische Strategien. Aber in der französischsprachigen Schweiz hat die Homogenisierung des

Bewusstseins, die Verdinglichung, bereits ein solches Ausmaß erreicht, dass 75 Prozent der Konsumenten der Information keinen kritischen eigenen Gedanken mehr entgegensetzen.

Was wird aus einem Menschen, der unter der Herrschaft des homogenisierten Bewusstseins lebt? Max Horkheimer hat diese Frage beantwortet: »Die Maschine hat den Piloten abgeworfen, sie rast blind in den Raum. Im Augenblick ihrer Vollendung ist die Vernunft irrational und dumm geworden. Das Thema dieser Zeit ist Selbsterhaltung, während es gar kein Selbst zu erhalten gibt [...] Wenn wir vom Individuum als einer historischen Kategorie sprechen, meinen wir nicht nur die raum-zeitliche und sinnliche Existenz eines besonderen Gliedes der menschlichen Gattung, sondern darüber hinaus, daß es seiner eigenen Individualität als eines bewußten menschlichen Wesens inne wird, wozu die Erkenntnis seiner Identität gehört.« Und weiter: »Individualität setzt das freiwillige Opfer unmittelbarer Befriedigung voraus zugunsten von Sicherheit, materieller und geistiger Erhaltung der eigenen Existenz. Sind die Wege zu einem solchen Leben versperrt, so hat einer wenig Anreiz, sich momentane Freuden zu versagen [...] Gesellschaftliche Macht ist heute mehr denn je durch Macht über Dinge vermittelt. Je intensiver das Interesse eines Individuums an der Macht über Dinge ist, desto mehr werden die Dinge es beherrschen, desto mehr werden ihm wirklich individuelle Züge fehlen, desto mehr wird sein Geist sich in einen Automaten der formalisierten Vernunft verwandeln.«[1]

Noch einmal Horkheimer: »Wenn [...] jeder Mann ein König sein kann, warum kann nicht jedes Mädchen eine Filmkönigin sein, deren Einmaligkeit darin besteht, typisch zu sein? Das Individuum hat keine persönliche Geschichte mehr [...] ›Wir erschöpfen uns in ewigen Kreisen/Stets umherirrend und immer hier!‹«[2]

---

1 Max Horkheimer, *Zur Kritik der instrumentellen Vernunft*, hrsg. von Alfred Schmidt, Frankfurt am Main 1985, S. 124 f.
2 Ebenda, S. 150. Horkheimer zitiert ein Gedicht aus Cesare Lombroso, *L'uomo di genio* (Der geniale Mensch).

Die Einkommensunterschiede zwischen den Klassen ändern daran nichts. Die Warenlogik zerstört die alltägliche Lebensqualität der Beherrschten wie der Herrschenden. Die Verschmutzung von Luft und Wasser betrifft alle und zerstört die Landschaften für alle. Die extremen Gefahren der Energieproduktion durch Kernkraftwerke – deren technische Probleme keineswegs vollständig gelöst sind – bedrohen konkret die Gesundheit aller Bevölkerungsschichten. Dem täglichen, intensiven Lärm in den Städten sind Arbeitgeber wie Arbeitnehmer ausgesetzt. Giftige Autoabgase und das generelle Fehlen einer Politik, die konsequent umweltfreundliche, öffentliche Transportmittel fördert, macht den Straßenverkehr nahezu unerträglich, und zwar für die Herrschenden genauso wie für die Beherrschten. Die Gewalt der Warengesellschaft ist heute strukturell, die Ohnmacht angesichts der Gewalt ist paradoxerweise in allen Klassen ähnlich.

Die Gewalt der Warengesellschaft – vor allem in der Werbung – praktiziert das, was Herbert Marcuse als *repressive Bedürfnisbefriedigung* bezeichnet. Was ist damit gemeint? Die Warenlogik erzeugt selbst die Bedürfnisse, die sie anschließend im Überfluss befriedigt. Der Gebrauchswert verschwindet, der Mensch verliert noch die Erinnerung an die Suche nach dem Sinn. Er wird eindimensional, uniform. Seine Identität liegt in seiner Übereinstimmung mit der Funktionalität der Warengesellschaft. Marcuse sagt, die einzige Zuflucht der menschlichen Würde sei heute das »unglückliche Bewusstsein« des Menschen. Das »unglückliche Bewusstsein« weiß, dass das, was ist, falsch ist. Es kennt die wahren materiellen, intellektuellen, emotionalen und existenziellen Bedürfnisse. Aber es nimmt gleichzeitig auch die Ohnmacht wahr, es weiß genau, dass es seine eigenen existenziellen Bedürfnisse dem – autonom gewordenen – System der Warenlogik nicht aufzwingen kann. In den westlichen Gesellschaften existiert heute ein umfangreicher institutioneller Apparat zum Schutz der Menschenrechte, der das Recht auf freie Entfaltung eines jeden Menschen propagiert. Dazu hat Marcuse eine interessante Bemerkung gemacht: Die Toleranz, die wir im Westen genießen, ist repressiv. Sie endet an den

Grenzen der Warengesellschaft. Wer immer etwas fordert oder tut, was das Funktionieren dieses Systems infrage stellt oder beeinträchtigt, wird sofort aus der Diskussion ausgeschlossen. Er wird denunziert, pathologisiert, marginalisiert. Oft erlebt er soziale Repression (durch Einweisung in eine psychiatrische Klinik, durch Kriminalisierung des Protests und so weiter), kurzum Isolation.

Die Menschenrechte, der relativ große Spielraum, den die repressive Toleranz den Männern und Frauen im Westen einräumt, sind im Übrigen mit dem Blut und dem Leiden von vielen Millionen anderer Menschen und Frauen erkauft. In zahlreichen Ländern der südlichen Hemisphäre sind Hunderte Millionen von Massenarbeitslosigkeit, dauerndem Hunger und Krankheiten gepeinigt. Weil das transnationale Kapital des Zentrums (Europa, Nordamerika) eine beschleunigte Akkumulation der Profite aus der Arbeitskraft, den Rohstoffen der Länder Asiens, Afrikas und Lateinamerikas betreibt, kann es seinen Subjekten im Zentrum einen relativ größeren Spielraum von »Freiheit« zugestehen. Die Existenz freiheitlicher politischer Regimes im Zentrum wird durch die übermäßige Ausbeutung der menschlichen Arbeitskraft in der Peripherie erst ermöglicht. Oder wie Régis Debray es ausgedrückt hat: »Freie Menschen brauchen Sklaven.«

Heute ist die Arbeiterbewegung nicht mehr die wichtigste revolutionäre Kraft in der Warengesellschaft. Warum? Max Horkheimer gibt folgende Antwort: Die Führer der Gewerkschaften »kontrollieren wie die Direktoren der großen Gesellschaften die Rohmaterialien, Maschinen oder anderen Produktionsfaktoren. Die Arbeiterführer sind die Manager der Arbeiterschaft, manipulieren sie, machen für sie Reklame und versuchen, ihren Preis so hoch wie möglich festzusetzen. Gleichzeitig hängen ihre eigene gesellschaftliche und ökonomische Macht, ihre Positionen und Einkommen, die alle der Macht, Position und dem Einkommen des einzelnen Arbeiters weit überlegen sind, vom Industriesystem ab.«[1]

1 Ebenda, S. 141.

Und weiter sagt Horkheimer: »Die Arbeiter, zumindest jene, die nicht durch die Hölle des Faschismus gegangen sind, werden sich jeder Verfolgung eines Kapitalisten oder Politikers anschließen, der angeprangert wird, weil er die Spielregeln verletzt hat; aber sie stellen die Regeln als solche nicht in Frage. Sie haben es gelernt, gesellschaftliche Ungerechtigkeit – selbst Ungleichheit innerhalb ihrer eigenen Gruppe – als mächtige Tatsache hinzunehmen und mächtige Tatsachen als das einzige anzusehen, was zu respektieren ist. Ihr Bewußtsein ist Träumen von einer grundlegend anderen Welt ebenso verschlossen wie Begriffen, die, anstatt eine bloße Klassifikation von Tatsachen zu sein, an einer realen Erfüllung dieser Träume orientiert sind. Die modernen ökonomischen Verhältnisse bewirken sowohl in den Mitgliedern als auch in den Führern der Gewerkschaften eine positivistische Haltung, so daß sie einander immer mehr ähneln.«[1]

Dieser visionäre Text wurde 1944 in den Vereinigten Staaten geschrieben. Ihm lagen Beobachtungen darüber zugrunde, wie die gigantischen bürokratischen Apparate der amerikanischen Gewerkschaften funktionierten. Jean Duvignaud stellt in einem Aufsatz, der ebenfalls von offenkundiger Aktualität ist, ähnliche Beobachtungen über die Arbeiterbewegung in Europa an: »Wenn man die kargen und konfusen Ideen Revue passieren lässt, die heute im Westen der Begriff Revolution weckt, muss man zugeben, dass das Wort nichts mehr anderes bezeichnet als den Wunsch nach rationaler Bewältigung des unvermeidlichen Wachstums. Das ist der Preis für fragile Sicherheit.« Und weiter schreibt er: »Es ist möglich, dass sich die massive Frustration, die im letzten Jahrhundert die Utopie am Leben erhielt, abgeschwächt hat. Niemand malt sich mehr die Revolution aus, weil niemand mehr sich der Welt des Doppelspiels aus Achtung vor einer Ordnung und konzertierter Opposition entziehen kann. Die politischen Gegner stellen die Bewahrung der Gesellschaft und die Logik, die ihre jeweiligen Kontrahenten in eine beruhigende Synthese hineinzieht, nicht infrage […] Die Idee der Revolution erschöpft sich in den Auseinandersetzungen von Sek-

---

1 Ebenda, S. 142 f.

ten. Sie resultierte aus der Feststellung eines Subjekts, dass die Fülle des menschlichen Daseins in einer materiellen Weise einforderte, die für die hierarchische Ordnung subversiv ist. Sie war nicht nur das konkrete Universum der Philosophen, sondern das stets ungestillte Streben nach allem, was der Mensch von der Welt und von anderen Menschen bekommen kann.«[1]

Etwas ist heute unübersehbar: Die sozialistischen Bewegungen des kapitalistischen industriellen Zentrums – und die Intellektuellen, die sich in ihren Dienst stellen – haben den ideologischen Krieg vorläufig verloren oder, wie Louis Althusser sagt, den »theoretischen Klassenkampf«. In Europa liefern nicht mehr die sozialistischen Bewegungen und ihre organischen Intellektuellen den arbeitenden Menschen die Bilder und Symbole, die sie brauchen, um die Welt wahrzunehmen, zu analysieren, zu verstehen, zu denken. Die Integration der europäischen Arbeiter in die Strategie und das imperialistische Projekt war der Tod aller Theorie, aller praktischen Solidarität mit den unterjochten Klassen der Dritten Welt. Der Schrecken von Hunger, Demütigung, Zerfall der Familien und Folter, den die Menschen in zahlreichen Ländern der südlichen Hemisphäre erleiden, wurde von der symbolischen Gewalt des Kapitals »naturalisiert«, zu etwas »Normalem« und »Unvermeidlichem« deklariert. Erinnern wir uns: Die Urheber des sogenannten »Kriegs gegen den Terrorismus«, allen voran der amerikanische Präsident George W. Bush, haben die Folter, das letzte Mittel der Gewalt, zu etwas »Normalem« gemacht.

Ich erinnere mich, als ob es gestern gewesen wäre, an einen fernen Tag im September 1973, als ich am Bahnhof Cornavin in Genf auf Roger Bastide wartete. Er kam aus Paris, sein Zug hatte Verspätung. Ein Radio, das beim schweizerischen Zoll auf dem Rand des Schalters stand, verkündete die ersten Nachrichten des Tages: »Staatsstreich in Chile. Eine Militärjunta unter General Augusto Pinochet

---

1 Jean Duvignaud, »Qui veut la révolution?«, in *Cause commune,* Nr. 6, Paris 1973, S. 1 f.

übernimmt die Macht von Präsident Salvador Allende.« Zwei Zöllner hörten nachdenklich zu, und dann sagte der eine, den ich aus der Gewerkschaft für öffentliche Dienste, der auch ich angehöre, kannte: »Das musste ja so kommen! Wenn ein Volk nicht mehr arbeitet, passieren solche Sachen.«

Dieser Mann, sozialistischen Ideen zugeneigt, kultiviert und ehrlich bemüht, die Menschen und seine Zeit zu verstehen, reproduzierte in dem Augenblick in gutem Glauben die Sichtweise, die die Oligarchie – durch die Presse, das Radio, die Schule und das Fernsehen – ihm aufgezwungen hatte und die er für das wahre Bild der Welt hielt: Chile unter der Volksfrontregierung hatte wirtschaftliche Schwierigkeiten, die die Schweiz nicht kannte. In der Schweiz arbeiten alle viel. Wenn Chile Schwierigkeiten hatte, dann konnte es nur daran liegen, dass unter der linken Regierung des Bündnisses Unidad popular die Arbeitsmoral zu wünschen übrig ließ; die Leute da unten machten »Revolution«, anstatt zu arbeiten. In den Augen des Schweizer Zöllners war es deshalb *normal,* dass diese Regierung stürzen musste.

Seit diesem Tag, dem so viele weitere Schrecken folgten, hat die Homogenisierung des Bewusstseins noch zugenommen. Sie hat sich noch einmal verstärkt, seit die bipolare Welt nicht mehr besteht, die »kommunistischen« Alternativen verschwunden sind und es heute nicht mehr viele Intellektuelle und linke politische Aktivisten gibt, die wenigstens mit einem Minimum an Klarsicht die Wege erkennen, die zu einem radikalen, kritischen Bruch mit dem globalisierten Finanzkapital führen.

Von allen demokratischen Staaten verfügt nur die Schweiz über die verfassungsmäßigen Instrumente des »Referendumsrechts« und des »Initiativrechts«. Dank des Referendumsrechts können 50 000 Bürgerinnen und Bürger verlangen, dass jedes beliebige vom Parlament beschlossene Gesetz dem Volk zur Abstimmung vorgelegt wird. Das Initiativrecht macht es möglich, dass 100 000 Bürgerinnen und Bürger einen Volksentscheid über eine Verfassungsänderung erzwingen können, das heißt über die Abschaffung oder Änderung eines Verfassungsartikels oder über die Einführung eines neuen. Ein Blick auf die Volksabstimmungen der letzten Zeit – Referenden oder Volksabstimmungen im Anschluss an eine Volksinitiative – bestätigt meine These von der sehr weit fortgeschrittenen Homogenisierung des kollektiven Bewusstseins in der Schweiz. So hat das Schweizer Volk in der jüngsten Vergangenheit aus freien Stücken – und oft mit einer großen Mehrheit – gegen die Verlängerung des Urlaubsanspruchs für Arbeitnehmer gestimmt, gegen die einheitliche Krankenversicherung (wodurch die Versicherungsbeiträge für Familien stark gesunken wären), gegen die Erhöhung der Mindestrente, gegen die Begrenzung der astronomischen Einkommen mancher Manager (die sogenannte 1:12-Initiative forderte, Firmenchefs sollten in einem Monat maximal so viel verdienen wie ein einfacher Mitarbeiter in einem Jahr) und gegen die Einführung eines Mindestlohns (das wurde am 18. Mai 2014 mit 77 Prozent der Stimmen abgelehnt). In einem Anfall von pathologischer Fremdenfeindlichkeit stimmte das Schweizer Volk am 9. Februar 2014 für die Abschaffung der mit der EU ausgehandelten Personenfreizügigkeit; der Entscheid wurde gefällt von einem Volk, das auf seinem kleinen Territorium (42 000 Quadratkilometer) seit Jahrhunderten selbst vier lebendige Kulturen beherbergt.

Weil die Schweizer Opfer ihres homogenisierten Bewusstseins und einer weit fortgeschrittenen Entfremdung sind, stimmen sie freiwillig – und regelmäßig – gegen ihre eigenen Interessen.

Die transkontinentalen Oligarchien des globalisierten Finanzkapitals haben die Welt nach ihren Vorstellungen umgestaltet. Dem ganzen Planeten haben sie ihre ungeteilte Herrschaft aufgezwungen. In den letzten zwanzig Jahren hat die Entfremdung der abhängigen Klassen in den westlichen Warengesellschaften, aber auch in zahlreichen Gesellschaften der südlichen Hemisphäre, gigantische Fortschritte gemacht. In vielen Ländern, so auch in der Schweiz, ist sie beinahe vollendet.

SECHSTES KAPITEL

Der Staat

Die Staatsgewalt geht vom Volke aus.
– Aber wo geht sie hin?
Ja, wo geht sie wohl hin
Irgendwo geht sie doch hin!
Bertolt Brecht, *Paragraph 1*[1]

I. Wie entsteht der Staat?

Die modernen westlichen Staaten entstanden in einem Prozess, der sich über viele Jahrhunderte erstreckte. Die Dauer variierte von Region zu Region und von Volk zu Volk.

In Europa lagen um das 4. Jahrhundert herum die antiken Gesellschaften darnieder, vor allem im Römischen Reich, das zugleich unter einer um sich greifenden inneren Krise und unter Einfällen von nicht staatlich organisierten Völkern der Peripherie litt.

Die schrittweise Ausdehnung der Grenzen des Römischen Reichs, die Geburt und die Entwicklung einer Verwaltung und einer bald schon wuchernden Bürokratie in den Jahrhunderten zuvor, schließlich die Überfälle der »Barbaren«, hatten zu einer katastrophalen Entvölkerung der ländlichen Gebiete geführt. Tausende Sklaven waren von den Landgütern in die Städte geflohen, wo sie neuen Herren dienten. Befreite Sklaven gelangten damals in wichtige ge-

1 Bertolt Brecht, *Gesammelte Gedichte,* Bd. 1, a. a. O., S. 378.

123

sellschaftliche Positionen, einige wurden sogar Kaiser. In Rom entstand ein Subproletariat, eine riesige Masse von Arbeitslosen, die Plebs, aus der die Politiker ihre Anhänger rekrutierten. Diese Manövriermasse verelendeter Proletarier, korrumpierbar und wankelmütig, war jederzeit bereit, sich in alle Arten von Abenteuern zu stürzen. Die verschiedenen Fraktionen des Senats, die diversen Anwärter für die höchsten Ämter, die Konkurrenten im Wettlauf um die Macht – sie alle bedienten sich der Plebs, um ihre Strategien zur Machtübernahme umzusetzen. Ende des 3. Jahrhunderts versuchte Kaiser Diokletian, der selbst aus einer peripheren Provinz stammte, aus Dalmatia, die Krise durch eine grundlegende Reform der wirtschaftlichen, politischen und gesellschaftlichen Struktur des Reichs unter Kontrolle zu bringen. Er führte eine allgemeine, sehr strenge Steuerpflicht ein. Die Bauern und Arbeiter wurden an ihre Scholle und ihren Arbeitsplatz gebunden: Tausende Siedler erhielten damit Land als ihren Besitz, aber sie durften es nicht mehr verlassen. Wenn sie das Land verkauften, verkauften sie zugleich ihre Arbeitskraft, sich selbst und ihre Familie. Der Arbeiter in der Ziegelei war künftig an seine Ziegelei gebunden, der Maurer an seinen Arbeitsplatz und so weiter. Der Preis für die neue wirtschaftliche Effizienz und das relative Wohlergehen der Produzenten bestand somit in einem dauerhaften Verlust von Freiheit. Der Status des Siedlers unter Diokletian nimmt die Leibeigenschaft des Mittelalters vorweg.

Das Zeitalter der Invasionen, der großen Wanderungsbewegungen, erstreckte sich vom 4. bis zum 10. Jahrhundert. Die Invasionen wurden von Eroberungen und Plünderungen begleitet (Alarichs Einnahme von Rom 410), von der mehr oder weniger durch Verhandlungen erreichten Errichtung von Königreichen auf dem Territorium des Reichs, von einem anhaltenden Niedergang der Wirtschaft und führten schließlich zum Untergang Roms (Sturz des letzten weströmischen Kaisers 476). Zwischen dem 4. und dem 6. Jahrhundert überfluteten hauptsächlich die Hunnen, die Goten (Westgoten und Ostgoten), die Vandalen, die Franken, die Burgunder, die Lombarden, die Angeln, die Sachsen, die Jüten, die Bulgaren und die Slawen die verschiedenen Teile des Römischen Reichs.

Im 7. Jahrhundert kamen die Araber, im 9. und 10. Jahrhundert die Normannen (Wikinger) und die Ungarn. Im 10. Jahrhundert hörten die großen Invasionen auf. Als sehr viel später türkische Eroberer gegen Europa anrannten (Einnahme von Konstantinopel und Sturz des Byzantinischen Reichs 1453, Belagerung von Wien 1529 und erneut 1683), scheiterten sie an den Verteidigungslinien der Habsburgischen Monarchie und an den Staaten, die die Ritterorden gebildet hatten, allen voran Malta.

Der allmähliche Zerfall der inneren Ordnung und der Gesellschaft des Römischen Reichs – in Europa, im Nahen Osten und in Nordafrika – einerseits, die Invasionen von Völkern mit Stammes- und Clanstrukturen andererseits verursachten in der politischen Landschaft des 4. und 5. Jahrhunderts einen radikalen Bruch. Eine komplett veränderte, komplizierte Situation entstand: Die neuen politischen Gebilde, die aus den Invasionen und dem Zerfall des Römischen Reichs hervorgegangen waren, ahmten die alten Machtstrukturen nach. Die letzten Träger römischer Legitimität – die römischen Kaiser in Byzanz – erhielten das ganze 1. Jahrtausend hindurch ihre symbolische Herrschaft über den größten Teil des ehemaligen Reichs aufrecht. Die Merowingerkönige, die Heerführer der Franken waren und ausschließlich innerhalb der Stammesstrukturen Macht besaßen, nahmen den römischen Konsultitel an – um sich zusätzliche Legitimität gegenüber den Angehörigen ihres Stammes zu verschaffen ebenso wie gegenüber den Konkurrenten anderer Stämme, die ebenfalls die Macht beanspruchten – und betrachteten sich als Repräsentanten des römischen Kaisers von Byzanz. Andere Eroberer taten es ihnen gleich, etwa die Anführer der Bulgaren, Lombarden, Goten und Slawen: Sie internalisierten und imitierten die Machtsymbolik des römischen Kaiserreichs. Aber die Symbole der alten Macht verloren nach und nach ihre Kraft.

Hinter der Macht der Eroberer – hervorgegangen aus dem Rang im Stammesverband, Frucht der im Krieg errungenen Siege, die sich aus Nachahmungsstreben und auch aus strategischen Gründen mit den Attributen der kaiserlichen Symbolik schmückte – tauchte eine neue Macht auf: die Macht, die sich auf das Eigentum an den Produktionsmitteln stützte.

Das Feudalsystem etablierte sich durch drei unterschiedliche Mechanismen.

Erster Mechanismus: Beamte, die *comites* des Kaisers oder Königs, deren Hauptaufgabe es war, die Steuern zu erheben, wandten sich in dem Maß ab, wie die kaiserliche Symbolik, mit der die Herrscher ihre Legitimität demonstrierten, an Bedeutung und legitimierender Kraft verlor. Die *comites* – aus *comes* wurde im Französischen *comte*[1], der Graf – begannen, dem Kaiser oder König die Stirn zu bieten und auf eigene Rechnung Steuern zu erheben. Ein Beispiel: Hugo Capet war im 10. Jahrhundert *comes* des Frankenkönigs für die fruchtbaren Gebiete der Île-de-France und der Stadt Paris. Seine Familie emanzipierte sich nach und nach und errichtete eine quasi autonome Herrschaft über die Regionen, die sie verwaltete. Die Geschichte der Capetinger wiederholte sich praktisch überall im Westen. Ein Landbesitzer in Toulouse, der ausreichend Verwandte und Verbündete mobilisieren konnte, um die Grenzen seiner Ländereien zu verteidigen und den Soldaten und Steuereinnehmern des Königs – oder seines Vertreters – den Zutritt zu verwehren, hatte *de facto* die autonome Gewalt über sein Land. Kurzum: Wem es gelang, das Korn zu säen oder säen zu lassen, die Ernte zu schützen und zu verkaufen und das Geld aus dem Verkauf einzustreichen, der hatte künftig die wahre Macht, unabhängig von den Titeln, Symbolen und Zeichen der Legitimität, auf die sich seine Gegner beriefen.

Der zweite Mechanismus, der das Aufkommen und die allgemeine Verbreitung des Feudalsystems erklärt, ist das Ende der Invasionen im Lauf des 10. Jahrhunderts.

Der dritte Mechanismus wurde durch Klimaveränderungen in Europa im 10. Jahrhundert in Gang gesetzt. Damals erlebte die Landwirtschaft infolge einer dauerhaften Erwärmung einen großar-

---

1 Der lateinische Titel *comes* geht auf die ersten römischen Kaiser zurück. Er bezeichnet einen Gefährten des Kaisers, eine Person aus seinem Gefolge, einen Gesandten. Es ist der älteste in Europa verliehene Adelstitel.

tigen Aufschwung. Aber die Sklavengesellschaft war mit dem Römischen Reich untergegangen. Der Landbesitzer konnte die Produktivität nicht mehr dadurch steigern, dass er zusätzliche Arbeitskräfte kaufte. Er musste seine Werkzeuge weiterentwickeln und die Netze weiter spannen, über die er seine Produkte verkaufte, musste seine Methoden für die Gewinnung von Rohstoffen verbessern. Neue Energiequellen wurden genutzt: Windenergie (mit Windmühlen), Wasserenergie (mit Wassermühlen), Holz, Kohle und so weiter. Der handwerkliche Umgang mit Rohstoffen machte Fortschritte: Die Bearbeitung von Stoff, Leder, Holz und Metallen erlebte einen bemerkenswerten Aufschwung. Um ihre Ländereien, Werkstätten, ihre Vermarktungsstrukturen und ihre Arbeiter zu schützen, um ihren Einfluss auszudehnen und damit ihre politische Macht zu vergrößern, schlossen die Feudalherren Bündnisse mit anderen Herren (in Schlössern, Klöstern, Abteien, Städten und so weiter). Ein hochkomplexes System von Rechten und Pflichten, das seinen Ursprung im Landbesitz hatte, bildete sich heraus.

Aber im Verlauf des 12. und 13. Jahrhunderts erfolgte eine weitere gesellschaftliche, symbolische, wirtschaftliche und politische Veränderung: Sie kündigte den Verfall der Feudalmacht und die allmähliche Entstehung des modernen Staates an. Nach und nach wurde der Besitz von Arbeitsgerät wichtiger als der Besitz von Land. Und durch den Besitz von Arbeitsgerät entstand eine neue Klasse. Der Besitz verlieh der neuen Klasse, dem jungen städtischen Bürgertum, eine neue Macht oder vielmehr eine Gegenmacht zur Macht des Feudalherren. Diejenigen Feudalherren, die wie etwa die Capetinger in Frankreich, die Plantagenets in England, die Ottonen in Deutschland, auf die feudalen Werte und Hierarchien verzichteten und die sich in einer historischen Situation befanden, die ihnen erlaubte, Bündnisse mit dem städtischen Bürgertum gegen die Feudalherrschaft zu schließen, standen am Ursprung der ersten monarchischen Staaten im 12. Jahrhundert.

Für das Bündnis zwischen bestimmten Feudalherren und dem städtischen Bürgertum gibt es zahlreiche und widersprüchliche Erklärungen: Manchmal suchte ein vorausschauender Feudalherr die

Nähe zu Vertretern des Bürgertums, weil er ihre Fähigkeiten schätzte; manchmal wurde das Bündnis in der Hoffnung geschlossen, die eigene Macht gegenüber anderen Feudalherren zu stärken; und manchmal wurde das Bündnis durch die objektive geografische Situation diktiert, etwa wenn das Schloss des Feudalherren in einer Stadt lag, wo sich der vorindustrielle Aufschwung vollzog, dessen Haupttriebkraft das aufstrebende Bürgertum war. So stand beispielsweise das wichtigste Schloss in Frankreich auf der Île de la Cité in Paris, im Herzen der vorindustriellen bürgerlichen Gemeinschaft und in unmittelbarer Nähe zu den Mühlen an der Seine.

Diese Politik der Allianzen zwischen einzelnen Feudalherren und bürgerlichen städtischen Händlern verbreitete sich ab dem 12. Jahrhundert in ganz Europa, jedoch mit einigen wichtigen Ausnahmen. In Italien traf die Allianz zwischen den Feudalherren und dem jungen Bürgertum auf mehrere Hindernisse: Die städtischen bürgerlichen Gemeinschaften, die Städte, in denen sich eine bemerkenswerte Entwicklung der frühindustriellen Werkzeuge vollzog, ausgedehnte Handelsnetze entstanden und eine erste Akkumulation von Finanzkapital stattfand, koexistierten mit dem Kirchenstaat und mit Feudalstaaten, die jede Allianz mit den neuen bürgerlichen Klassen ablehnten. Im Übrigen lag Italien geografisch viel näher an Byzanz als an der Île-de-France, England und den Gebieten entlang des Rheins. Die italienischen Feudalherren unterlagen darum länger als jene in anderen Regionen Europas der symbolischen und materiellen Herrschaft von Byzanz.

Der moderne Staat, dessen erste konstitutive Elemente sich am Ende des 12. Jahrhunderts ausbildeten, erreichte seinen Höhepunkt im 18. und 19. Jahrhundert, als die bürgerliche Macht endgültig über die Feudalmacht triumphierte und die Nation sich durchsetzte.

Als Produkt eines historischen Prozesses, der sich über mehrere Jahrhunderte erstreckte, hat der moderne Staat im zeitgenössischen Nationalstaat seine Vollendung gefunden. Dieser Staat ist eine Zwangsanstalt im Dienst der Interessen der neuen herrschenden Klassen, allen voran des Handel treibenden Bürgertums. Ausgestattet mit einer universalistischen Ideologie, dient er vor allem dazu, die Macht des Bürgertums zu legitimieren, zu perpetuieren und zu mehren. Er vereinigt außerdem in einem gemeinsamen – zugleich realen und fiktiven – Bewusstsein die widersprüchlichen Wünsche aller Klassen, die dazu beigetragen haben, seine Legitimität zu begründen. Der moderne Nationalstaat, der im Namen der Interessen einer herrschenden Klasse etabliert wurde, ist damit zugleich ein klassenübergreifendes gesellschaftliches Gebilde und in der Lage, antagonistische Interessen im Namen der Verteidigung bestimmter »gemeinsamer« Werte, eines Staatsgebiets oder eines gemeinsamen historischen Projekts zu mobilisieren.

Der bürgerliche Nationalstaat, der aus einer bestimmten Produktionsweise hervorgegangen ist, hat sich trotz der nachfolgenden Veränderungen der Produktionsweisen behauptet und nach und nach gewissermaßen eine autonome Existenz erlangt. Heute ist in den meisten europäischen Nationen das kapitalistischen Handel treibende Bürgertum im Verschwinden begriffen. Die transkontinentalen Finanzoligarchien, die ihre Stärke aus der Überausbeutung der Arbeitnehmer, der Rohstoffe und der Märkte in den Ländern der südlichen Hemisphäre ziehen und immer mehr Produktionseinrichtungen außerhalb der nationalen Grenzen verlagern, usurpieren die wirtschaftliche, politische und ideologische Macht. In Europa haben die Oligarchien des globalisierten Finanzkapitals schrittweise die Errichtung eines supranationalen Zwangs- und Regelungsapparats durchgesetzt, der ihren Interessen dient. Die Europäische Union ist das Musterbeispiel. Trotz dieser grundlegenden gesellschaftlichen Veränderung, die den Nationalstaat radikal schwächt, funktionieren seine Institutionen, sein Zwangsapparat und sein ideologischer Apparat weiterhin.

II. Der Staat, eine Waffe der Mächtigen

Kardinal Bellarmin: Bedenken Sie einen Augenblick, was es die Kirchenväter und so viele nach ihnen für Mühe und Nachdenken gekostet hat, in eine solche Welt (ist sie etwa nicht abscheulich?) etwas Sinn zu bringen. Bedenken Sie die Roheit derer, die ihre Bauern in der Campagna halbnackt über ihre Güter peitschen lassen, und die Dummheit dieser Armen, die ihnen dafür die Füße küssen.
Galilei: Schandbar! Auf meiner Fahrt hierher sah ich ...
Kardinal Bellarmin: Wir haben die Verantwortung für den Sinn solcher Vorgänge (das Leben besteht daraus), die wir nicht begreifen können, einem höheren Wesen zugeschoben, davon gesprochen, daß mit derlei gewisse Absichten verfolgt werden, daß dies alles einem großen Plan zufolge geschieht [...]

Bertolt Brecht, *Leben des Galilei*[1]

Oliver Cromwell war im 17. Jahrhundert einer der wichtigsten Anführer des frühkapitalistischen städtischen Bürgertums in England. Er verkörperte die Interessen des aufstrebenden städtischen Bürgertums, der Reeder, der Handwerker, der Geldwechsler, der Händler. Deren Interessen standen denen des müßiggängerischen und korrupten Adels diametral entgegen, der dem Bürgertum vielfältige Steuern und hohe Abgaben aufzwang und die meisten Pfründen für sich behielt. Außerordentlich entschlossen, willensstark und brutal lieferte Cromwell dem Adel und dem König einen gnadenlosen Kampf. Er war mittelgroß, aber von massiger Statur, hatte kohlschwarze Augen, lebhafte, ungeduldige Gesten, war Puritaner durch und durch und von einer erschreckenden Grausamkeit. Dank seiner Talente als Redner, Organisator und Soldat gelang es ihm, den Großteil der heimlichen und offenen Opposition gegen die pflichtvergessene Monarchie zu einen. Er führte die republikanische Armee an, die 1645 die Streitkräfte von Karl I. vernichtete, und setzte das Gericht ein, das den König 1649 enthaupten ließ. Daraufhin wurde

---

1 Bertolt Brecht, *Leben des Galilei*, a. a. O., Siebtes Bild, S. 68.

die Republik ausgerufen. Als Nächstes zwang Cromwell Holland die »Navigationsakte« auf, die englischen Reedern die Vormacht in der weltweiten Seefahrt sicherten. Er eroberte Irland und dann Schottland. In Irland organisierte er Massaker an Tausenden katholischen Männern, Frauen und Kindern, weshalb er noch heute in britischen Schulbüchern den Beinamen »Iren-Schlächter« trägt.

Nach und nach überwältigte ihn die Hybris der Macht. In seinen Anfängen war er Republikaner und Demokrat, aber er entfernte sich immer mehr von seinen Gesinnungsgenossen. 1653 löste er das Parlament auf und errichtete als »Lordprotektor« seine persönliche Diktatur. Einem ehemaligen Gefährten, den die Entwicklung – und die politischen Gefahren, die sie in sich barg – beunruhigte, antwortete er: »Was interessiert es mich, dass mich neun von zehn Bürgern hassen ... wenn der zehnte mich liebt und eine Waffe trägt.« Oliver Cromwell starb fünf Jahre später, 1658, unter nie ganz geklärten Umständen – seine Freunde sagten, an Malaria. Die Aristokraten, die nach seinem Tod wieder die Macht übernahmen, ordneten die Exhumierung des Leichnams an, führten einen öffentlichen Prozess durch, verurteilten ihn und ließen den Leichnam enthaupten.

Karl Marx hat eine kohärente Theorie des Staates ausgearbeitet, in deren Mittelpunkt vier Hauptthesen stehen.

Erste These: In jeder Gesellschaft herrscht ursprünglich objektiver Mangel. Die Mangelgesellschaft gibt den Anstoß zur Arbeitsteilung.

Zweite These: Durch die Arbeitsteilung entstehen die verschiedenen gesellschaftlichen Klassen, die gegeneinander zu kämpfen beginnen.

Dritte These: Der Staat ist eine Zwangsanstalt, die institutionalisierte Gewalt, die Waffe, die die siegreichen Klassen einsetzen, um ihre Herrschaft über die abhängigen Klassen (im eigenen Land oder in fremden Ländern) zu errichten. Im *Manifest der Kommunistischen Partei* (1848) schreibt Marx: »Die politische Gewalt im eigentlichen Sinn ist die organisierte Gewalt einer Klasse zur Unterdrückung einer anderen.«

Vierte These: Jeder Staat, egal, welche Klasse dominiert, ist dazu bestimmt, besiegt, überwunden und abgeschafft zu werden. In *Die deutsche Ideologie* (entstanden 1845–1847) schreiben Marx und Engels, dass Staat und Sklaverei untrennbar verbunden sind.

Der Staat, seine Macht, sein Absterben und seine Überwindung stehen im Zentrum des marxistischen Denkens. Aber paradoxerweise hat Marx selbst nie eine Abhandlung über den Staat geschrieben. Seine Theorie des Staates ist auf eine Vielzahl von Werken aus verschiedenen Phasen seines Lebens verteilt.

Hier die einzelnen Stadien der Ausarbeitung der marxistischen Thesen über den Staat.

Trotz der großartigen wissenschaftlichen und technischen Revolution herrschte in Westeuropa im 19. Jahrhundert Mangel. Marx blieb als armer politischer Flüchtling selbst nicht davon verschont. Die meiste Zeit seines Lebens hatte er keine ausreichenden regelmäßigen Einnahmen, es war ein beständiges Problem, den Lebensunterhalt der Familie zu sichern. Insofern litt er an der Mangelgesellschaft. Von Einsamkeit und Demütigung abgesehen, teilte er damit den Großteil seines Erwachsenenlebens die qualvollen Lebensumstände des Proletariats im 19. Jahrhundert.

Das Jahrhundert der industriellen Revolution wurde von außerordentlichen gesellschaftlichen Erschütterungen begleitet. Zwischen 1882 und 1895 wuchs die deutsche Arbeiterklasse von 7 Millionen auf 10 Millionen Menschen, eine Steigerung um fast 40 Prozent.[1] Von 1850 bis 1900 wuchs die französische Arbeiterklasse von 1,3 Millionen auf 5 Millionen. Diese aufsteigende Klasse fand bald ein mächtiges politisches Sprachrohr: Die deutsche sozialdemokratische Partei wurde 1869 gegründet, die schweizerische Partei 1882, die belgische Partei 1885, die schwedische 1895, die französische 1905. 1864 gründeten sozialistische Organisationen (Arbeitervereine, Parteien, Studienkreise und so weiter) die Erste Internatio-

---

1 Zahlen aus Kazem Radjavi, *La dictature du prolétariat et le dépérissement de l'état de Marx à Lénine,* Paris 1975.

nale Arbeiterassoziation, 1889 folgte die Zweite Internationale. Wie Karl Marx sagte: Das Kapital kommt »aus allen Poren blut- und schmutztriefend« zur Welt. Und er illustriert diesen Satz mit einem Zitat aus dem *Quarterly Reviewer*: »Das Kapital hat einen Horror vor Abwesenheit von Profit oder sehr kleinem Profit, wie die Natur vor der Leere. Mit entsprechendem Profit wird Kapital kühn. Zehn Prozent sicher, und man kann es überall anwenden; 20 Prozent, es wird lebhaft; 50 Prozent, positiv waghalsig: für 100 Prozent stampft es alle menschlichen Gesetze unter seinen Fuß; 300 Prozent, und es existiert kein Verbrechen, das es nicht riskiert, selbst auf die Gefahr des Galgens.«[1]

1841 wurde Marx mit einer Arbeit über die Philosophie der griechischen Materialisten Demokrit und Epikur an der Universität Jena promoviert. Die ersten Schriften, die danach folgten, sind bereits zu einem großen Teil der Analyse des Staates gewidmet: die *Kritik des Hegelschen Staatsrechts* und eine *Einleitung* dazu, zusammen veröffentlicht unter dem Titel *Zur Kritik der Hegelschen Rechtsphilosophie* (1843). Darin verwendet er die Begriffe Arbeiterklasse und Proletariat synonym. 1850 schrieb Marx *Die Klassenkämpfe in Frankreich.* Dort sprach er zum ersten Mal von der »proletarischen Klasse«. Zwischen 1850 und 1853 lieferte er nacheinander sechs Definitionen dieses Begriffs, die sich ergänzen. Die Begriffe *antagonistische Klassen* und *Klassenkampf* stammen nicht von ihm, sondern von den Enzyklopädisten, speziell Diderot und dann von Saint-Simon und seinen Schülern, die als Erste im Klassenkampf eine der wichtigsten Triebkräfte der gesellschaftlichen Entwicklung erkannten. Die Originalität, die radikale Neuheit der marxistischen Staatstheorie besteht darin, dass gesellschaftliche Mechanismen ans Licht gehoben werden, die, wenn revolutionäre Bewegungen sie richtig anwenden, zum *Absterben des Staates* führen müssen und zu seiner Ablösung durch eine freie Assoziation von Produzenten.

1852 veröffentlichte Marx *Der achtzehnte Brumaire des Louis*

---

1 Karl Marx, *Das Kapital. Kritik der politischen Ökonomie*, Bd. 1: *Der Produktionsprozeß des Kapitals*, Frankfurt am Main und Berlin 1969, S. 702 f.

Bonaparte. In diesem Buch wie auch in einem Brief an Joseph Weydemeyer[1] schildert Marx sehr präzise den Übergang der politischen Macht von einer Klasse zu einer anderen. Er zerschmettert die Behauptung Louis Bonapartes, Napoleons III., sein Staatsstreich sei die Übertragung der politischen Macht aus den Händen einer einzelnen Klasse, der Aristokratie, auf die gesamte Nation. Die bisher im Namen und im Dienst einer Klasse ausgeübte Macht stehe, so Bonaparte, künftig im Dienst des allgemeinen Interesses, das heißt der gemeinsamen, auf wundersame Weise versöhnten Interessen aller antagonistischen Klassen der Gesellschaft.

Marx kämpfte vehement gegen die bonapartistische Staatstheorie. In seinen Augen reduzierte sie den Staat fast vollständig auf seine repressive Funktion. Marx schildert zuerst ausführlich und mit zahlreichen Details die Armee, die Polizei, die religiösen Apparate, die künstliche Ordnung der Gesetze, die von den »Prokuristen der Macht«, wie man sie nennen könnte (Abgeordneten, Ministern, Trägern der Regierungsgewalt, Richtern und so weiter) der herrschenden Klasse ausgearbeitet, verkündet und angewendet werden. Der Staatsapparat, so zeigt er, ist eine Waffe im Klassenkampf. Die herrschende Klasse setzt ihn ausschließlich im Dienst ihrer Klasseninteressen ein. Der bürgerliche Staat ist in all seinen historischen Erscheinungsformen (als liberale parlamentarische Demokratie, als faschistische Militärdiktatur, als Ständeregime und so weiter) immer nur der Staat der herrschenden Klasse, das heißt das Instrument für die Repression, die eine sehr kleine Schicht der Bevölkerung über die gewaltige Mehrheit der Arbeiter, der Ausgebeuteten, der Getäuschten und Gedemütigten ausübt.

Extremster Ausdruck staatlicher Zwangsgewalt ist die Anwendung der Todesstrafe. Zahlreiche Länder – darunter die beiden mächtigsten, die Vereinigten Staaten und China – maßen sich bis heute an,

1 Brief vom 5. März 1852; http://www.dearchiv.de/php/dok.php?archiv=mew&brett= MEW028&fn=503-509.28&menu=mewinh.

über Leben und Tod ihrer Bürger zu entscheiden. 2013 ließ China mehr als 2000 Männer, Frauen und Jugendliche hinrichten.

Samstag, 31. Mai 2014, Mitternacht: In meinem Schlafzimmer in Russin klingelt das Telefon. Am anderen Ende meldet sich Behzad Naziri aus Paris. Er ist Delegierter des Nationalen Widerstandsrats Irans (NWRI) beim Menschenrechtsrat der Vereinten Nationen. Behzad sagt: »Es soll morgen früh passieren. Er wurde von Abteilung 350 des Gefängnisses in Evin, wo er seit 2007 einsitzt, ins Gefängnis von Karadsch gebracht, in die Abteilung für Todeskandidaten. Gholam-Reza Khosravi soll durch Erhängen hingerichtet werden. Er ist Schweißer, 47 Jahre alt, stammt aus Abadan, hat ein Kind. Er wurde als ›Feind Gottes‹ zum Tode verurteilt, tatsächlich ist er ein politischer Gefangener, um den sich Amnesty International kümmert. Tun Sie, was Sie können.«

Zehn Minuten später trifft eine E-Mail ein: »Guten Abend, morgen früh werden sie den Gefangenen Gholam-Reza Khosravi Savadschani hinrichten. Schreiben Sie an humanitäre Organisationen, an Ban Ki-moon, an Catherine Ashton. Rufen Sie das schweizerische Außenministerium an – das amerikanische, französische, kanadische –, und bitten Sie sie, zu intervenieren. Im Anhang Dokument von Amnesty, E-Mail-Verteiler. Danke. Behzad.«

Weder die UNO noch das schweizerische Außenministerium intervenierten. Am Sonntag, dem 1. Juni, um sechs Uhr morgens, wurde Gholam-Reza Khosravi Savadschani im Hof des Gefängnisses Karadsch gehenkt.

Nach Angaben des Sonderberichterstatters des UN-Menschenrechtsrats für den Iran, des früheren Außenministers der Republik Malediven, Ahmed Shaheed, wurden 2013 im Iran 687 politische Häftlinge hingerichtet. In den ersten vier Monaten des Jahres 2014 belief sich die Zahl der Exekutionen bereits auf 289. Keiner dieser Männer, keine dieser Frauen hatte eine Gewalttat begangen. Alle wurden zum Tod verurteilt, weil sie friedlich mündlich oder schriftlich gegen die eine oder andere Entscheidung der Regierung protestiert hatten. Alle Hinrichtungen erfolgten nach Verurteilungen wegen *moharebeh* (»Feindschaft zu Gott, Krieg gegen Gott«). Alle politischen Gefangenen wurden und werden wegen *moharebeh* zum Tod verurteilt.

III. Die Bürokraten

Marx enthüllte schon sehr früh ein Phänomen, das heute unübersehbar ist: *die Bürokratisierung der Macht, die Schwemme an Staatsdienern, den Parasitismus der Beamtenschaft.* So schrieb er über »Frankreich […], wo die Exekutivgewalt über ein Beamtenheer von mehr als einer halben Million von Individuen verfügt, also eine ungeheure Masse von Interessen und Existenzen beständig in der unbedingtesten Abhängigkeit hält, wo der Staat die bürgerliche Gesellschaft […] kontrolliert, maßregelt, überwacht und bevormundet, wo dieser Parasitenkörper durch die außerordentlichste Zentralisation eine Allgegenwart […] gewinnt«.[1]

In den modernen Industriestaaten beansprucht eine krakenhafte, manchmal parasitäre, praktisch immer unkontrollierbare Bürokratie den größten Teil der Ressourcen der Gemeinschaft. Sie funktioniert, reproduziert sich und wächst unablässig nach ihren eigenen Gesetzen. Sie macht den Bürger zum geplagten Untertanen. Die kleine Republik, in der ich lebe – die Republik und der Kanton Genf –, hat heute 470512 Einwohner, verteilt auf ein Territorium von 282 Quadratkilometern. Im Jahr 2014 belief sich der Haushalt dieses Staats auf astronomische 7,9 Milliarden Schweizer Franken (umgerechnet etwa 6,47 Milliarden Euro). Denn dieser kleine Staat beschäftigt in der eigenen Verwaltung und den öffentlichen Betrieben (Verkehrsbetriebe, Flughafen, Krankenhäuser, Wasserversorgung, Energieversorgung und so weiter) mehr als 36000 Beamte, für die mehr als die Hälfte aller Einnahmen ausgegeben wird.[2] In

1 Karl Marx, *Der achtzehnte Brumaire des Louis Bonaparte,* Frankfurt am Main 2007 (Suhrkamp Studienbibliothek), S. 55 f.
2 Dazu kommen noch rund die 5000 Beamten der fünf städtischen und vierzig ländlichen Gemeinden auf dem Gebiet des Kantons Genf.

manchen Bereichen ist das Wirken dieser weitgehend parasitären Beamtenschaft trotz offenen Widerstands der Bevölkerung überwiegend schädlich: Zum Beispiel zerstört sie systematisch das Aussehen der Straßen und Gassen des Kantons, verwandelt die großen historischen Plätze in Betonwüsten, verbreitert die Straßen in den Dörfern zu autobahnähnlichen Boulevards und verunstaltet die Landstraßen mit Betonwänden.

Max Horkheimer bezeichnete die »Überverwaltung« als die schlimmste Geißel der modernen demokratischen Staaten. Die Republik Genf ist ein eindrückliches Beispiel dafür.

IV. Die Staatsräson

Am 2. Mai 1808 drangen französische Revolutionstruppen nach Madrid vor. Die spanische Armee und der Hof flohen Hals über Kopf, aber das Volk leistete Widerstand und erhob sich. Vom Balkon seines Hauses an der Puerta del Sol beobachtete der damals 62-jährige Francisco Goya, wie die Arbeiter und Handwerker Madrids gegen Murats Mamelukken kämpften. Die Erhebung wurde niedergeschlagen, die Überlebenden wurden festgenommen. In der Nacht vom 3. auf den 4. Mai führte man die Gefangenen ans Ufer des Manzanares, wo sie gruppenweise erschossen wurden. Goya schaute bei den Exekutionen zu, begleitet von seinem Diener, der die Lampe trug.

Wie Tausende seiner Landsleute hatte Goya die französischen Soldaten als Befreier erwartet. Doch er erlebte die unerbittliche Logik der Macht. Wer sich der Macht in den Weg stellt, wird beseitigt, ganz egal, mit welchem Anspruch und welcher legitimierenden Theorie die Macht ursprünglich angetreten ist. In dem Gemälde *Die Erschießung der Aufständischen* hat Goya die französischen Soldaten ohne Gesichter dargestellt. Sie tragen graue Uniformen und braune Tschakos. Gesichtslose Männer stehen den Opfern gegenüber, auf die das volle Licht fällt und die perfekt erkennbar sind.

Die Staatsräson wendet Gewalt an, um sich durchzusetzen. Ihre Glaubwürdigkeit gründet auf Zwang und Repression.

Montaigne schreibt über die Staatsräson: »Das öffentliche Wohl verlangt, daß man zum Verräter werde, daß man lüge und morde? [...] Das eigentliche, natürliche und allgemeingültige Recht hat andere, erhabnere Normen als die auf die gesellschaftlichen Erfordernisse des jeweiligen Landes zugeschnittenen Gesetze.«[1]

Die Staatsräson ist keine historische Konstante, sondern eine schwankende, kontingente Logik, die in den gesellschaftlichen und politischen Auseinandersetzungen entsteht.

Das wichtigste Element der Staatsräson ist die Sicherheit. Der Staat erhebt den Anspruch, die Sicherheit aller Bürger zu garantieren. Eine absurde Behauptung, wenn man die Militärpolitik der meisten Staaten heute bedenkt, ihre übermäßige Rüstung, die Demagogie, die sie auf diesem Feld betreiben. Ganz im Gegenteil: Die Staaten schaffen mit ihrer Staatsräson die Unsicherheit und stellen die Völker unter eine tödliche Bedrohung. Aber die symbolische Kraft der Staatsräson, die Macht der Bilder, die sie uns aufzwingt, ist derart, dass die Menschen an die schützende, Sicherheit gewährende Mission des Staates glauben wie an ein Naturgesetz.

Die Effektivität der Staatsräson bemisst sich an zwei unterschiedlichen Parametern: einerseits der Intensität und Solidität des Konsenses, den sie erzeugt, andererseits daran, wie erfolgreich sie ihr wahres Handeln verschleiert.

Die Staatsräson organisiert ihre eigene Undurchschaubarkeit, sorgt dafür, dass ihr Geheimnis gewahrt bleibt. Je besser es der Staatsräson gelingt, ihr wahres Wirken zu verbergen, desto mächtiger, homogener, kohärenter und funktioneller ist sie. Die Undurchschaubarkeit gehört ganz wesentlich zu ihr. Sie wirkt überzeugend in dem Maß, wie sie die Realität auf Distanz hält, den Widerspruch der Fakten vermeidet, weil sie ganz genau weiß, dass jeder Widerspruch sie diskreditiert, sie tötet.

Der französische Philosoph Henri Lefebvre analysiert diese Strategie folgendermaßen: »Der Staat organisiert seine eigene Undurch-

---

1   Michel de Montaigne, *Essais,* Drittes Buch, I. »Über das Nützliche und das Rechte«, München 2011, S. 11, S. 19.

schaubarkeit, vor allem indem er das gesellschaftliche Wissen monopolisiert, indem er dessen Produktion und Distribution kontrolliert. In der Folge haben die Menschen nur Zugang zu einem fragmentierten, atomisierten Wissen. Die Vervielfachung der staatlichen Institutionen in jeder Gesellschaft wird hingestellt und wahrgenommen als Verteilung der Macht über die ganze Gesellschaft, ein bisschen so, als könnte die Ausdehnung der staatlichen Funktionen als eine echte Sozialisierung verstanden werden. Es wird alles getan, damit die Realität der Macht und ihr wahres Gewicht in den gesellschaftlichen Verhältnissen nicht erkannt werden. Die Staatsmacht ist in ihrer fließenden, nicht fassbaren Allgegenwart ein ebenso geheimnisvolles wie bedrohliches Wesen. Die Staatsräson verschleiert den Staat und die Modalitäten seines Funktionierens ebenso wie die Prozesse, die ihn durchziehen und strukturieren.«

Und an anderer Stelle: »So kann man von der Negation des unterdrückerischen Charakters der staatlichen Institutionen (und der Affirmation ihrer funktionellen Natur) zu einem Gefühl der tiefen Unterlegenheit angesichts ihrer vermuteten Allmacht gelangen. Die Macht erscheint als ewig, weil sie naturalisiert, fetischisiert und mit der abstrakten Notwendigkeit der Organisation gleichgesetzt wird, unabhängig von jeder ernsthaften Prüfung ihrer widersprüchlichen Beziehungen zu den gesellschaftlichen Klassen. Deshalb kann die mittelmäßige darstellerische Qualität der staatlichen Darbietungen, die Pseudo-Erhabenheit der personalisierten Mächte sich inmitten des verängstigten oder devoten Schweigens und unterwürfigen oder komplizenhaften Beifalls entfalten. Der Staat hat die Eigenheit, sich immer als das auszugeben, was er nicht ist.«[1]

Arthur E. Schlesinger, ein kluger Analytiker der nordamerikanischen Staatsräson, hat den gleichen Inhalt wie Lefebvre prosaischer ausgedrückt. Der ehemalige Geschichtsprofessor der New York University war von 1961 bis 1963 einer der wichtigsten politischen Berater von Präsident John F. Kennedy. Er sagte: »Je besser es dem

---

1 Henri Lefebvre, *L'État*, 4 Bd., Reihe »10/18«, Paris 1977; siehe auch Ders. und Norbert Guterman, *La Conscience mystifiée*, Paris 1979.

Staat gelingt, sich hinter dem Geheimnis zu verstecken, desto eher kann er sich das Recht zu lügen anmaßen.«[1]

Es gibt eine *Lust* an der Machtausübung und am Zelebrieren der Staatsräson.

Der Staat entfaltet zahlreiche, mächtige symbolische Instrumente. Seine stereotypen Formeln, sein Apparat, seine Rituale und Fahnen, sein Pomp und sein Flitter beeindrucken das kollektive Vorstellungsvermögen. Die Scheingefechte seiner Politiker monopolisieren die Diskussionen in der Gesellschaft. Klassen und Kasten lösen sich an der Macht ab: Ihre Lebensweisen, die Paläste, in denen sie wohnen, die Bankette, die sie organisieren, die Reisen, die sie inszenieren, ihre Fernsehauftritte – all das unterscheidet sich kaum. Obschon vom Volk gewählt, gerieren sich die Männer und die wenigen Frauen an den Schaltstellen der Macht meist wie Fürsten, denen der Staat, seine Institutionen und die gewaltigen symbolischen und materiellen Profite, die sie erbringen, als Eigentum gehören. Victor Goldschmidt hat dazu gesagt: »Die aktuelle politische Klasse in Frankreich funktioniert wie eine Wahlaristokratie.«[2]

Ein Beispiel: Man kann sagen, dass mit Valéry Giscard d'Estaing 1974 die neue moderne Mittelschicht aus der Privatwirtschaft an die Macht gelangte. Einige Jahre später, 1981, war im Gefolge von François Mitterrand die »unproduktive« Mittelschicht – die Lehrer, Pensionäre, Beamten und so weiter – an der Reihe.[3] Aber das förmliche Auftreten Mitterrands – sein Verhältnis zu Untergebenen, zu den Institutionen, seine Art zu reisen, die Funktionsweise seines Hofs – unterschied sich nicht grundsätzlich von der seines Vorgängers, im Übrigen auch nicht von der Art seiner Nachfolger, ob Jacques Chirac, Nicolas Sarkozy oder François Hollande.

---

1 Arthur E. Schlesinger, *The Imperial Presidency*, Boston 1973, S. 3.
2 Victor Goldschmidt in der Einleitung zu seiner kritischen Ausgabe von Montesquieus *De l'esprit des lois*, Paris 1979, Bd. 1, S. 52.
3 Zur sozialen Zusammensetzung der Mehrheit, die aus der Wahl vom 10. Mai 1981 hervorging, siehe Alain Touraine, *Le Retour de l'acteur*, Paris 1985.

Die Autonomie der Macht, ihre Nacktheit, ihre Arroganz... Ich gebe ein Beispiel: Griechenland zur Zeit der Obristenherrschaft. Im Frühsommer 1974 war die Diktatur in höchster Bedrängnis. Dimítrios Ioannídis, der ehemalige Chef der Militärpolizei der Junta, hatte Regierungschef Georgios Papadópoulos gestürzt. In Zypern löste der faschistische Staatsstreich von Níkos Sampsón, der von Ioannídis ferngesteuert wurde mit dem Ziel, Zypern an Griechenland anzuschließen, eine Invasion der türkischen Armee aus, die bis heute 40 Prozent der Insel besetzt hält. Tausende griechische Zyprioten kamen ums Leben, verschwanden oder flohen. Der Versuch, Präsident Makarios (Erzbischof Makarios III.) umzubringen, der ebenfalls von den griechischen Obristen gesteuert wurde, schlug fehl. In der Ägäis drohte die Türkei, die Inseln Lesbos, Samos und Chios zu besetzen. In Griechenland selbst war die Lage katastrophal. Die Inflation lag bei über 20 Prozent, Not und Elend breiteten sich aus. Die Landbevölkerung war der treueste Verbündete, die traditionelle gesellschaftliche Basis der Diktatur. Doch in Hunderten von Dörfern wuchs die Unzufriedenheit mit jedem Tag. Ioannídis beschloss, die Bauern zu umwerben. Allerdings fehlten ihm die Argumente. Da hatte sein Polizeichef einen genialen Einfall: An den Eingängen der Dörfer sollte die Polizei in aller Eile Triumphbögen errichten, im Allgemeinen aus Eisen, die eine Inschrift in Großbuchstaben zieren solle: *»Zito to kratos«* (Es lebe die Macht). *»Zito to kratos«* ist die Quintessenz der Staatsräson. Die Politik, die der Staat im Namen der Staatsräson führt, heißt »Realpolitik«.

V. Der gescheiterte Traum des Karl Marx

Karl Marx schreibt im *achtzehnten Brumaire:* »Alle Umwälzungen vervollkommneten die Maschine, statt sie zu brechen.«

Marx' Vision der Gesellschaft ist durch und durch antiautoritär und antistaatlich ausgerichtet. Die Revolution, die sie heraufbeschwört, soll nicht nur die Staatsmaschinerie zerschlagen, sondern jede Form von Macht, die ein Mensch über einen anderen Menschen ausübt. In seinem Brief an Joseph Weydemeyer vom 5. März 1852 heißt es: »Was ich neu tat, war [...] nachzuweisen, daß der Klassenkampf notwendig zur Diktatur des Proletariats führt; daß diese Diktatur selbst nur den Übergang zur Aufhebung aller Klassen und zu einer klassenlosen Gesellschaft bildet.« Marx zufolge ist die Waffe, die den Staatsapparat zerschlagen kann, die Diktatur des Proletariats.

Was ist die Diktatur des Proletariats? Marx sah sie in der Pariser Kommune verwirklicht. Die Kommune, eine antiautoritäre gesellschaftliche Struktur, etwas radikal Neues für Europa im Industriezeitalter, entstand aus dem Volksaufstand vom 18. März 1871. Am 28. Mai desselben Jahres wurde sie von den Streitkräften der Regierung in Versailles unter Adolphe Thiers niedergeschlagen. In *Der Bürgerkrieg in Frankreich* (1871) schreibt Marx über die Kommune, sie sei die »bestimmte Form« der Diktatur des Proletariats.[1]

Die Kommune kämpfte gegen die preußischen Besatzer und gegen die Truppen der Regierung in Versailles. Aber sie schaffte das stehende Heer ab. Ihre Verteidigungstruppen waren das bewaffnete Volk, die Volksmilizen, in denen Männer, Frauen und Jugendliche, Junge und Alte Seite an Seite die Stadt verteidigten. Ohne politische Macht und damit ohne die Macht ihrer Klasse wurde die Polizei zu einer öffentlichen Dienstleistung, die dazu bestellte Bewohner der verschiedenen Stadtviertel ausübten. Die gesamte Verwaltung, die gesamte Bürokratie und damit die Staatsregierung wurden aufgelöst. Es gab keine Minister mehr, keine Richter, keine Priester und keine Beamten. Die Delegierten und Repräsentanten der Kommune wurden nach dem allgemeinen Wahlrecht gewählt, waren durch das imperative Mandat gebunden und konnten jederzeit abberufen werden. Es gab keine dauerhafte Hierarchie bei Gehältern und Funktionen mehr. Jedes Viertel hatte seinen eigenen Verteidigungsausschuss, seinen Justizausschuss, seinen Ausschuss für Gesundheit und

---

1 Karl Marx, *Der Bürgerkrieg in Frankreich,* in Karl Marx, Friedrich Engels, *Werke,* Bd. 17, Berlin 1962, S. 313-365, Zitat S. 338.

so weiter. Insgesamt war die Kommune nach dem Prinzip der Föderation organisiert, ohne Hierarchien und fast vollständig dezentralisiert. In der Fabrik und in den Wohnvierteln, überall entstand, wie der Kommunarde Eugène Pottier schrieb, »die Selbstregierung der Produzenten«.[1]

Tatsächlich war die Kommune ein Augenblick, in dem Ideen eine außerordentliche Blüte erlebten, ein gesellschaftliches Laboratorium, in dem ganz Neues, aber auch ganz Widersprüchliches versucht wurde. Ihre Geschichte illustriert beinahe perfekt die »Absorption des Staates durch die Gesellschaft« und die »Expropriation der Usurpatoren durch die Masse« (Marx). In der Pariser Kommune, Marx zufolge das Modell für die Diktatur des Proletariats, trat die Verwaltung von Dingen an die Stelle der Regierung von Menschen. Natürlich waren die Kommunarden nicht die ersten französischen Revolutionäre, die eine nicht-staatliche Föderation, eine antiautoritäre, selbstverwaltete Demokratie zu errichten versuchten. Sie hatten Vorläufer, die heute vergessen sind, darunter der Generalprokurator von Paris, Pierre-Gaspard Chaumette, und sein Mitstreiter Jacques-René Hébert (nach dem Titel seiner Zeitschrift auch *Le père Duchesne* genannt). Sie boten dem Nationalkonvent beharrlich die Stirn. 1794 wurde die Gruppe zerschlagen, Hébert starb am 24. März auf dem Schafott, Chaumette am 13. April.

Für uns Männer und Frauen zu Beginn des 21. Jahrhunderts hat der Begriff »Diktatur des Proletariats« einen Abscheu erregenden Beigeschmack. Wir denken dabei an menschliche und politische Verhältnisse, die das Gegenteil demokratischer Verhältnisse sind. Aber der archaische Begriff darf uns nicht über den Sinn hinwegtäuschen, den Marx ihm gegeben hat.

Die Diktatur des Proletariats ist auch der entscheidende Schritt auf dem Weg zur Überwindung des Staates und seiner Ablösung durch die freie Assoziation der Produzenten, die sich zusammenschließen, durch eine neue gesellschaftliche Organisation, in der die

---

1 Siehe dazu Charles Rihs, *La Commune de Paris, 1871. Sa structure et ses doctrines,* Paris 1973; Max Gallo, *Tombeau pour la Commune,* Paris 1971.

Menschen keine ausbeuterischen und keine hierarchischen Beziehungen mehr unterhalten, sondern ausschließlich reziproke, komplementäre, solidarische Beziehungen. Jeder bekommt nach seinen Bedürfnissen und gibt nach seinen Fähigkeiten. Das Glück und die freie Entfaltung eines jeden ist die Bedingung für die Entfaltung und das Glück aller.

Der erste Artikel der Allgemeinen Erklärung der Menschenrechte, die die Generalversammlung der Vereinten Nationen am 10. Dezember 1948 in Paris angenommen hat und die jeder Staat, der der UNO beitreten will, unterschreiben muss (neben der Charta von 1945) drückt fast perfekt die Vision von Marx aus: »Alle Menschen sind frei und gleich an Würde und Rechten geboren. Sie sind mit Vernunft und Gewissen begabt und sollen einander im Geiste der Brüderlichkeit begegnen.«

Marx' großartige Vision lebt weiter als Utopie der Emanzipation der Menschen, die am Horizont der Geschichte aufscheint.

Nachtrag

An einem verschneiten Morgen im November 1917 übernahmen Lenin und die bolschewistischen Aufständischen in Petrograd die Macht. Sie errichteten die Diktatur des Proletariats. Ihre *Sowjetrepublik,* eine Föderation selbstverwalteter »Räte« von Arbeitern, Bauern und so weiter, verwandelte sich bald in eine blutige Tyrannei, die während drei Viertel des Jahrhunderts über große Gebiete in Europa und Asien herrschte.

Heute behaupten in ihrer Verfassung zwei Staaten, die Diktatur des Proletariats verwirklicht zu haben: die Volksrepublik China und die Volksrepublik Nordkorea. Zusammen herrschen sie über 1,4 Milliarden Menschen, mehr als ein Siebtel der gesamten Weltbevölkerung. Und ihre Herrschaft ist erbarmungslos. Es sind totalitäre Staaten der übelsten Sorte – die reine Verhöhnung von Marx' Vision.

VI. Die Universalisierung des Staates

Jedes Volk, das nach der Unabhängigkeit strebt, durchlebt auf dem Weg dorthin den unvermeidlichen nationalen Befreiungskampf und den Aufbau eines Staates. Warum ist das unvermeidlich?

Zhou Enlai hat gesagt: »Wir leben in einer Welt von Staaten, leider!« Dieser Satz kam von einem der größten Revolutionäre des 20. Jahrhunderts, unmittelbar nach dem Triumph in einem nationalen Befreiungskampf, der den gesamten Planeten erschütterte, und der Etablierung eines Staates, in dem ein Siebtel der Weltbevölkerung lebt. Der Satz drückt eindeutig aus, in welchem Kontext von Notwendigkeit, in welcher Situation der Überdeterminiertheit, die Unabhängigkeitskämpfe heute stattfinden.

Das Handel treibende kapitalistische Bürgertum hat, als es seine Herrschaft dem ganzen Planeten aufzwang, das Konzept des Staates und seiner legitimen Gewaltausübung generalisiert und verbreitet. Doch bewundernswerte politische Gesellschaften sind ganz ohne staatliche Organisation entstanden und haben sich bis ins 20. Jahrhundert behauptet. Es sind Gesellschaften, deren Produktionsweisen und deren Territorium verschont blieben, weil sie für die kolonialen Ausbeuter nicht interessant waren. Erst als ihre Reichtümer – mineralische Bodenschätze, Öl, landwirtschaftliche Produkte – entdeckt und sie damit für die kapitalistische Profitgier interessant wurden, sahen sie sich mit Problemen von Herrschaft, Stellvertreterkriegen, dem Befreiungskampf konfrontiert – und in der Folge mit der Notwendigkeit, einen Staat zu errichten.

Ich nehme als Beispiel das Nomadenvolk der Sahrauis in der Westsahara. Umschlossen vom Atlantik, Marokko, Algerien und Mauretanien, erstreckt sich die Westsahara in den Grenzen, die in den Verträgen der Kolonialmächte Frankreich und Spanien 1900, 1904 und 1912 festgelegt wurden, über rund 310 000 Quadratkilometer. Seit Spanien 1958 die Region um Tarfaya, Tan-Tan und Guelmime an Marokko abgetreten hat, ist die Westsahara 284 000 Quadratkilometer groß, etwas mehr als halb so groß wie Frankreich.

Die Sahrauis wanderten im 13. Jahrhundert aus dem Jemen in das Gebiet ein und errichteten eine höchst komplexe politische Gesellschaft, hervorgegangen aus einer reichen Kultur. Über Jahrhunderte gab es nie eine wie auch immer geartete Form staatlicher Organisation. Die Gesellschaft besaß eine einzige den Stämmen und Clans übergeordnete Instanz, den sogenannten »Rat der Vierzig«. So heißt bis heute die Versammlung der Anführer der achtzehn Stämme, aus denen das Volk der Sahrauis besteht. Die Versammlung findet alljährlich auf der Hochebene von Tindouf im Südwesten von Algerien statt und dauert einige Tage.

Diese durch und durch demokratische Versammlung regelt traditionell die Nutzung der Brunnen, die Aufteilung der Weiden, die Wanderungen und die gemeinsame Verteidigung gegen äußere Feinde.

Der »Rat der Vierzig« ist modellhaft für zahlreiche traditionelle Völker Afrikas, Südasiens, der Hochebenen in den Anden und des Amazonas-Regenwalds, die ebenfalls beeindruckende politische Gesellschaften ohne Staat entwickelt haben. Pierre Clastres gibt einen Überblick, von den Dinka im Südsudan bis zu den Kikuyu im Hochland des Kilimandscharo.[1] Clastres hat festgestellt, dass diese relativ egalitären Gesellschaften mit Subsistenzwirtschaft, die nur das Lebensnotwendige produzieren, diese »Gesellschaften der Arbeitsverweigerung«, wie er sie nennt, nicht deshalb keinen Staat haben, weil sie nicht wissen, was ein Staat ist, sondern weil sie eigens so eingerichtet waren, dass sie keinen Staat brauchten, denn gerade das wollten sie nicht: eine zentralisierte, starke, autoritäre Macht, einen Zwangsapparat, eine nicht-egalitäre Struktur. »Die Geschichte der Völker ohne Geschichte ist [...] die Geschichte ihres Kampfs gegen den Staat.«[2]

1976 gaben sich die Sahrauis gezwungenermaßen doch eine nationalstaatliche Organisation, die Demokratische Arabische Republik Sahara (DARS).

---

1 Pierre Clastres, *Staatsfeinde. Studien zur politischen Anthropologie,* Frankfurt am Main 1976.
2 Ebenda, S. 209.

Ich erinnere mich an einen Frühlingsabend auf der Hamada (Hochebene) von Tindouf. Die rote Sonne versinkt hinter den Felsen. Ein leichter Wind lässt die Palmen zittern. Die Luft ist klar. Soweit das Auge reicht, reihen sich graue, braune und weiße Zelte aneinander. An den Ziehbrunnen schöpfen Frauen in langen roten oder hellen Gewändern Wasser – seit unvordenklichen Zeiten ein vertrautes Bild bei den Nomadenvölkern. Sie füllen ihre Eimer, heben sie auf den Kopf und kehren mit wiegenden, majestätischen Schritten zurück zu ihren Zelten. Hinter dem Palmenhain grasen friedlich ein paar Kamele, die wie durch ein Wunder die Bombardements der Marokkaner überlebt haben, die letzten Vertreter der großen Herden, die einst der Stolz der Sahrauis waren. Ihre Milch wird an die Kinder in der nahe gelegenen Krankenstation verteilt. In der Ferne wirbelt ein Landrover, ein winziger Fleck am Horizont, Sandwolken auf. Über der braunen Erde leuchtet der Himmel.

Zusammen mit unserem Fahrer – einem Kämpfer der Befreiungsarmee, der auf Heimaturlaub bei seiner Familie ist – und dem warmherzigen Beschir Mustafa Sayyid, einem Freund, Anführer der Polisario (Frente Popular de Liberación de Saguía el Hamra y Río de Oro), Bruder von Al-Wali, dem Gründer der Polisario und der DARS, der im Alter von 28 Jahren im Kampf gefallen ist, und von Baba, dem ersten Vertreter der DARS bei den Vereinten Nationen in Genf, erklimmen wir einen kleinen Felshügel hinter dem südlichen Eingang zum Lager. Dort stoßen wir – »zufällig«, wie der Kommandant sagt – auf drei eindrucksvolle Greise mit wettergegerbten Gesichtern. Sie tragen weite blaue Boubous und einen schwarzen oder weißen Turban, der um Kopf und Hals geschlungen ist.

Seit Tagen versuche ich zu ergründen, wie das soziale Gewebe, die ethnische und die Clanstruktur beschaffen sind, die den außerordentlichen Zusammenhalt der Sahraui-Gesellschaft ausmachen. Aber meine entsprechenden Fragen wurden bisher nur mit verlegenem Schweigen quittiert. An diesem Abend bekomme ich endlich Antworten.

Die drei Stammesführer – zwei von ihnen haben auf der Seite von Franco bei Toledo gegen die spanischen Republikaner gekämpft –

sagen lange nichts. 1936 kamen spanische Soldatenwerber von den nahegelegenen Kanarischen Inseln zu ihnen und erklärten ihnen, es gehe darum, gegen die »Roten« zu kämpfen, die Gottlosen, die Feinde des Glaubens und des Propheten. Ihre Vorfahren hatten den Alcázar von Toledo erbaut. Sie würden nun über die Meerenge von Gibraltar zurückkehren, die Halbinsel zurückerobern, Toledo befreien... Hier vor uns, auf diesem Hügel, schämen sich die alten Männer. Die jungen Kämpfer der Frente Polisario – ihre Söhne und Enkel, ihre Neffen und Großneffen – haben ihnen Francos Betrug erklärt. Während sie glaubten, gegen Ungläubige zu kämpfen, hatten sie sich in Wahrheit von einem faschistischen General anwerben lassen, der mit aufklärungsfeindlichen Kardinälen gemeinsame Sache machte, den Erben der Inquisition, um vor Toledo die spanischen Bauern und Arbeiter abzuschlachten, die gegen ihre Unterdrücker kämpften.

Schließlich brachen sie ihr Schweigen. Zunächst kamen endlose Höflichkeitsformeln. Die Gastfreundschaft und Höflichkeit der Nomaden sind außerordentlich wirksame Mittel, einen Fremden zu taxieren, zu kontrollieren, zu beobachten...

Beschir musste seine ganze Autorität aufbieten, damit die alten Männer es wagten, gegen das Tabu zu verstoßen. Die Gesellschaft der Sahrauis – die Krieg gegen einen Invasoren führt – duldet keine Hinweise auf die ethnische Herkunft der Kämpfer. Die Frente hat nicht nur die Stammesstruktur ausgelöscht und die Macht der Anführer gebrochen, sondern explizit verboten, dass Differenzen, Allianzen und Konflikte zwischen den Stämmen erwähnt werden, obwohl sie offensichtlich sind.

Aber an diesem Abend sprechen die alten Männer. Ich höre geradezu unglaubliche Geschichten: davon, wie sich eine nomadische Gesellschaft ohne Staat innerhalb weniger Jahrzehnte in eine moderne Republik verwandelt hat, in der Männer und Frauen, Junge und Alte im gemeinsamen Widerstand gegen den Aggressor unter ärmlichsten Bedingungen tagtäglich um ihr Überleben kämpfen.

Die Berliner Konferenz, auf der 1885 über die Aufteilung Afrikas zwischen den europäischen Mächten entschieden wurde, schlug die Westsahara Spanien zu, weil sie als unverzichtbares Glacis zum Schutz der Kanarischen Inseln angesehen wurde. 1967/1968 wurde sich Madrid plötzlich bewusst, wie ökonomisch wertvoll ihre Kolonie mit den reichen Vorkommen an Phosphat, Eisen, Öl und Uran war. Die Spanier erkundeten und bohrten, kauften einige lokale Stammesführer, gestanden ihnen ein lokales Parlament zu, das eine Farce war, zahlten den Männern Gehälter und eröffneten Schulen für die Jungen. Die Sahrauis lernten ihren Feind nach und nach kennen, knüpften neue Bande zum Ausland, entdeckten die internationale, diplomatische Öffentlichkeit und stellten Gemeinsamkeiten mit den Befreiungskämpfen anderer Völker fest. Die Demonstrationen vom 17. Juni 1970 markierten den Beginn des politischen Kampfes. Die spanische Fremdenlegion antwortete mit Unterdrückung: Hunderte Menschen wurde festgenommen, Dutzende getötet, einige »verschwanden«.

Als Reaktion auf die spanische Repression gründete sich am 10. Mai 1973 die Frente Polisario. Al-Wali Mustafa Sayyid, ein ehemaliger Jurastudent aus Rabat, wurde zu ihrem Generalsekretär gewählt. Im September 1975 verhandelte die spanische Regierung mit al-Wali über den Rückzug ihrer Truppen und erkannte das Recht der Sahrauis auf ihre Unabhängigkeit an. Aber beim Gipfel der Afrikanischen Union im Oktober in Rabat schlossen Marokko und Mauretanien ein Geheimabkommen, in dem sie die Westsahara unter sich aufteilten. Unter dem todkranken Diktator Franco verriet Spanien seine Verpflichtungen gegenüber den Sahrauis und akzeptierte die Teilung.

So begann am 31. Oktober 1975 der Widerstandskrieg der Sahrauis gegen Marokko und Mauretanien, ihre beiden Nachbarstaaten, die von Frankreich und später auch von den Vereinigten Staaten unterstützt wurden. Die Männer griffen zu den Waffen. 50 000 Frauen und Kindern gelang die Flucht, sie durchlitten die Tragödie des Exodus; wer blieb, erlebte Deportation, Polizeiterror, Verhaftungen, Massenerschießungen. Die Lager wurden mit Napalm und Phosphor übergossen, es gab Tausende Tote. Die Irrfahrt der Flüchtlinge dauerte fast acht Monate. An der algerischen Grenze in die Enge getrieben, fanden sie schließlich Zuflucht, denn Algerien hatte sich zu unbedingter Unterstützung des Märtyrervolks der Sahrauis verpflichtet. Am 17. Februar 1976 wurde auf der windgepeitschten Hamada von Tindouf die Demokratische Arabische Republik Sahara (DARS) ausgerufen.

Heute kämpfen die Sahrauis immer noch. Ihr Staat wird von den westlichen Mächten und natürlich von der marokkanischen Kolonialmacht nicht anerkannt. Die Regierung der DARS unter der Führung des Präsidenten Mohamed Abdelaziz ist immer noch im Exil auf algerischem Gebiet, ihr Territorium ist zum großen Teil von marokkanischen Truppen besetzt, die eine gnadenlose Repression ausüben.[1]

Noch ein anderes Volk mit einer Jahrtausende alten Geschichte wird von einer kolonialen Besatzungsmacht in seiner Existenz negiert: das palästinensische Volk.

1947 entschied die Generalversammlung der Vereinten Nationen, Palästina, das seit dem Ende des Osmanenreichs 1922 von Großbritannien als Mandatsgebiet verwaltet wurde, in zwei Staaten zu teilen: einen Staat der Juden, der einheimischen wie der eingewanderten Siedler, und einen Palästinenserstaat. Die Palästinenser und sämtliche arabische Staaten in der Region protestierten gegen diese Entscheidung. Es gab Krieg. Der Staat Israel wurde proklamiert. Fast eine Million Palästinenser flohen aus ihren Städten und Dörfern vor dem Terror der israelischen Armee. 1967 besetzte die israelische Armee im Lauf des Sechs-Tage-Kriegs Ostjerusalem, das Westjordanland, Gaza, die Sinai-Halbinsel (die 1973 im Jom-Kippur-Krieg von Ägypten zurückerobert wurde) und die Golanhöhen.

Seit damals hat das palästinensische Volk nicht aufgehört, Widerstand zu leisten. Zwei Intifadas 1987 und 1990 wurden von der kolonialen Besatzungsmacht blutig niedergeschlagen.

2007 hat Israel über das Getto von Gaza, wo sich 1,8 Millionen Menschen, zum größten Teil Flüchtlinge, auf einer Fläche von

---

1 Die Mauretanier haben sich inzwischen aus dem Krieg zurückgezogen.

150

365 Quadratkilometern drängen, eine vollständige Blockade verhängt. Im Juli und August 2014 haben israelische Piloten, Artillerieschützen, Marinesoldaten, Panzerfahrer und Scharfschützen das Getto mit einer Feuerwalze überzogen, die mehr als 2000 Menschen das Leben gekostet hat, über 10 000 Palästinenser, überwiegend Zivilpersonen, Frauen und Kinder, wurden verwundet, verbrannt, gelähmt oder haben ihr Augenlicht verloren (gegenüber 64 israelischen Soldaten und drei Zivilisten, die durch palästinensische Raketen starben).

2012 erhielt der Staat Palästina, der auf 41 Prozent des Territoriums des historischen Palästina errichtet worden war, Beobachterstatus bei den Vereinten Nationen. Israel weigerte sich, den Palästinenserstaat anzuerkennen. Die fast hermetische israelische Wirtschaftsblockade geht weiter. Der israelische Staatsterror ebenfalls.

VII. Der Staat, das unmögliche Bollwerk für die Schwachen

Ich erinnere mich mit Schrecken an die ausgehungerten, leichenblassen, in Lumpen gehüllten, verdreckten Menschen – vor allem Frauen und Kinder – mit ihren flackernden Augen, die sich unter den Brücken der Schnellstraße niedergelassen hatten, die den Flughafen von Galeão auf der Ilha do Governador von den westlichen Vororten Rio de Janeiros trennt. Es sind Einwanderer, die vor der Trockenheit und der Grausamkeit der Großgrundbesitzer im Norden geflohen sind, die Familien der *flagelados*. Tagsüber irren sie ohne etwas zu essen, ohne Zukunft, ohne Würde in der Megastadt umher. Sie verhalten sich wie gejagte Tiere. Nachts bedrängt sie die Militärpolizei, schlägt sie oder tötet sie gar.

In Entwicklungsländern – wie zum Beispiel Brasilien – legt der Staat zuweilen eine erschreckende soziale Inkompetenz an den Tag. In westlichen Industriegesellschaften ist die Situation komplizierter. Der Staat ist ein ambivalentes soziales Gebilde. Er verkörpert die kapitalistische Logik und bekämpft sie zugleich.

In einigen begrenzten Bereichen ist der Staat eine Macht des Fortschritts. Ohne das Eingreifen des Staates wären alte und junge Menschen, Angestellte und Arbeiter dem Wüten des Kapitals schutzlos ausgeliefert. Dank dem Staat gibt es überall in Europa großartige Schulen, Universitäten, Kultureinrichtungen, Krankenhäuser, soziale Sicherungssysteme, Arbeitsgerichte und vielfältige, wirksame Institutionen zum Schutz von Arbeitnehmern, Rentnern und Arbeitslosen. Durch das Steuersystem bewirkt der Staat interne Transfers des Volkseinkommens. Er ist der Garant für eine zumindest rudimentäre soziale Gerechtigkeit.

Der Staat ist also auch ein Bollwerk für die Schwachen. Aber heute zerfällt dieses Bollwerk allmählich.

Der Machtzuwachs des globalisierten Finanzkapitals, das neoliberale Dogma von »weniger Staat«, die Privatisierung der Welt – all das schwächt mittlerweile die Regelungskapazität der Staaten. Diese Entwicklungen überrollen Parlamente und Regierungen. Sie machen die meisten Wahlen und fast alle Volksabstimmungen sinnlos. Sie höhlen die regulatorische Kompetenz der öffentlichen Institutionen aus. Sie ersticken das Gesetz.

Von der Republik, so wie wir sie aus der Französischen Revolution ererbt haben, bleibt nur noch ein Schatten, eine leere Hülle.

Jürgen Habermas stellt die Diagnose[1]: »Der Territorialstaat, die Nation und eine in nationalen Grenzen konstituierte Volkswirtschaft haben damals eine historische Konstellation gebildet, in der der demokratische Prozess eine mehr oder weniger überzeugende institutionelle Gestalt annehmen konnte [...] Diese Konstellation wird heute durch Entwicklungen in Frage gestellt, die inzwischen unter dem Namen ›Globalisierung‹ breite Aufmerksamkeit finden [...] Die lähmende Aussicht, daß sich die nationale Politik in Zukunft auf das mehr oder weniger intelligente Management einer erzwungenen Anpassung an Imperative der ›Standortsicherung‹ reduziert, entzieht den politischen Auseinandersetzungen den letzten

---

1 Ich habe mich mit der Diagnose von Habermas in meinem Buch *Die neuen Herrscher der Welt*, München 1999, auseinandergesetzt.

Rest an Substanz [...] Kein Zweifel besteht schließlich an der beispiellosen Beschleunigung der Kapitalbewegungen auf den elektronisch vernetzten Finanzmärkten und an der Tendenz zur Verselbstständigung von Finanzkreisläufen, die eine von der Realwirtschaft entkoppelte Eigendynamik entfalten [...] Weitsichtige Ökonomen haben schon vor zwei Jahrzehnten zwischen den bekannten Formen der ›internationalen‹ Ökonomie und der neuen Formation der ›globalen‹ Ökonomie unterschieden.«[1]

Eine neue Macht ist dabei, sich zu etablieren: die Macht der Einschüchterung, die die Oligarchen des globalisierten Finanzkapitals gegenüber demokratisch konstituierten Regierungen, Parlamenten, Gerichten und der öffentlichen Meinung ausüben.

Habermas beschreibt diesen Vorgang so: »Unter Bedingungen eines globalen, zur ›Standortkonkurrenz‹ verschärften Wettbewerbs sehen sich die Unternehmen mehr denn je genötigt, die Arbeitsproduktivität zu steigern und den Arbeitsablauf insgesamt so zu rationalisieren, daß der langfristige technologische Trend zur Freisetzung von Arbeitskräften noch beschleunigt wird. Massenentlassungen unterstreichen das wachsende Drohpotential beweglicher Unternehmen gegenüber einer insgesamt geschwächten Position von ortsgebunden operierenden Gewerkschaften. In dieser Situation, wo der Teufelskreis aus wachsender Arbeitslosigkeit, überbeanspruchten Sicherungssystemen und schrumpfenden Beiträgen die Finanzkraft des Staates erschöpft, sind wachstumsstimulierende Maßnahmen um so nötiger, je weniger sie möglich sind. Inzwischen haben nämlich die internationalen Börsen die ›Bewertung‹ nationaler Wirtschaftspolitiken übernommen.«[2]

Und weiter schreibt er: »Die Verdrängung der Politik durch den Markt zeigt sich also daran, daß der Nationalstaat seine Fähigkeit, Steuern abzuschöpfen, Wachstum zu stimulieren und damit wesentliche Grundlagen seiner Legitimität zu sichern, zunehmend verliert,

---

1 Jürgen Habermas, *Die postnationale Konstellation. Politische Essays,* Frankfurt am Main 1998, S. 94 f., S. 103.
2 Ebenda, S. 120.

ohne daß funktionale Äquivalente entstehen [...] Statt dessen lassen sich die nationalen Regierungen schon angesichts implizit angedrohter Kapitalabwanderung in einen kostensenkenden Deregulierungswettlauf verstricken, der zu obszönen Gewinnen und drastischen Einkommensdisparitäten, zu steigender Arbeitslosigkeit und zur sozialen Marginalisierung einer wachsenden Armutsbevölkerung führt. In dem Maße, wie die sozialen Voraussetzungen für eine politische Teilnahme zerstört werden, verlieren auch formal korrekt getroffene demokratische Entscheidungen an Glaubwürdigkeit.«[1]

Jürgen Habermas ist der intellektuelle wie institutionelle Erbe der Frankfurter Schule. Als Schüler und Exeget der deutschen Neomarxisten ist er der geistige Sohn von Max Horkheimer (dessen Assistent an der Johann-Wolfgang-Goethe-Universität in Frankfurt er war), Theodor W. Adorno, Herbert Marcuse, Friedrich Pollock und Erich Fromm. Lassen sich seine apokalyptische Vision der Allmacht des Finanzkapitals, sein Pessimismus hinsichtlich der Widerstandskraft des republikanischen Staates und seine beißende Kritik am gegenwärtigen Funktionieren der Demokratie aus der geistigen Tradition erklären, der er entstammt? Tauchen der tiefe Kulturpessimismus der Frankfurter Schule und die unterschwellige Verzweiflung ihrer jüdisch-christlichen Eschatologie unversehens in der Kritik am vereinheitlichten kapitalistischen Markt wieder auf, wie sie Habermas formuliert?

Über ein halbes Jahrhundert lang war Ralf Dahrendorf der schärfste, unerbittlichste theoretische Gegner von Jürgen Habermas. Habermas und Dahrendorf gehören zu den wichtigsten theoretischen Köpfen der zeitgenössischen deutschen Soziologie. Ich habe mehrere »Soziologentage« erlebt, diese Hochämter der deutschen Sozialwissenschaften, die abwechselnd von den beiden Gurus einer abgeklärten Achtundsechziger-Generation zelebriert wurden.

Habermas steht der SPD nahe. Der mittlerweile verstorbene Ralf Dahrendorf war Mitglied der FDP und kurzzeitig sogar Staatssekretär in der Bundesregierung. Doch – welche Überraschung! – Dahren-

---

1 Ebenda, S. 120 f.

dorf gelangte zur exakt gleichen Analyse der tödlichen Gefahren, die dem Staat im Westen drohen, wie sein intellektueller Gegenspieler.

Hören wir, was Dahrendorf schreibt: »Um auf den immer größer werdenden Weltmärkten wettbewerbsfähig zu blieben, müssen [die OECD-Staaten] Schritte tun, die dem Zusammenhalt der Bürgergesellschaft irreparablen Schaden zufügen [...] Die dringlichste Aufgabe der Ersten Welt im kommenden Jahrzehnt wird deshalb die Quadratur des Kreises aus Wohlstand, sozialem Zusammenhalt und politischer Freiheit sein.«[1]

Immanuel Kant definierte den Staat als »Gemeinschaft unreiner Einzelwillen vereint unter einer gemeinsamen Regel«. Was versteht er unter »unreine Einzelwillen«? Jeder Mensch trägt die schlimmsten Leidenschaften in sich: Eifersucht, Machtgier, destruktive Energien. Aus Einsicht gibt er einen Teil seiner Freiheit zugunsten des allgemeinen Willens und des Allgemeinwohls ab. Mit seinesgleichen begründet er die »allgemeine Regel«, den Staat, das Gesetz. Diesem Gründungsakt liegt die größtmögliche Freiheit zugrunde. Kant schreibt weiter: »Weh aber dem Gesetzgeber, der eine auf ethische Zwecke gerichtete Verfassung durch Zwang bewirken wollte! Denn er würde dadurch nicht allein das Gegenteil der ethischen [Verfassung] bewirken, sondern auch seine politische untergraben und unsicher machen.«[2]

Kant wusste besser als jeder andere um die extreme Fragilität der gemeinsamen Regel, des aus unreinen Einzelwillen geknüpften Netzes, um den Abgrund, der unter den scheinbar so soliden Institutionen lauert. Er bezeichnete die Kraft, die die Einzelwillen der Bürger auf Abwege lockt und sie dazu bringt, die gemeinsame Regel zu schwächen, zu verzerren, im schlimmsten Fall zu vernichten, als das »radikal Böse«.

Myriam Revault d'Allonnes, die sich intensiv mit Kant beschäf-

---

1 Ralf Dahrendorf, »Die Quadratur des Kreises«, in *Transit. Europäische Revue,* Nr. 12, 1996, S. 5–28, Zitat S. 9.

2 Immanuel Kant, *Die Religion innerhalb der Grenzen der bloßen Vernunft* (1793), Hamburg 1956, S. 102.

tigt hat, schreibt: »Es gibt die unvergessliche Größe des historischen Zeichens, das die moralische Disposition der Menschheit kundtut. Aber es gibt auch dieses radikal Böse als Neigung der menschlichen Natur, als unausrottbare Neigung und unerforschlichen Abgrund einer ursprünglichen Macht, die sich sowohl dem Guten wie dem Bösen zuwenden kann […]« Und an anderer Stelle: »Der Mensch ist formbar, insoweit ihm nicht von der Natur feste Ziele vorgegeben sind […] Die menschliche Spezies ist das, was wir aus ihr machen wollen.«[1]

In den meisten Raubtierkapitalisten steckt ein Mephisto. Sie betreiben wissentlich die Entmachtung des Staates. Sie diffamieren, diskreditieren und delegitimieren seine Regelungskompetenz.[2]

Und heute triumphieren sie.

In einer Schichtgesellschaft, wo die widersprüchlichen Interessen gegensätzlicher Klassen aufeinanderprallen, versucht der demokratische Staat permanent und durch vielfältige Mechanismen (Umverteilung durch Steuern, soziale Sicherung und so weiter), die asymmetrischen Abhängigkeiten zwischen den Individuen abzuschwächen und erträglich zu machen. Und die Bürgerinnen und Bürger stehen hinter dem Staat, hinter seinen Normen und Entscheidungsverfahren, soweit sie einen praktischen Nutzen davon haben. Ein Staat, der seinen Bürgern nicht ein Gefühl von Sicherheit vermittelt, ihnen nicht ein Minimum von gesellschaftlicher Stabilität und Einkommen garantiert, eine planbare Zukunft und eine öffentliche Ordnung, die im Einklang mit ihren ethischen Überzeugungen steht, ein solcher Staat ist zum Untergang verdammt.

In zahlreichen westlichen Staaten sind der öffentliche Verkehr, Post und Telekommunikation bereits privatisiert. Eine zweite Privatisierungswelle ist in Vorbereitung. Sie betrifft die Grundschulen, weiterführenden Schulen, die Universitäten, Krankenhäuser, Gefängnisse und bald auch die Polizei.

---

1 Myriam Revault d'Allonnes, *Ce que l'homme fait à l'homme. Essai sur la politique du mal*, Paris 1995.
2 Vgl. Hans See, *Wirtschaft zwischen Demokratie und Verbrechen*, Frankfurt am Main 2014.

Ein Staat, der freiwillig seine wichtigsten öffentlichen Dienstleistungen abbaut und Aufgaben, die sich aus dem allgemeinen Interesse ergeben, auf den privaten Sektor überträgt und damit dem Gesetz der Profitmaximierung unterwirft, ist ein *failed state,* wie Eric Hobsbawm ihn genannt hat, ein gescheiterter Staat und ein Staat, der sich schuldig macht.

In den Augen seiner Bürger liegt der Wert eines solchen Staates nahe null.

Eine Volkswirtschaft, die maximale individuelle Konkurrenz hervorbringt (und preist), prekäre Arbeitsverhältnisse, unsichere Lebensbedingungen und Verdienst nach Leistung, macht Angst. Von Jean-Jacques Rousseau stammt der Satz: »Zwischen dem Schwachen und dem Starken ist es die Freiheit, die unterdrückt, und das Gesetz, das befreit.«

Ein Bürger, der schutzlos großen sozialen Risiken ausgesetzt ist, erkennt sich nicht mehr als Staatsbürger. Ein Mensch, der dauernd fürchtet, seinen Arbeitsplatz, sein Einkommen und seine Rechte zu verlieren, ist kein freier Mensch mehr.

Die Privatisierung des Staates zerstört die Freiheit des Menschen. Sie löscht die Staatsbürgerschaft aus.

Beim Weltwirtschaftsforum (World Economic Forum, WEF) im Februar 1996 in Davos im Zentrum der kleinen Schweizer Stadt weit hinten im Landwassertal in Graubünden ereignete sich ein denkwürdiger Vorfall. Es war ein verräterischer Augenblick, in dem sich beispielhaft das Gesicht der neuen Welt zeigte. Mit schwerem Schritt näherte sich Hans Tietmeyer, der damalige Präsident der Deutschen Bundesbank, dem Mikrofon auf dem Podium in dem Bunker, in dem die Konferenzen stattfanden. Draußen fielen leise die Schneeflocken auf die behelmten Polizisten, die Krawalle verhindern sollten, auf die Stacheldrahtabsperrungen und die elektronischen Barrieren, die den Bunker schützten. Vor einem silbernen Himmel drehten graue Hubschrauber der schweizerischen Armee unablässig ihre Runden.

Drinnen waren die tausend mächtigsten Oligarchen der Welt,

Staatschefs, Ministerpräsidenten und Minister aus mehreren Dutzend Ländern versammelt. An die Adresse der anwesenden Staatschefs richtete Tietmeyer abschließend die Mahnung: »Von nun an stehen Sie unter der Kontrolle der Finanzmärkte!«[1]

Lang anhaltender Beifall. Die Staatschefs, Ministerpräsidenten und Minister, viele Angehörige sozialdemokratischer und sozialistischer Parteien, akzeptierten als eine selbstverständliche Tatsache, dass die Volkssouveränität der Warenrationalität und der spekulativen Logik des globalisierten Finanzkapitals unterworfen wird.

Die Teilnehmer am Weltwirtschaftsforum in Davos wussten genau, was Tietmeyer sagen wollte. Denn alle Staats- und Regierungschefs, alle Ministerinnen und Minister erleben jeden Tag persönlich diese »Kontrolle«. Eine Regierung beschließt, die Steuern zu erhöhen? Sofort zieht sich das Finanzkapital (das ausländische wie das einheimische) zurück und sucht sich günstigere Akkumulationsbedingungen in einem Nachbarstaat. Die Rahmenbedingungen für Investitionskapital, die Zölle und die Bestimmungen über die Rückführung von Gewinnen multinationaler Gesellschaften in ihre Heimatländer haben sich geändert? Das Finanzkapital wird eine Regierung, die sich auf diese Weise »schuldig« gemacht hat, unverzüglich abstrafen.

Viele Würdenträger im Konferenzsaal hatten noch die Auseinandersetzungen um das Multilaterale Investitionsabkommen (MAI) in Erinnerung. Das MAI war von den großen multinationalen Konzernen diktiert worden. Es sah vor allem vor, dass ein multinationaler Konzern vor einem internationalen Schiedsgericht auf Schadenersatz klagen kann, wenn er durch die Entscheidung eines souveränen Staates einen wie auch immer gearteten wirtschaftlichen Nachteil hat. Das Abkommen war zunächst unter höchster Geheimhaltung in der OECD ausgehandelt worden, der Dachorganisation der größten Industriestaaten. Alle Regierungen waren eingeknickt. Es fehlten nur noch die Unterschriften.

---

1 Harald Schumann, Hans-Peter Martin, *Die Globalisierungsfalle,* Hamburg 1998, S. 90.

Da erhob sich in der europäischen Zivilgesellschaft, vor allem in Frankreich, ein Sturm, wie es ihn noch nie gegeben hatte. In letzter Minute musste der damalige französische Premierminister Lionel Jospin seine Unterschrift verweigern. Das Abkommen konnte nicht in Kraft treten.

»Man muss bis zu den schlimmsten Kolonialverträgen zurückgehen, um zu entdecken, dass die unantastbaren Rechte des Stärkeren, in dem Fall die Rechte der multinationalen Gesellschaften, und die drakonischen Pflichten, die den Menschen auferlegt werden, mit so viel herrscherlicher Arroganz formuliert wurden wie in dem Multilateralen Investitionsabkommen (MAI).«[1]

Heute ist der Investitionsschutz ein wichtiges Thema in den Verhandlungen zwischen der EU und Amerika über das Transatlantische Freihandelsabkommen TTIP (Transatlantic Trade Investment Partnership). Auf der anderen Seite des Atlantiks haben die Vereinigten Staaten durchgesetzt, dass die Bestimmungen des MAI in das Abkommen über die Amerikanische Freihandelszone (FTAA, Free Trade Area of the Americas) mit aufgenommen wurden, das die USA mit Kanada und Mexiko abgeschlossen haben. Mit der Komplizenschaft der Söldner des Finanzkapitals, die in den Regierungen, den Parlamenten, der Presse und den Berufsverbänden sitzen, versuchen sie, diese Regelungen allen Ländern Lateinamerikas und der Karibik aufzuzwingen. Aber mächtige soziale Bewegungen wie die Landlosenbewegung (Movimento dos trabalhadores sem terra, MST) in Brasilien, das Bündnis der indigenen Nationalitäten Ecuadors (Confederación de Nacionalidades Indígenas des Ecuador, CONAIE) oder Via Campesina organisieren einen schlagkräftigen Widerstand gegen die mörderische Politik des »freien Dumpings«.

Die neuen Akkumulations- und Ausbeutungsstrategien der transnationalen Oligarchien richten in den nationalen Volkswirtschaften schreckliche Verwüstungen an. Die Staaten, selbst die mächtigsten, sind gezwungen, sich auf ihrem eigenen Territorium in ihrer Haus-

---

1 *Le Monde diplomatique,* 4. Februar 1998.

halts- und Wirtschaftspolitik dem Diktat der transkontinentalen Finanz- und Produktionsgesellschaften zu beugen. Sollten sie sich weigern, würden sie sofort mit dem Abzug internationaler Investitionen und mit Kapitalflucht bestraft.

Unter anderem aus diesem Grund ist die Regierung von François Hollande nicht in der Lage, die soziale Katastrophe, unter der Millionen französische Familien leiden, in den Griff zu bekommen.

Wie ein Bach, der im Frühjahr anschwillt, überspült das transkontinentale Finanzkapital mit seiner außerordentlichen Kraft alle Barrieren, reißt alle staatliche Gewalt fort und verwüstet wohlbestellte Landschaften. In Zukunft bleibt allen Regierungen, auch denen der reichsten und mächtigsten Staaten, nichts anderes übrig, als bei dem mitzumachen, was Jürgen Habermas als »Weltinnenpolitik«[1] bezeichnet. Und das bedeutet: Sie müssen sich den Diktaten der Herren des transkontinentalen Kapitals beugen.

Laut dem *Jahrbuch der Weltbank* kontrollierten 2013 die 500 quer über die Wirtschaftssektoren mächtigsten multinationalen Konzerne 52,8 Prozent des weltweiten Bruttosozialprodukts, das heißt des gesamten Reichtums – Kapital, Waren, Dienstleistungen, Lizenzen und so weiter –, der in einem Jahr auf dem Planeten produziert wird. Diese *gigantic immortal persons* (»riesigen unsterblichen Personen«), wie Noam Chomsky sie nennt, entziehen sich jeder einzelstaatlichen, supranationalen, gewerkschaftlichen und sonstigen Kontrolle. Sie häufen finanziellen Reichtum an, wirtschaftliche, politische und kulturelle Macht in einem Ausmaß, wie kein König, kein Kaiser und kein Papst in der Geschichte der Menschheit sie je besessen hat.

Sie funktionieren – das ist ganz normal so – nach einem einzigen Grundsatz: Maximierung ihres Profits in möglichst kurzer Zeit.

Deutsche Politiker verwenden häufig einen schrecklichen, in andere Sprachen praktisch nicht übersetzbaren Begriff: »Sockelarbeitslosigkeit«. In den 28 Mitgliedsstaaten der Europäischen Union gibt

---

1 Jürgen Habermas, *Die postnationale Konstellation,* a. a. O.

es 2014 insgesamt 30,2 Millionen langzeitarbeitslose Männer und Frauen, das heißt Personen, die seit mindestens 22 Monaten keine Arbeit haben. 38 Prozent davon sind junge Leute unter fünfundzwanzig, die seit ihrem Schul- oder Studienabschluss noch nie gearbeitet haben. Die meisten bleiben lebenslang vom Arbeitsprozess ausgeschlossen. Sie bilden den unverrückbaren, unzerstörbaren, unauflösbaren Sockel der Arbeitslosigkeit in Europa. Diese Menschen ohne Arbeit, diese Ausgeschlossenen werden heute als normale Erscheinung akzeptiert, sie gehören einfach zur »Natur« des europäischen Arbeitsmarkts, wie seine Weihrauchträger behaupten. Die Kanzlerin sieht nur ein Problem: Wie kann man ihnen eine zum Überleben ausreichende Minimalversorgung zukommen lassen, damit es keine offene Revolte gibt?

Der souveräne Staat mit seiner wirksamen Kraft zur Normsetzung bildete einst das letzte Bollwerk, die letzte Verteidigungslinie gegen die Geißel des »naturalisierten« kapitalistischen Markts. Die *ultima trinchera,* wie die sandinistischen Guerillakämpfer in Nicaragua sagten. Dieses Bollwerk bröckelt heute.

Im Mai 2014 fanden in den 28 Mitgliedsstaaten der EU die Wahlen zum Europaparlament statt. Im Zentrum des Wahlkampfs stand das Transatlantische Freihandelsabkommen (TTIP) mit den Vereinigten Staaten. Die Verhandlungen zwischen dem Kommissionspräsidenten der EU und dem amerikanischen Präsidenten Barack Obama hatten Anfang 2013 begonnen. Sie laufen vollständig hinter verschlossenen Türen ab, die Mitgliedsstaaten der EU werden sich erst bei der Ratifizierung zu Wort melden können.

Offiziell wird über die Schaffung einer Transatlantischen Freihandelszone gesprochen, die größte Freihandelszone, die es jemals gegeben hat. Tatsächlich geht es um etwas Grundsätzlicheres und viel Bedrohlicheres. Wenn TTIP zustande kommt, wird die Wirtschafts- und Finanzpolitik der Staaten endgültig den multinationalen privaten Konzernen, diesen kalten Monstern, ausgeliefert sein.

Die entscheidende Klausel des Abkommens ist die über die Schaffung von Schiedsgerichten. Sollte das Abkommen jemals unterschrieben werden, sollte das Europäische Parlament seine Zustimmung geben, sollten die 28 nationalen Parlamente der Mitgliedsstaaten es ratifizieren, und sollte es dann in Kraft treten, könnte jedes private multinationale Unternehmen gegen jeden Staat klagen, der eine Entscheidung träfe, die gegen seine Interessen und Wünsche verstieße.

Das betroffene Unternehmen könnte entweder die Aufhebung der Entscheidung verlangen oder Schadenersatz. Und noch wichtiger: Der Konflikt würde nicht von einem Gericht des beteiligten Staates entschieden, sondern von einer auf der Grundlage von TTIP eigens geschaffenen Schiedsinstanz. Wird TTIP erfolgreich ausgehandelt und ratifiziert, realisiert sich endgültig die Weltallmacht der Konzerne.

SIEBTES KAPITEL

Die Nation

I. Wie entsteht und behauptet sich die Nation in Europa?

Die Nation ist das Produkt der französischen Revolution. Mit der Kanonade von Valmy betritt sie die Bühne der Geschichte.

In der Morgendämmerung des 20. September 1792, auf den vom Regen durchweichten Feldern und Hügeln in der Nähe des kleinen, im Marnetal gelegenen Dorfes Valmy, blickten die Revolutionssoldaten unter dem Doppelkommando der Generäle Dumouriez und Kellermann auf die viel besser bewaffneten, dichten Reihen der Armee des Herzogs von Braunschweig. Das antirepublikanische feudale Europa, zu Hilfe gerufen von französischen Aristokraten im Exil, angeführt von preußischen und österreichischen Marschällen, bereitet sich auf die Invasion Frankreichs vor. Es will Rache für den Affront vom 10. August 1792, als die Monarchie gestürzt wurde, will die Revolution niederschlagen, auf der vom Atlantik bis in die weiten Ebenen Ungarns alle Hoffnungen der unterjochten Völker ruhen.

Eine Kanonade, der rollende Donner der Granaten ... und ein Schrei aus Zehntausenden von Kehlen: »Vive la nation!« An diesem Morgen triumphieren die Soldaten von Dumouriez und Kellermann in ihren schäbigen Uniformen und mit ihren zusammengewürfelten Waffen über die Rachegelüste des feudalen Europa.

Auf einer Anhöhe hinter den preußischen Linien beobachtet ein Mann von 43 Jahren das Geschehen. Der Mann ist Minister am Hof des Herzogs von Weimar und heißt Johann Wolfgang von Goethe. Er erkennt sehr klar, was vor sich geht. Tief beindruckt von dem Er-

163

eignis, tat er am Abend nach der Schlacht in einem Kreis von Offizieren den Ausspruch: »Von hier und heute geht eine neue Epoche der Weltgeschichte aus.«

Wie definierte sich die Nation in dem Augenblick, als diese Idee ganz Europa erfasste? Voltaire schrieb: »Die Nation ist eine Gruppe von Menschen auf einem bestimmten Territorium, die eine politische Gemeinschaft bildet und sich durch das Bewusstsein ihrer Einheit und ihres Willens, gemeinsam zu leben, auszeichnet.«[1] Und weiter: »Die Nation ist eine juristische Person, die durch die Gesamtheit der Individuen gebildet wird, die einen Staat darstellen, aber sie ist verschieden von diesem und Träger des subjektiven Rechts der Souveränität.«[2]

In Europa und speziell in Frankreich ging die Nation aus einer Revolution hervor, aus einem Bruch mit der Feudalgesellschaft. Die Nation entstand mit der Etablierung der Warenökonomie, aus dem Kampf, den das neue, Handel treibende Bürgertum gegen die Feudalherren und gegen den König führte und der es an die Macht brachte. Das Bürgertum war »Ausdruck« der neuen Produktivkraft, die sich anschickte, der Gesellschaft ihr Gesetz aufzuzwingen, als das Kapital den Boden als wichtigste Produktivkraft ablöste. Obwohl die neue Klasse sehr heterogen war (Großbürgertum, das vom Kolonialprofit lebte, städtisches Industrie- und Handelsbürgertum, kleines und mittleres Bürgertum in der Provinz und so weiter), zog sie allen Vorteil aus dem Aufstand gegen die Aristokraten und den König. Dennoch stürmte nicht das Bürgertum die Bastille, und es begann auch nicht den gewaltsamen Kampf gegen das Feudalregime und setzte ihn fort; diesen Kampf fochten vielmehr die ärmsten Klassen aus. Das Bürgertum ergriff die Zügel der Revolution, als sie schon in vollem Gang war, und deutete sie gewissermaßen zu seinem eigenen Vorteil um. Es gab der Revolution eine neue Richtung, die seinen Klasseninteressen entsprach. Der Nationalstaat – das heißt der Staat, der seine Legitimität einzig aus dem Allgemein-

1 Voltaire, *Essai sur les mœrs et l'esprit des nations,* in *Œuvres complètes,* Paris 1778.
2 Ebenda.

164

willen der Bürger ableitet – ist die Krönung dieses Prozesses. Am 21. Januar 1793 wurde der König hingerichtet.[1]

Jacques Berque vertritt die Auffassung, dass die französische Nation dem Nationalstaat, wie er Ende des 18. Jahrhunderts entstand, vorausging und mindestens schon tausend Jahre länger existierte.[2] Aber der Streit ist letztlich nur ein semantischer: Im Mittelalter bedeutete Nation »eine Gruppe von Menschen derselben Herkunft«, das heißt, es ging allein um die *Abstammung,* der Begriff hatte keine politische Konnotation. Die Politik war damals ausschließlich Sache der Könige, Fürsten und Geistlichen – die Untertanen hatten keine oder ganz wenige politische Rechte. Die nationale Legitimität im modernen Sinn des Wortes – die Nation als *Gruppe von Menschen, die auf einem bestimmten Territorium leben, unabhängig von ihrer Herkunft, und die eine politische Gemeinschaft bilden* – entstand erst in der Nacht vom 4. auf den 5. August 1789. In dieser Nacht wurde der übergesellschaftliche, göttliche Ursprung der Macht radikal bestritten. Der Dritte Stand konstituierte sich als Nationalversammlung und schaffte das Feudalsystem ab. Eine neue Macht betrat die Bühne: eben die, die aus dem Gesellschaftsvertrag der Bürger hervorgegangen war, aus dem allgemeinen Willen der Menschen, die, vermittelt durch Deputierte, alle Macht ausüben. Dieser Punkt ist wichtig: Die Nation duldet keine metasoziale Begründung. Sie ist, wie Voltaire es ausdrückt, »die Inhaberin des subjektiven Souveränitätsrechts«. Mit anderen Worten: Sie ist die ausschließliche Quelle der Legitimität aller Macht, die sie auf ihre Delegierten überträgt und die in ihrem Namen ausgeübt wird. Vor dem 4. August 1789 war Frankreich eine mächtige historische Gemeinschaft mit einem zentralistischen Staat, in dem sich im Verlauf eines sehr langsamen Prozesses die Bedingungen für die Entstehung einer Nation entwickelt hatten, aber es war noch keine Nation.

In ihren Anfängen von 1789 bis 1792 war die französische Nation

---

1 Zu dem Problem, das das Konzept einer »nationalen Klasse« aufwirft, siehe Georges Haupt, Michael Löwy, Claudie Weill, *Les Marxistes et la question nationale, 1848–1914,* Paris 1974, Neuaufl. Paris 1997.
2 Jacques Berque, Beitrag bei der Sommeruniversität in Tabarka, August 1977.

so, wie sie Robespierre zufolge sein sollte: eine »große Nation«, eine dualistische Nation, die universelle Werte hervorbrachte, nämlich Freiheit, Gleichheit und Brüderlichkeit. Dualistisch war sie, weil sie auch ein transnationales Ziel hatte: Sie wollte allen Völkern der Welt die Segnungen der in Frankreich errungenen Freiheiten bringen.

Sehen wir uns ein Beispiel an. Von 1801 bis 1803 tauchten in der Bucht von Belém (Brasilien) am Ufer des Solimões und des Amazonas seltsame Karawanen erschöpfter, zerlumpter Menschen mit blutigen Füßen aus dem Wald auf. Es waren die Überlebenden der Sklavenaufstände auf den Französischen Antillen. 1795 hatte eine verblüffende Nachricht aus Paris die Karibik erreicht: Die Sklaverei war abgeschafft, die Gleichheit aller Menschen verkündet, die Herren waren unter der Guillotine gestorben. Die flüchtigen Sklaven trugen die Nachricht von der Französischen Revolution, von den Menschenrechten und von der Abschaffung der Sklaverei bis in die abgelegensten Gebiete am Amazonas. Flüchtige kreolische Sklaven erzählten am Ufer des großen Stroms die Geschichte der blutigen Rebellion auf Haiti. Die Voodoo-Geister begleiteten sie. Diese schwarzen Schüler von Robespierre, ihre Frauen und Kinder wurden größtenteils von Kriegern der Indianergemeinschaften massakriert, die entlang des Flusses lebten. Die Überlebenden entfesselten 1830 am Rand des lusitanischen Reichs Brasilien den Cabanagem-Aufstand.

Unter dem Eindruck der Bedrohung durch das reaktionäre Europa ergriff die junge französische Republik die notwendigen Mittel zu ihrer Verteidigung. Aber sehr bald schon zeigte das siegreiche Bürgertum, diese von Robespierre gefeierte »universelle« Klasse, die den Anspruch erhob, den Völkern die Freiheit zu bringen, sein wahres Gesicht: das einer egoistischen, herrschenden Klasse, die wild entschlossen war, ihre jüngst errungenen Privilegien zu verteidigen und ihren Platz auf den europäischen Märkten zu erobern. Eine bemerkenswerte Konsequenz neben anderen: Auf den Antillen wurde 1803 die Sklaverei wieder eingeführt.

Ein Mann prangerte diese Perversion an: Gracchus Babeuf. Dieser

Revolutionär hatte sich 1786 erstmals zu Wort gemeldet. Elf Jahre später, 1797, ließen die neuen Besitzenden ihn festnehmen, aburteilen und enthaupten. Die Eroberungskriege des Direktoriums und Napoleons dienten den Interessen des neuen nationalen Bürgertums, auch wenn es – im Namen der herrschenden Ideologie von Freiheit, Gleichheit und Brüderlichkeit – gleichzeitig zur Errichtung laizistischer, demokratischer Republiken in den eroberten Gebieten beitrug.

Die europäische Nation hat drei Hauptmerkmale:

Eine bestimmte Vision der Geschichte

Dem »Wunsch, gemeinsam zu leben«, dem »Bewusstsein der Einheit« (Voltaire), liegt eine gemeinsame Vision der Geschichte zugrunde, die die Mehrheit der Angehörigen der Nation teilt. Das Versprechen von Unabhängigkeit, Freiheit, Gerechtigkeit lässt in allen Bevölkerungsklassen den Wunsch entstehen, gemeinsam eine Nation zu bilden. Ein gemeinsames historisches Projekt, eine von allen geteilte Sicht der Existenz, der durchlebten Vergangenheit und des künftigen Lebens: Sie einen alle Klassen der Gesellschaft. In diesem Sinn ist das nationale Projekt klassenübergreifend und setzt sich über ethnische und regionale Schranken hinweg.

Aber die Klassenkämpfe gehen dennoch weiter. Die dominierende Klasse will sich des revolutionären Prozesses zu ihrem Vorteil bemächtigen und zugleich die Nation konsolidieren, die sie künftig lenkt. Dazu muss sie ihre eigene Klassenideologie mit der nationalen Ideologie verschmelzen. Mit anderen Worten: Sie muss den *zur Nation gewordenen beherrschten Klassen* ihre eigene Klassenideologie als nationale Ideologie aufzwingen und dabei die Werte integrieren, die ursprünglich einmal alle Klassen als Werte betrachteten. Sie werden damit zum Motto der Machtausübung des Bürgertums. Über den Eingängen der Schulen und Rathäuser steht bis heute die Devise: Liberté, Égalité, Fraternité.[1]

---

1 Siehe dazu Olivier Bétourné, Aglaïa I. Hartig, *Penser l'histoire de la Révolution. Deux siècles de passion française,* Paris 1989.

Der Ausdruck »zur Nation gewordene beherrschte Klasse« hat eine doppelte Bedeutung. Die Arbeiterklasse beispielsweise ist eine nationale Klasse insofern, als sie die Souveränität, die Unabhängigkeit und das Recht der Nation auf Selbstbestimmung verteidigt, energischer und kompromissloser als andere. So hat während der Nazi-Besatzung die französische Arbeiterklasse den höchsten Preis für den Widerstand bezahlt. Die Arbeiter stellten die weitaus größte Zahl der Untergrundkämpfer der FTP (Francs-Tireurs et Partisans). Aber die Bezeichnung »zur Nation geworden« enthält auch eine Einschränkung: Wenn ein Großteil der Arbeiter in Europa nach und nach die Notwendigkeit der internationalistischen, anti-imperialistischen Solidarität mit den Arbeitern in Lateinamerika, Afrika und Asien, mit allen, die das multinationale europäische Finanzkapital ausbeutet, aus dem Blick verliert, markiert der Begriff »zur Nation gewordene Arbeiterklasse« ganz offensichtlich einen Rückschritt, eine Verengung des Bewusstseins.

Überdies hat sich das Bürgertum der verschiedenen Nationen Europas im 19. und 20. Jahrhundert im Zeichen nationaler Ideologien gegenseitig bekämpft. Die Bewusstseinsinhalte einer Nation werden dann apologetisch in dem Maß, wie es für die herrschenden Klassen bedeutsam wird, die Bewusstseinsinhalte anderer Nationen radikal abzulehnen.

Von da an verwandelt sich die gemeinsame Sicht der Geschichte in eine bürgerliche Sicht, die den abhängigen Klassen gewaltsam aufgezwungen wird.

Doch der klassenübergreifende Charakter der Sicht auf die Geschichte, der für die Konstruktion und die Aufrechterhaltung der Nation notwendig ist, überdauert die verschiedenen Phasen der Entwicklung der kapitalistischen Produktionsweise. Seit 1792 hat sich die kapitalistische Produktionsweise fundamental verändert. Dem bürgerlichen Kapitalismus, den ein auf Spekulation ausgerichtetes nationales Bürgertum einführte, folgte der koloniale Kapitalismus, gekennzeichnet durch eine rasche Überakkumulation und die militärische Beherrschung der ausländischen Märkte und der rohstoffreichen Regionen. Um die Mitte des 20. Jahrhunderts erlebte der

Kapitalismus in Frankreich (wie andernorts) eine dritte entscheidende Veränderung: Das Finanzkapital war mittlerweile transnational geworden und übernahm das Ruder, multinationale Konzerne tauchten auf, der bürgerliche kapitalistische Staat verlor an Gewicht und das nationale Bürgertum mit ihm. Aus dem Bürgertum löste sich allmählich eine sehr kleine, aber sehr mächtige Oligarchie, die ihre überstaatliche, übernationale Macht aus der imperialistischen Profitakkumulation bezieht.

Die Nation erschien im Lauf dieser verschiedenen Phasen als eine klassenübergreifende feste Größe, insofern alle Klassen der nationalen Gesellschaft weiterhin in der Nation ihr Interesse verwirklicht fanden, sei es, indem sie die Nation beherrschten, sei es, dass die Nation für sie das Territorium darstellte, das es zu befreien galt, die Herausforderung der Souveränität, die erst noch wirklich erobert werden muss.[1]

Ein Territorium

Das Territorium ist vorgegeben. Die geografischen Grenzen der Nation sind das Ergebnis der historischen Entwicklung. Daraus entstehen immer wieder territoriale Interessenkonflikte zwischen den Nationen. Die Art und Weise, wie diese Konflikte die nationalen Gefühle anstacheln, ist das Maß dafür, welche Bedeutung die Vorstellung vom Territorium im kollektiven Über-Ich der Nation hat. Das Territorium steht im Mittelpunkt der nationalistischen ideologischen Denkfiguren. Es konkretisiert materiell, sinnlich – mit seinen Horizonten, seinem Klima, den verschiedenen natürlichen Produkten, mit seinen Bauten und Monumenten, seinen Erinnerungsorten und so weiter – das Gefühl der nationalen Identität. Die Mythen legitimieren es, die Ursprünge der Nation sind dort verankert. Das Territorium bewahrt, erinnert, feiert das Gedächtnis der Nation. Deshalb liebt jeder seine Landschaften, ist stolz auf seine Heimat.

---

1 Siehe dazu Samir Amin, *Classe et nation,* Paris 1979.

Die Nationalhymnen besingen das Land, patriotische Gedichte beschwören es. Es ist ein klassenübergreifender Bewusstseinsinhalt ganz einfach deshalb, weil es im Bewusstsein aller Klassen, die in der Gesellschaft gegeneinander kämpfen, enthalten ist. *La Colline inspirée,* die Hymne auf die Schönheit Frankreichs, ist das Werk von Maurice Barrès, einem Anhänger der extremen Rechten.[1] Jean Ferrat, der kommunistische Troubadour, besingt dasselbe Land, dieselben Landschaften in einem Liebesgedicht mit dem Titel *Ma France* (1969). Und Charles Trenet sang während der Besatzung in den Pariser Folies-Bergères *Douce France* (1941), und der ganze Saal stimmte in den Refrain wie in eine Hymne auf die Nation mit ein. Mit anderen Worten: Das französische Territorium prägt, wenn auch je nach Klassen- und Generationszugehörigkeit unterschiedlich, die kollektive Vorstellungswelt aller Franzosen. Das Territorium besitzt wahrscheinlich von allen Bewusstseinsinhalten, die das nationale Bewusstsein bilden, die stärkste integrative Kraft.

Eine Sprache

Die Sprache ist das privilegierte Instrument, mit dem die Nation ihr neues Bewusstsein durchsetzt. Wie das Territorium existiert die Sprache bereits vor der Nation, aber sie ist nicht so vorgegeben wie das Territorium. Nach den Kämpfen zwischen den herrschenden Klassen, die aus gegensätzlichen historischen Gemeinschaften hervorgegangen sind, wurde die Sprache der siegreichen Gemeinschaft über alle Gemeinschaften hinweg die dominierende Sprache. Aber erst die Nation setzt die *nationale Sprache* durch. Ihre allgemeine Verbreitung ist das Ergebnis der *nationalen Integration,* eines historischen Prozesses, der durch den Zwang der die Nation dominierenden Klasse gesteuert wird.

Die nationale Sprache setzt sich mit der symbolischen Gewalt durch, die aus dem kollektiven Über-Ich der Nation erwächst, aus seinen Mythen und Gesetzen, aus seiner Pädagogik, seinem Wunsch

---

1 Erschienen im Verlag Émile Paul, Paris 1913, am Vorabend des Ersten Weltkriegs.

nach Effizienz im wirtschaftlichen, wissenschaftlichen und kulturellen Verkehr. Sie ist genormt, hat ihre Akademien und Wörterbücher, ihre Wächter und Zensoren. Sie wird aufgrund eines besonderen Status zur nationalen Sprache erklärt. Sie ist ein Produkt der Macht. In Frankreich beispielsweise hat die zentralistische Monarchie das Idiom der Loire-Gegend auf die verschiedenen Regionen des Landes ausgedehnt und allgemein verbreitet. Aber erst die Nation hat, oft gewaltsam, das Französische als gemeinsame Sprache bei allen Schichten der Gesellschaft durchgesetzt. Die zwangsweise sprachliche Vereinigung war nach 1789 für den Apparat eines zentralistischen Nationalstaats das notwendige Instrument der nationalen Bildung, einer Schule für alle. Und das gilt immer noch, auch wenn die Forderungen nach Autonomie und Freiheit in den Regionen, die sich gegen die Zentralmacht auflehnen, in den alten Sprachen der französischen Provinzen erhoben werden. Die bretonische (keltische) Sprache in der Bretagne, das Provençal in der Provence, die Langue d'Oc im Südwesten Frankreichs, das Elsässische im Elsass erleben derzeit eine lebhafte Renaissance, ohne die Nationalsprache zu gefährden.

Alle Nationen sind definitionsgemäß multiethnisch – eine Folge der Wechselfälle der Geschichte, von Wanderungsbewegungen, Entdeckungen und Eroberungen, von Austausch aller Art, Mischehen –, *laizistisch und bestehen aus mehreren Klassen.* Ihre gefährlichsten Feinde sind die Rassisten, die Antisemiten, die Fremdenfeinde und die religiösen Fundamentalisten.

II. Die rassistische Bedrohung

Seit einer Generation hat sich die ideologische Landschaft in Europa radikal verändert: Rassismus und Fremdenfeindlichkeit sind wieder da. Eine Mehrheit der Menschen hält die Äußerung entsprechender »Meinungen« für ebenso legitim wie andere Meinungen auch. Heute vereinen überall auf dem Kontinent fremdenfeindliche poli-

tische Parteien und Bewegungen bei absolut freien und demokratischen Wahlen und Volksabstimmungen immer mehr Stimmen auf sich. In Frankreich ist der Front National auf dem besten Weg, zur stärksten politischen Kraft zu werden. In Italien beherrscht die Lega Nord[1] die Regionen Veneto, Lombardei und teilweise Piemont. Der Vlaams Belang (Flämisches Interesse), ehemals Vlaams Blok, dominiert in einer großen Stadt wie Antwerpen und den umliegenden wohlhabenden Regionen. In der Schweiz stellt die Schweizerische Volkspartei (SVP) die größte Fraktion in der Bundesversammlung, dem Parlament; im Februar 2014 hat ihre Initiative gegen den freien Personenverkehr zwischen der Europäischen Union und der Schweiz bei einer Volksabstimmung eine Mehrheit an Ja-Stimmen bekommen.[2] In den Niederlanden, in Bulgarien, der Slowakei, in Dänemark und England erleben Bewegungen der extremen Rechten einen Aufschwung. In Ungarn regiert eine Koalition rechtsextremer Parteien unter der Führung von Viktor Orbán.

In den Kirchen und Glaubensgemeinschaften der drei monotheistischen Religionen gewinnen fundamentalistische Strömungen mit jedem Jahr mehr Einfluss.

Die Ursachen für den plötzlichen Ausbruch und das stetige Anwachsen rechtsextremer, fremdenfeindlicher, rassistischer, separatistischer, laizistischer oder religiöser Bewegungen in den demokratischen Gesellschaften Europas sind vielfältig und vielschichtig.

Eine der wichtigsten Ursachen ist sicher psychologischer Natur. Die weltweite Diktatur der Oligarchien des globalisierten Finanzkapitals, die Existenz eines Weltmarkts, der nur seinen eigenen Gesetzen gehorcht, die als »Naturgesetze« hingestellt werden, der zum Dogma erhobene Wettbewerb zwischen den Menschen und zwischen den Nationen, das faktische Verschwinden eines öffentlichen Diskurses, der Werte wie Solidarität, Allgemeinwohl, öffentliche Dienstleistung und soziale Gerechtigkeit, dazu die konkrete Verun-

---

1 Kurzform von Lega Nord per l'Indipendenza della Padania.
2 Die Abstimmung vom 9. Februar über die Initiative der SVP brachte eine Mehrheit von 51,34 Prozent Ja-Stimmen.

sicherung der individuellen Existenzen: All das provoziert ein Gefühl persönlicher Unsicherheit, eine tiefe, anhaltende Ratlosigkeit bei Männern und Frauen in den kapitalistischen Warengesellschaften. Claude Lévi-Strauss hat diese Reaktion als neues *mal du siècle* bezeichnet: »Der Zusammenbruch jahrhundertealter Gewohnheiten, das Verschwinden von Lebensweisen, das Zerbrechen althergebrachten Zusammengehörigkeitsgefühls, all das verbindet sich häufig mit einer Identitätskrise.«[1]

Alle fremdenfeindlichen Bewegungen der extremen Rechten haben unabhängig von ihren geografischen und historischen Ursprüngen eines gemeinsam: Sie suchen sich Sündenböcke. Sie setzen sich über die analytische Vernunft hinweg und machen den »Anderen«, den »Fremden« für alle Störungen, Traumata und Ängste, die in der Gesellschaft entstehen, verantwortlich. Amin Maalouf schreibt dazu vor dem Hintergrund der schmerzhaften Erfahrung des Bürgerkriegs in seinem Heimatland, dem Libanon: »Im Zeitalter der Globalisierung mit seinen schwindelerregenden Umwälzungen, die uns alle erfassen, ist ein neues Verständnis von Identität vonnöten. Wir können uns nicht damit zufriedengeben, Milliarden von ratlosen Menschen nur die Wahl zwischen einem übertriebenen Beharren auf ihrer Identität und dem Verlieren jeglicher Identität, zwischen Fundamentalismus und Traditionsverlust zu lassen.«[2]

Rassismus ist ein absolutes Verbrechen, die höchste Form des Hasses, die endgültige Negierung dessen, was eine Nation ausmacht. Ein Schwarzer, ein Araber, ein Jude, die gehasst werden, weil sie schwarz, arabisch und jüdisch sind, können dem Hass nicht entgehen, weil sie nicht aufhören können zu sein, was sie sind, in den Augen des Rassisten wie in ihren eigenen Augen: schwarz, arabisch, jüdisch. Die allgemein anerkannte Definition von Rassismus lautet so, wie sie die UNESCO von Claude Lévi-Strauss übernommen hat: »Der Rassismus ist eine Doktrin, die in den intellektuellen und

---

1 Claude Lévi-Strauss, *Identität. Ein interdisziplinäres Seminar unter Leitung von Claude Lévi-Strauss,* Stuttgart 1980, S. 7.
2 Amin Maalouf, *Mörderische Identitäten,* Frankfurt am Main 2000, S. 35.

moralischen Merkmalen, die einem Komplex von Individuen zuge-schrieben werden (wie immer man diesen Komplex definiert), die zwangsläufige Auswirkung eines gemeinsamen genetischen Erbguts zu sehen behauptet.«[1] Das ist der Rassismus des Nazis, des Antise-miten, des Buren in Südafrika, des Ku-Klux-Klan, des ewigen Fa-schisten. Und das absolute Gegengift gegen den Rassismus ist das Nationalbewusstsein.

Wer dem Gesellschaftsvertrag im Sinn von Rousseau[2] beitritt und die Gesetze der Republik respektiert, ist Teil der Nation.

Machen wir uns einen Begriff vom wunderbaren zivilisatorischen Reichtum der europäischen Nationen, der aus tausend kulturellen Beiträgen als Folge der unaufhörlichen Wanderungen entstanden ist, der sich konflikthaften Akkulturationen ebenso verdankt wie der Gesamtheit der historischen, linguistischen, literarischen und künst-lerischen Erbschaften, dem Austausch und den Vermischungen?

Roger Bastide spricht von einem *savoir savoureux* (köstlichem Wissen), das durch die einzigartige Begegnung von Menschen mit unterschiedlichen Erfahrungen, Kulturen und Erinnerungen ver-mittelt wird. Neben und unterhalb der Hochkultur existiert – wie ein mächtiger unterirdischer Strom – die Volkskultur. Sie entsteht durch Vermengung, durch Vermischung der Völker, durch zufäl-ligen, unerwarteten und unvorhersehbaren Austausch, durch die spontanen Wahrnehmungen eines jeden. Sie wohnt dem nationalen Bewusstsein inne und bereichert es.

Die Ansammlung einzigartiger kultureller Zugehörigkeiten in einer Gesellschaft und die vielfältigen Zugehörigkeiten, die jeder in sich trägt, bilden den großen Reichtum der Nationen und sind das Zeichen der großen Kulturen. Der Terror, den rassistische Parteien und Bewegungen verbreiten, die nur eine Identität kennen, bedroht diesen Reichtum, das Zeichen der Zivilisiertheit.[3]

---

1 Claude Lévi-Strauss, *Der Blick aus der Ferne,* Frankfurt am Main 1993, S. 13 f.
2 Jean-Jacques Rousseau, *Vom Gesellschaftsvertrag oder Grundzüge des Staatsrechts,* Stutt-gart 2001 (franz. Originalausgabe 1762). Diese Schrift lenkte das Konzept der Volks-souveränität und den Aufbau der modernen Nation in eine ganz neue Richtung.
3 Amin Maalouf, *Mörderische Identitäten,* a. a. O.

Man könnte auf die Nation übertragen, was Fernand Braudel, der geniale Chronist des Mittelmeerraums, über die Kultur gesagt hat: »Lebendig sein heißt für eine Kultur, fähig zu sein zum Geben, aber auch zum Nehmen, zur Anleihe [...] Doch genauso gut erkennt man eine große Kultur auch an dem, was sie zu übernehmen sich weigert, woran sie sich nicht anpassen will, was sie aus dem Angebot an fremden Einflüssen auswählt, die ihr häufig aufgezwungen würden, wenn dem nicht Wachsamkeit oder schlicht Unvereinbarkeiten von Temperament und Appetit entgegenstünden.«[1] In der Realität schließen sich verschiedene Formen des Austauschs und des Widerstands innerhalb einer Nation nicht aus. Wenn man einen Gegensatz daraus konstruiert, wie es die Parteien der extremen Rechten tun, führt das zum Niedergang, zur Sterilität. Die Besonderheit einer jeden Nation ergibt sich zwar aus einer gewissen Abgrenzung, aber ohne Austausch und ohne bereichernde Anleihen bei anderen erstarrt die Nation und geht zugrunde.

Ich habe es bereits gesagt: Gegen den unerbittlichen Zwang der Globalisierung erhebt sich der Mensch. Er weigert sich, mit einer schlichten Information in einem elektronischen Kreislauf gleichgesetzt zu werden. Er begehrt auf und wehrt sich. Aus den Trümmern dessen, was ihm von der Geschichte geblieben ist, von alten Glaubensüberzeugungen, von Erinnerungen, von aktuellen Wünschen, bastelt er sich eine Identität, in der er Zuflucht sucht und sich vor der totalen Zerstörung zu schützen versucht. Die homogene Identität einer kleinen Gruppe, die manchmal ethnisch definiert ist und manchmal religiös, aber fast immer rassistische Züge trägt, ist ein solcher Zufluchtsort. Diese »Bastelei« ist Frucht der Ratlosigkeit und öffnet politischen Manipulationen Tür und Tor. Unter dem Vorwand des Rechts auf Selbstverteidigung rechtfertigt der Rassismus Gewalt.

Die Mono-Identität ist das genaue Gegenteil der Nation, einer demokratischen Gesellschaft, einer lebendigen, zur Entwicklung

---

1 Fernand Braudel, *Das Mittelmeer und die mediterrane Welt in der Epoche Philipps II.*, Bd. 2, Frankfurt am Main 1990, S. 561.

fähigen Gesellschaft, die aus der Nutzung unterschiedlicher kultureller Zugehörigkeiten und aus freien Stücken übernommener kultureller Vermächtnisse entstanden ist.

Die Nation, die der neoliberalen Ideologie und der Privatisierung der Welt ausgeliefert ist, droht zu sterben. Alain Touraine hat dafür dieses eindrucksvolle Bild gefunden: »Zwischen dem weltweiten, globalisierten Markt und den unzähligen fundamentalistischen Bewegungen an seinen Rändern befindet sich ein großes schwarzes Loch. In diesem Loch drohen der allgemeine Wille, das öffentliche Interesse, der Staat, die Werte, die öffentliche Moral, die Beziehungen zwischen den Menschen zu versinken, kurzum alles, was die Nation ausmacht.«[1]

III. Die misslungene Dekolonisation

Der Genfer Park von Mon Repos ist ein mit uralten Zypressen bestandener öffentlicher Garten, der sich längs des linken Ufers der Genfer Seebucht erstreckt. Die verwunderten Anwohner des benachbarten Quartiers Les Pâquis wohnen regelmäßig einem ziemlich erstaunlichen Spektakel bei: Ein korpulenter, hochgewachsener schwarzer Mann mit traurigen Augen bewegt sich – halb gehend, halb laufend – mit keuchendem Atem über die Uferpromenade, gefolgt von vier jungen Genfer Kantonspolizisten, einem Tross schwarzer Leibwächter und einigen ebenfalls keuchenden schwarzen Diplomaten. Es ist der morgendliche Trainingslauf des amtierenden Präsidenten der Republik Kamerun, Paul Biya. Biya ist einer der schillerndsten Satrapen des Kontinents, ein willfähriger Söldner, insbesondere der französischen Konzerne.

Seit über dreißig Jahren sorgen die französischen Geheimdienste dafür, dass die »Wahlen« im gewünschten Sinn ablaufen. 1984 wurde Paul Biya zum ersten Mal mit 99 Prozent der Stimmen »gewählt«. Stéphane Fouks, ein persönlicher Freund und politischer Verbünde-

---

1 Alain Touraine im Gespräch mit dem Autor.

176

ter von Manuel Valls (seit März 2014 französischer Premierminister) ist heute für Biyas internationales Erscheinungsbild zuständig. Auf der Liste des Entwicklungsprogramms der Vereinten Nationen rangiert Kamerun auf Platz 131. Die durchschnittliche Lebenserwartung – von Frauen und Männern zusammengerechnet – beträgt 52 Jahre (gegenüber 80 Jahren in Frankreich). Weniger als 30 Prozent der Menschen haben regelmäßig Zugang zu sauberem Trinkwasser. 36,8 Prozent leiden unter dauerhafter, schwerer Unterernährung.

Auf der anderen Seite besitzt Kamerun Erdöl, Erze und landwirtschaftliche Produkte im Überfluss.

Biya und seine Freunde lieben Genf. Er hält sich mehrfach im Jahr dort auf und wohnt dann bis zu 44 Tage auf zwei eigens für ihn reservierten Etagen des Luxushotels Intercontinental. 44 Tage ist der maximale Zeitraum, für den nach der Verfassung von Kamerun die Macht verwaist sein darf. Die Gebühren, die dafür fällig werden, dass die Präsidentenmaschine auf dem Flughafen Genf-Cointrin stehen darf, belaufen sich auf 11 000 Euro – pro Tag.

Die Soziogenese der außereuropäischen Nationen, insbesondere der Nationen in Afrika, unterscheidet sich radikal von der europäischer Nationen.

Tatsächlich leben heute sehr wenige afrikanische Völker, vor allem südlich der Sahara, eine authentische kollektive Existenz. Das vorherrschende soziale Gebilde im heutigen Schwarzafrika ist die Protonation. Das griechische Wort *protos* (erster) bedeutet hier embryonal, rudimentär, unvollendet, fragil. Die Protonation ist keine Etappe auf dem Weg der Nationenentstehung, und sie ist auch keine Fehlform der vollendeten Nation, die in ihrer Entwicklung ins Stocken geraten ist. Die Protonation ist ein gesellschaftliches Gebilde *sui generis.* Sie ist eine reine Schöpfung des Imperialismus.

Bevor wir die afrikanischen Protonationen näher untersuchen, wollen wir sehen, wie und warum die Kolonialreiche zusammengebrochen sind.

Die Entkolonialisierung der afrikanischen Völker, ist ein Prozess, der vor mehr als fünfzig Jahren begonnen hat und bis heute nicht zu Ende ist. Bestimmte afrikanische Völker wie die Sahrauis in Westafrika leben, wie wir gesehen haben, immer noch unter kolonialer Besatzung. Um die Gründe dafür zu verstehen, müssen wir uns den Prozess der Auflösung der Kolonialreiche näher anschauen.

Erste Kausalkette: die Bedingungen der Kämpfe gegen die Kolonialherren und das Desinteresse der Kommunistischen Internationale für diese Kämpfe. Beim sechsten Komintern-Kongress in Moskau 1928 verhalf die Sowjetunion – auf die sich damals alle Hoffnungen auf Befreiung richteten – einer streng dogmatischen These zum Triumph. Stalin zufolge war der Kolonialismus nur ein Epiphänomen. Der Aufbau des Sowjetstaats, die Doktrin vom »Sozialismus in *einem* Land« als nationale Bastion einer Revolution, die die gesamte Welt erfassen sollte, musste absolute Priorität haben. Da Kolonialismus und Imperialismus notwendige Entwicklungsstadien der kapitalistischen Gesellschaft seien, werde der Zerfall dieser Gesellschaft das Problem lösen. Mit dem Triumph der proletarischen Revolution in den westeuropäischen Gesellschaften werde *ipso facto* die Kolonialherrschaft in Afrika, Asien und Lateinamerika enden.

Innerhalb der Komintern gab es ein Gremium, das damit beauftragt war, die revolutionäre Arbeit bei den Schwarzen in Afrika und in der Diaspora zu koordinieren: das »Negerbüro«. Die besten afrikanischen Aktivisten wurden Mitglieder der sowjetischen kommunistischen Partei. Bis zu ihrem endgültigen Bruch mit der III. Internationale 1935 arbeiteten sie in Organisationen wie der Liga gegen den Imperialismus, der Liga zur Verteidigung der Negerrasse und der Liga für die Befreiung des Orients, deren revolutionäre Ausstrahlung bis in die Karibik und in die Vereinigten Staaten reichte.

Ich nenne zwei Beispiele: George Padmore, ein Aktivist von den englischen Antillen, wurde Delegierter der Komintern in China. Wie alle revolutionären Kämpfer aus Afrika brach er 1935 mit der Komintern.

Beim 5. Panafrikanischen Kongress in Manchester 1945 stellte er seine Erfahrung und seine Intelligenz Kwame Nkrumah zur Verfügung. In der Folgezeit spielte er eine entscheidende Rolle bei der Organisation des ghanaischen Unabhängigkeitskampfs und beim Aufbau des ersten Nationalstaats in Afrika, Ghana, dessen Unabhängigkeit 1957 proklamiert wurde.[1] Lamine Senghor aus Kaolack, der als Senegalschütze am Ersten Weltkrieg teilnahm, trat 1924 im 13. Pariser Arrondissement als kommunistischer Kandidat bei der Abgeordnetenwahl an. Er wurde Präsident des Komitees für die Verteidigung der schwarzen Rasse. Sein Tagebuch *La Voix des nègres* (Die Stimme der Neger) übte auf eine ganze Generation von Kämpfern gegen den Kolonialismus großen Einfluss aus. Zusammen mit Gorki, Nehru, Messali Hadj, Barbusse und Albert Einstein wurde er in seinem Todesjahr 1927 beim Kongress in Brüssel ins Büro der Liga gegen den Imperialismus gewählt.[2]

1945 waren die Rahmenbedingungen endlich so, dass die nationalen Befreiungskämpfe wieder aufgenommen werden konnten. Die Delegierten der Bewegungen aus den französischsprachigen Ländern Afrikas trafen sich in Bamako zur Gründungsversammlung der Afrikanischen Demokratischen Sammlung (Rassemblement démocratique africain, RDA), bei der sie die Grundlagen für eine einheitliche Befreiungsfront des gesamten Kontinents legten. Die Aktivisten aus den englischsprachigen afrikanischen Ländern wiederum versammelten sich im selben Jahr zum 5. Panafrikanischen Kongress in Manchester. Unter dem Vorsitz von Jomo Kenyatta, unterstützt von Kwame Nkrumah, arbeiteten sie ein detailliertes Programm aus, wie der panafrikanische Befreiungskampf in Gang gebracht werden sollte. Aber im Verlauf der Unabhängigkeitskämpfe wurden die Sektionen der RDA (von der Elfenbeinküste, aus Guinea, Mali und so weiter) allesamt zu »nationalen« Parteien. Wenn man die Ursachen für diesen Rückzug auf sich selbst betrachtet, darf man ganz sicher

---

1 Padmore hat ein umfangreiches unveröffentlichtes Werk hinterlassen, das in der Padmore Library in Ghana aufbewahrt wird. Von den veröffentlichten Schriften ist insb. zu nennen *Panafricanisme ou communisme? La prochaine lutte pour l'Afrique,* Paris 1961.

2 Sein Buch *La violence d'un pays et autres écrits anticolonialistes,* das er dem Senegal gewidmet hat, ist ein zu Unrecht vergessener Klassiker der afrikanischen Literatur (letzte Ausgabe Paris 2012).

den Druck aus den Metropolen nicht außer Acht lassen. So setzte beispielsweise 1956 Gaston Defferre, damals Minister für die überseeischen Gebiete in der französischen Regierung, ein Rahmengesetz durch (»loi-cadre Defferre«), das den Kolonialgebieten innere Autonomie bringen sollte. Jedes Gebiet bekam ein Parlament und eine eigene Regierung. Tatsächlich unterlief diese »fortschrittliche« Maßnahme, die ab 1957 angewendet wurde, das Projekt von Bamako und sprengte die kontinentweite antikolonialistische Front der RDA. In dem Zusammenhang muss noch der Verrat des Präsidenten der RDA, Félix Houphouët-Boigny erwähnt werden, der der Studentenvereinigung innerhalb der RDA unter Führung von Cheikh Anta Diop Widerstand leistete und sich hartnäckig allen Forderungen nach Unabhängigkeit widersetzte.

Heute ist Afrika mit seinen 54 Staaten der am stärksten zersplitterte Kontinent des Planeten. Die Projekte von Bamako und Manchester, der Traum von der Befreiung des afrikanischen Kontinents, der panafrikanischen Erhebung, sind gescheitert. Und drei Viertel der afrikanischen Nationen verfügen heute über keinerlei echte Souveränität.

Die zweite Kausalkette beim Sturz der Kolonialreiche und der Entkolonialisierung der afrikanischen Völker hat ihren Ursprung mitten im Zweiten Weltkrieg und geht auf eine Initiative von Franklin D. Roosevelt und Winston Churchill zurück.

Am 14. August 1941 trafen sich der britische Premierminister Churchill und der amerikanische Präsident Roosevelt auf dem Kriegsschiff *USS Augusta,* das vor Neufundland kreuzte. Roosevelt hatte das Treffen vorgeschlagen. In seiner »Rede über die vier Freiheiten« hatte er am 6. Januar 1941 vor dem Kongress in Washington die Freiheiten aufgezählt, die er, wie er versicherte, weltweit durchsetzen wollte: Meinungsfreiheit, Religionsfreiheit, Freiheit von Not *(freedom from want)* und Freiheit von Furcht *(freedom from fear).*

Die »vier Freiheiten« gaben die Grundlage für die Atlantikcharta ab, die am 14. August 1941 auf der *USS Augusta* beschlossen wurde. Dies sollte die Geburtsstunde einer neuen internationalen Ordnung sein. Hören wir noch einmal die Artikel der Charta:

»1. Unsere Länder streben nicht nach territorialer Expansion.

2. Sie wünschen keinerlei territoriale Veränderungen, die nicht im Einklang mit den in voller Freiheit ausgedrückten Wünschen der betroffenen Völker stehen.

3. Sie achten das Recht aller Völker, sich jene Regierungsform zu geben, unter der sie zu leben wünschen. Die souveränen Rechte und autonomen Regierungen aller Völker, die ihrer durch Gewalt beraubt wurden, sollen wiederhergestellt werden.

4. Sie werden, ohne ihre eigenen Verpflichtungen außer Acht zu lassen, für einen freien Zutritt aller Staaten, der großen wie der kleinen, der Sieger wie der Besiegten, zum Welthandel und zu jenen Rohstoffen eintreten, die für deren wirtschaftliche Wohlfahrt vonnöten sind.

5. Sie erstreben die engste Zusammenarbeit aller Nationen auf wirtschaftlichem Gebiete, eine Zusammenarbeit, deren Ziel die Herbeiführung besserer Arbeitsbedingungen, ein wirtschaftlicher Ausgleich und der Schutz der Arbeitenden ist.

6. Sie hoffen, dass nach der endgültigen Vernichtung der Nazi-Tyrannei ein Frieden geschaffen werde, der allen Völkern erlaubt, innerhalb ihrer Grenzen in vollkommener Sicherheit zu leben, und der es allen Menschen in allen Ländern ermöglicht, ihr Leben frei von Furcht und von Not zu verbringen.

7. Dieser Friede soll allen Völkern die freie Schifffahrt auf allen Meeren und Ozeanen ermöglichen.

8. Sie sind von der Notwendigkeit überzeugt, dass aus praktischen wie aus sittlichen Gründen alle Völker der Welt auf den Gebrauch der Waffengewalt verzichten müssen. Da kein Friede in Zukunft aufrechterhalten werden kann, solange die Land-, See- und Luftwaffen von Nationen, die mit Angriff auf fremdes Gebiet gedroht haben oder damit drohen können, zu Angriffszwecken benutzt werden können, halten sie bis zur Schaffung eines umfassenden und dauerhaften Systems allgemeiner Sicherheit die Entwaffnung dieser Nationen für notwendig. Ebenso werden sie alle Maßnahmen unterstützen, die geeignet sind, die erdrückenden Rüstungslasten der friedliebenden Völker zu erleichtern.«

Ein paar Monate vor seinem Tod bekräftigte Roosevelt mit eindrucksvollen Worten die Entscheidung, die er zusammen mit Churchill getroffen hatte: »Ohne wirtschaftliche Sicherheit und Unabhängigkeit kann es keine echte persönliche Freiheit geben. Menschen, die Sklaven der Notwendigkeit sind, sind keine freien Menschen. Völker, die hungern und keine Arbeit haben, sind der Stoff, aus dem Diktaturen gemacht werden. Heute gelten diese Wahrheiten als selbstverständlich. Wir brauchen eine zweite Erklärung der Menschenrechte, mit der Sicherheit und Wohlstand für alle ein neues Fundament bekommen, unabhängig von ihrer Klasse, Rasse und ihrem Glauben.«[1]

Die Atlantikcharta von 1941 verurteilte eindeutig und ein für allemal jede Form der Kolonialherrschaft in Afrika und überall auf der Welt. Weil Winston Churchill von seinem amerikanischen Verbündeten abhing, musste er notgedrungen diese Verurteilung, schlimmer noch: diesen Totenschein für das britische Weltreich unterschreiben.

In der Atlantikcharta war auch zum ersten Mal von der Einheit aller Nationen der Welt die Rede. Die Weltorganisation mit dem ergreifenden Namen »Vereinte Nationen« wurde nach dem Tod des Visionärs Roosevelt im Juni 1945 in San Francisco gegründet. Eines ihrer von Anfang an aktivsten und einflussreichsten Organe ist der Treuhandrat (Trusteeship Council), der den Auftrag bekam, die Auflösung der Kolonialreiche und den Weg der Kolonialvölker in die Unabhängigkeit zu steuern – gewissermaßen Entkolonialisierung durch die Kolonialherren selbst.

Die dritte Kausalkette hängt offenkundig damit zusammen, dass die westlichen Kriegsparteien im Zweiten Weltkrieg Hunderttausende Soldaten aus Übersee eingesetzt haben. Die Soldaten aus Vietnam, Kambodscha und Indien, vor allem aber die Senegalschützen (die Bezeichnung wurde zum Oberbegriff für alle Soldaten aus Schwarz-

---

1 Franklin D. Roosevelt, Rede vom 11. Januar 1944 vor dem Kongress der Vereinigten Staaten.

afrika), die marokkanischen Goumiers und andere, die im Allgemeinen heldenhaft gekämpft und entsetzliche Verluste erlitten hatten, erkannten schlagartig die Absurdität der Situation: Sie hatten schreckliches Leid ertragen, um Europa von der Nazi-Pest zu befreien, und nun kehrten sie nach Hause unter das koloniale Joch zurück! Die Mehrheit dieser Kämpfer bildete die Avantgarde der neuen kolonialen Rebellenbewegungen. Ahmed Ben Bella, der zusammen mit Kameraden den Aufstand an Allerheiligen 1954 organisierte und 1962 erster Präsident des befreiten Algerien wurde, hatte 1944 zu den Helden der Schlacht um Monte Cassino gehört, in der die Armee von General Juin sich durch die deutschen Linien nördlich von Neapel kämpfte und auf Rom vorrückte. General de Gaulle hatte Ben Bella persönlich für seine Tapferkeit vor dem Feind ausgezeichnet.

Eine vierte Ursache für die Implosion der Kolonialreiche hat schließlich mit den schrecklichen Verheerungen – Hunger, materielle Zerstörung, Verluste an Menschenleben, wirtschaftlicher Ruin – zu tun, die die nationalsozialistische Aggression in den Ländern Europas anrichtete. Als die Schlächterei des Zweiten Weltkriegs vorüber war, hatten weder Frankreich noch Belgien, noch England – um nur diese drei Kolonialmächte zu nennen – die Kraft, ihre Reiche zu konsolidieren. 1947 wurde der indische Subkontinent unabhängig. Die französische Kolonialstreitmacht wurde 1954 im Kessel von Diên Biên Phu aufgerieben. In Afrika eröffnete der Sieg des aufständischen Volks von Algerien den Weg für die Befreiung aller frankophonen Staaten. Die britischen Soldaten erlitten im Hochland von Kenia, zwischen dem Kilimandscharo und dem Berg Kenia, trotz äußerst grausamer Verbrechen (wozu insbesondere die systematische Entmannung ihrer Gefangenen gehörte) durch die Mau-Mau-Kämpfer eine Niederlage nach der anderen.

IV. Das Versagen der Eliten

Kommen wir nun zu der Frage, warum in Schwarzafrika die Dekolonisation weitgehend gescheitert ist und warum – von wenigen Ausnahmen abgesehen – keine Nationen, sondern nur Protonationen entstanden sind.

In Luanda (Angola), in einer wunderschönen Bucht am Südatlantik gelegen, stehen unermessliches Elend und aggressiver Luxus unmittelbar nebeneinander. Die Paläste der Generäle, Minister und der Herrscherfamilie ragen mitten aus dem trostlosen Meer der Wellblechhütten der Elendsquartiere, genannt *mukeke*. Verseuchtes Wasser, Unterernährung und Epidemien töten in Angola jährlich Zehntausende von Menschen. Angola ist nach Nigeria der zweitgrößte Erdölproduzent südlich der Sahara. Zehn meist staatliche Minen beuten 76 Prozent der Diamanten aus. Die Befreiungsarmee und die Widerstandsfront des MPLA (Mouvement Populaire de la Libération d'Angola), die in den 1960er- und 1970er-Jahren gegen Portugal die Unabhängigkeit erkämpften und im November 1975 vor Luanda – dank der Hilfe kubanischer Soldaten – das südafrikanische Expeditionskorps in die Flucht geschlagen hatten, sind heute korrupte Banden. Die großen Gründerväter – Agostino Neto, der Poet Mario de Andrade, Lucio Lara – sind längst tot oder verstoßen (Lucio Lara). Die absolute, uneingeschränkte Macht liegt seit über dreißig Jahren in den Händen des in Russland ausgebildeten und mit einer Russin verheirateten Ingenieurs Eduardo dos Santos und seiner Verwandten.

Gestohlen wird mittels eines undurchsichtigen Geflechts von Offshore-Gesellschaften. 2013 verlangte der IWF Auskunft über den Verbleib von 33,4 Milliarden US-Dollar, die als Kredit an Angola gegangen und daraufhin unauffindbar verschwunden waren. Diamanten werden meist direkt in den Minen geraubt oder von den Garimpeiros (illegale Diamantenschürfer) erpresst.

Diamanten sind international nur handelbar, wenn sie durch ein Exportzertifikat legitimiert sind. Die angolanische Herrscherfamilie und ihre Komplizen haben mit dem schweizerischen Zoll ein fruchtbares Arrangement gefunden: Die geraubten Diamanten werden ins riesige Zollfreilager (Ports Francs et Entrepôts) in Genf eingeliefert. Dann werden sie an Scheinfirmen oder Strohmänner ausgeliefert – »entzollt« – und kommen auf den Markt. Die Republik Genf, in deren Boden bis dato noch nie ein Diamant gefunden wurde, gehört somit zu den größten »Diamantenproduzenten« der Welt.

Der koloniale Besatzer, das multinationale Finanzkapital, die politische, wirtschaftliche und militärische Aggression haben die präkapitalistischen Produktionsweisen zerstört, die politischen Ordnungen der verschiedenen Ethnien durcheinandergebracht, soziale Unterschiede verschärft, »nationale« Grenzen oktroyiert, die den Trennlinien folgten, die bei der Berliner Konferenz 1885 gezogen wurden, als die westlichen Mächte Afrika unter sich aufteilten. Die afrikanische *Kompradoren*-Bourgeoisie[1], die aus der Entkolonialisierung hervorging, verdankt ihre Existenz dem kolonialen Pakt und allein dem Willen der Konzerne. Anders als die Bourgeoisie in Europa ist sie nicht durch den Kampf gegen eine einheimische Feudalklasse entstanden und definiert sich nicht im Gegensatz zu ihr. Außerdem baut die Protonation nicht auf einem alternativen Bewusstsein auf, das mit dem System der symbolischen Gewalt des transkontinentalen Finanzkapitals bricht. Vielmehr neigt diese Bourgeoisie stark zur Nachahmung, zur Reproduktion von Konsumgewohnheiten, die aus den kolonialen Metropolen stammen, zur Übernahme fremder Muster. Doch obwohl die politischen Führer der Protonationen in das weltweite imperialistische System integriert sind und damit die finanzielle und wirtschaftliche Ausbeutung ihrer Länder zulassen, versuchen sie ihren eigenen Platz im imperialistischen Geflecht zu finden.

---

1 In den 1960er-Jahren verwendete Nicos Poulantzas diesen Begriff aus dem Portugiesischen *(comprador,* der Käufer) zur Abgrenzung dieser speziellen Form der Bourgeoisie, die ihr Geld mit Dienstleistungen für ausländische Konzerne bezieht, von der »inneren« Bourgeoisie, die an der Produktion einheimischer Reichtümer interessiert ist.

Bei der Ausarbeitung ihrer Selbstbilder bedienen sie sich denkbar wirrer, konfuser Theorien: Diese Bilder und Symbolsysteme reichen von der »Authentizitäts«-Theorie des Marschalls Joseph-Désiré Mobutu bis zur »Lord's Resistance Army« des Ugandersiph Joseph Kony.

Die Protonation ist das Ergebnis einer besonderen Wendung in der Geschichte des Imperialismus: Sie entstand durch die Umorientierung, die Umstrukturierung, die neue Ausbalancierung des imperialistischen Systems am Ende des Zweiten Weltkriegs. Damals entschieden die imperialistischen Mächte, den »autochthonen« Klassen, die sie selbst geschaffen hatten und die sie nach wie vor mit symbolischer Gewalt beherrschten, formell die Macht zu übertragen.

Ein kompliziertes Gewirr von Verträgen über die »gemeinsame Sicherheit« garantiert den Fortbestand der Regime, die bei der »Unabhängigkeit« der betreffenden Staaten installiert wurden.

Konkret bedeutet dies, dass das *Kompradoren*-Bürgertum, dem die Kolonialherren die formelle Macht übertragen haben, sich überall, von Bangui bis Douala, von Nairobi bis Kampala, im Wesentlichen gleich verhält. Frantz Fanon sagt darüber: »Trotzdem fordert auch die ›nationale‹ Bourgeoisie die Nationalisierung der Wirtschaft und des Handels, weil nationalisieren für sie nicht heißt, die gesamte Wirtschaft in den Dienst des Volkes stellen, alle Bedürfnisse der Nation befriedigen, den Staat an neuen sozialen Verhältnissen ausrichten, um deren Entwicklung zu fördern. Nationalisierung bedeutet für sie ganz einfach *die Übertragung der aus der Kolonialperiode ererbten Vorrechte auf die Autochthonen.*«[1]

Frantz Fanon hat recht: Charakteristisch für die Machtausübung der »Eliten«, die in der Vergangenheit vom Kolonialherren installiert wurden und heute von den Oligarchien des transkontinentalen Kapitals benutzt werden, ist eine permanente Vermischung von individuellem Vorteil und Gemeinwohl. In den meisten Ländern des afrikanischen Kontinents gründet die Vorstellung von »natio-

1 Frantz Fanon, *Die Verdammten dieser Erde,* Frankfurt am Main 1981, S. 130.

186

nalen« politischen Führern auf dieser Vermischung mit der Folge, dass sie sich zuverlässig persönlich bereichern können: Denis Sassou-Nguesso, seit mehr als einer Generation Präsident von Kongo-Brazzaville, geht mit den Abgaben, die der französische Erdölkonzern ELF dafür zahlt, dass dieser die Ölvorkommen im Meer vor Pointe-Noire ausbeuten darf, so um, als wäre es sein persönliches Einkommen und das seiner Familie. Zwei renommierte Zeitschriften haben die Vorwürfe untersucht, *Forbes* aus den Vereinigten Staaten und *Venture* aus Nigeria. Im Jahr 2014 gibt es auf dem afrikanischen Kontinent 55 Dollarmilliardäre, während 35,2 Prozent der Bevölkerung unter anhaltender schwerer Unterernährung leiden. Die meisten Milliardäre stehen in engen Beziehungen zu den Staatschefs. An der Spitze der Milliardärsliste rangieren drei Frauen, die Verwandte von Staatschefs sind oder zu ihrem engen Umkreis gehören. Die älteste Tochter des angolanischen Präsidenten José Edoardo dos Santos, die schöne Isabel dos Santos, besitzt ein Vermögen von 3,5 Milliarden Dollar. Ngina Kenyatta, die Witwe von Jomo Kenyatta und Mutter des amtierenden kenianischen Präsidenten Uhuru Kenyatta, ist 5,4 Milliarden Dollar schwer. Und die sehr enge Mitarbeiterin des ehemaligen nigerianischen Präsidenten Ibrahim Babangida, Folorunsho Alakija, hat laut *Venture* ein persönliches Vermögen von 7,3 Milliarden Dollar.

Die Protonation ist heute die in Afrika am meisten verbreitete Gesellschaftsform. Sie ist eine Schöpfung des Imperialismus. Der Imperialismus steckte in der Krise, musste sich umorientieren, seine Kräfte neu sammeln, effizientere, flexiblere und rationellere Formen der Beherrschung etablieren, die kostengünstiger und schließlich auch sicherer waren als die vorherigen. Die Protonation war das Ergebnis der neuen Strategie. Sie rechtfertigt den direkten Zugriff des transkontinentalen Finanzkapitals auf die natürlichen Ressourcen, die Arbeitskraft und das strategisch wichtige Territorium der Länder der Peripherie.

Ihr Zugriff ist bewundernswert gut verschleiert. Formal herrscht eine »unabhängige« Regierung über das Land. Ein autochthoner Staat –

mit eigener Polizei, Armee, Arbeitsgesetzgebung und so weiter – erstickt alle aufrührerischen Anwandlungen und alles Aufbegehren gegen die Ausbeutung. Ein eng mit den ausländischen Raubtierkapitalisten verbundenes lokales Bürgertum lebt von den Krumen, die bei der imperialistischen Ausplünderung abfallen, und verwaltet den Staat. Natürlich führt dieses lokale Bürgertum »nationalistische« Reden, spricht von »Unabhängigkeit«, von Forderungen und äußert manchmal sogar »revolutionäre« Ideen, die aber, weil es den Worten niemals Taten folgen lässt, nur eine Nebelwand sind. Es täuscht die weltweite öffentliche Meinung ebenso wie die unterjochten Völker selbst. Hinter der Nebelwand kann das transkontinentale Finanzkapital in Ruhe die Ausplünderung organisieren.

Für all das gibt es unzählige Beispiele. Fria, ein Konsortium westlicher Firmen, ursprünglich zusammengebracht von dem französischen Aluminiumkonzern Pechiney, hat über mehr als fünfzig Jahre hinweg die Bauxit-Vorkommen in Guinea-Conakry zu extrem günstigen Bedingungen ausgebeutet, die es selbst diktiert hatte. Guinea verfügt über ein Drittel der gesamten Bauxit-Reserven des Planeten. Der Staat musste direkt oder indirekt den größten Teil der Infrastruktur bezahlen (Wohnungen für die Arbeiter, Eisenbahnlinien zum Meer, Hafeneinrichtungen und so weiter). Und er musste das überausgebeutete Volk unterwerfen und ihm eine strikte Ordnung aufzwingen. Das Bauxit-Konsortium nimmt bis heute Einfluss bei jeder noch so kleinen politischen, wirtschaftlichen und gesellschaftlichen Entscheidung der Regierung in Conakry.[1]

Ein weiteres Beispiel: Seit mehr als vierzig Jahren beutet der französische multinationale Konzern Areva die Uranminen in Niger aus. Niger verfügt über die zweitgrößten Uranvorkommen weltweit. Auf der Liste der ärmsten Länder der Welt, die alljährlich vom Entwicklungsprogramm der Vereinten Nationen (UNDP-Human Develop-

---

[1] Das Fria-Konsortium gründete 1957, ein Jahr bevor Guinea unabhängig wurde, die erste Aluminiumfabrik. Sie ging später an die amerikanische Firma Reynolds Metals über und wurde 2003 von dem russischen Konzern Rusal aufgekauft, dem Weltmarktführer bei Bauxit. 2012 schloss Rusal die Fabrik und hinterließ eine durch die Arbeitslosigkeit zerstörte Stadt.

ment Index) erstellt wird, rangiert Niger an vorletzter Stelle. Niger ist demnach das zweitärmste Land der Welt. Die 10 Millionen Einwohner leiden regelmäßig unter Dürre und schrecklichen Hungersnöten. Aber ihre Regierung kann nicht einen Cent ausgeben, um Bewässerungsprogramme umzusetzen oder Lebensmittel aufzukaufen und Nahrungsmittelreserven anzulegen. Greenpeace hat es trotz all seiner Bemühungen – auch auf juristischem Weg – nicht geschafft, dass der ausbeuterische Vertrag veröffentlicht wurde, der Niger an Areva bindet.

Welches ist die neue herrschende Klasse in diesen Protonationen? Das nationale Bürgertum? Das existiert in Schwarzafrika praktisch nicht. Die *Kompradoren*-Bourgoisie? Sie ist die wahre herrschende Klasse in den Protonationen. Sie schöpft das ab, was man als »staatlichen Mehrwert« bezeichnet. Sie konsumiert verschwenderisch. Sie kümmert sich wenig um die Akkumulation im Land. Sie steuert die Importe des Landes nach ihren Konsumgewohnheiten und nicht nach den realen Bedürfnissen des Landes.

Die Bauern im Senegal bekommen für ihre Erdnüsse ein Achtel des durchschnittlichen Weltmarktpreises. Staatliche Einrichtungen des Senegal kaufen die Erdnüsse auf und streichen den Mehrwert ein. Der Mehrwert fließt zum größten Teil zurück an die Staatsbourgeoisie, an die hohen und mittleren Funktionäre, Politiker und so weiter, deren Gehälter in keinem Verhältnis zum Durchschnittseinkommen der Menschen stehen. Diese vielköpfige, oftmals parasitäre Staatsbourgeoisie genießt zahlreiche Privilegien. Neben luxuriösen Dienstlimousinen bekommt sie üppige Baudarlehen: Die Staatsbourgeoisie besitzt Villen, die mit Steuergeldern errichtet wurden, und vermietet sie dann zu astronomischen Preisen an Ausländer. Kurzum: In den meisten Protonationen ist die Staatsbourgeoisie eine wahre Geißel des Volkes. Sie ist komplett dominiert von der symbolischen Gewalt des multinationalen Finanzkapitals.

Natürlich reden die aktuellen Satrapen in den afrikanischen Protonationen – Männer vom Schlag eines Umar al-Baschir, Joseph Kabila, Robert Mugabe, Idriss Déby Itno, Paul Biya, Denis Sassou-
Nguesso, Ali Bongo Ondimba, José Edoardo Dos Santos, Michael
Sata, Hifikepunye Pohamba – gern von »Nationalbewusstsein« und
»Unabhängigkeit«. Sie treten bei Konferenzen auf, bewegen sich
ganz vorn auf der internationalen politischen Bühne, reisen eifrig
zu Staatsbesuchen und geben jedes Mal feierliche Bekenntnisse zu
»Freiheit« und »Frieden« ab. Wenn sich aber ein Volk auf dem Kontinent zu befreien versucht, rufen sie sogleich die Truppen dieser
oder jener imperialistischen Macht zu Hilfe.

V. Eine Mordkampagne

Auf die Frage, warum die Nationenbildung in zahlreichen afrikanischen Ländern so tragisch gescheitert ist, gibt es noch andere Antworten.

Auf Druck der weltweiten öffentlichen Meinung, der regelmä-
ßigen Sitzungen der Generalversammlung der Vereinten Natio-
nen und der aufständischen Bewegungen in Afrika selbst musste
Frankreich zwischen 1958 und 1965 18 afrikanischen Kolonien die
»Unabhängigkeit« gewähren. Im selben Zeitraum sahen sich auch
Belgien und England gezwungen, ihre Kolonien in Afrika in die
»Unabhängigkeit« zu entlassen. Wenig später folgten Portugal und
Spanien.

Doch bevor sie – auf Druck und gezwungenermaßen – die Souveränität auf die ehemals Beherrschten übertrugen, führten ihre
Geheimdienste umfangreiche Säuberungen durch und ermordeten
reihenweise gezielt Personen, um die wichtigsten Anführer natio-
nalistischer Bewegungen physisch zu beseitigen.

Diese Art der Gewalt trat ab dem Ende des Zweiten Weltkriegs
in Erscheinung. In Algerien ermordete oder verletzte die französische Armee nach 1945 in Sétif fast 40 000 Menschen, die für die
Unabhängigkeit demonstrierten. In Madagaskar gab es bei der Nie-

derschlagung des Aufstands von 1947 durch die Franzosen mehr als 80 000 Tote.

Im Jahr 1959 starben der zentralafrikanische Nationalist Barthélemy Boganda und seine Begleiter, als ihr Flugzeug explodierte – ein Attentat, für das französische Nachrichtendienste verantwortlich gemacht wurden. Am 17. Januar 1961 wurde der Premierminister von Kongo und Anführer der nationalen Befreiungsbewegung des Kongo (Mouvement national congolais, MNC), Patrice Lumumba, in der Nähe von Lubumbashi ermordet. Er starb durch die Maschinengewehrsalven eines katangesischen Exekutionskommandos. Belgische Söldner beseitigten die Leichen Lumumbas und seiner zwei Begleiter, indem sie sie in Schwefelsäure auflösten. 1966 wurde der Ghanaer Kwame Nkrumah, der Architekt der panafrikanischen Bewegung und der erste nationalistische Führer in Schwarzafrika, dem es gelungen war, die Unabhängigkeit zu erreichen, in einem Militärputsch gestürzt, dessen Drahtzieher der englische Geheimdienst war. Er starb im Exil in einem rumänischen Krankenhaus an einer mysteriösen, nie aufgeklärten Krankheit. Am 20. Januar 1973 wurde Amílcar Cabral, der Kommandant der Befreiungsarmee von Guinea-Bissau und Gründer der PAIGC (der Afrikanischen Partei für die Unabhängigkeit von Guinea und Kap Verde) von einem Agenten der politischen Polizei Portugals (PIDE) ermordet, 14 Monate bevor sein Land die Unabhängigkeit erlangte.

Der Staatsterror war unerbittlich: Es galt, um jeden Preis die wahren nationalistischen Anführer zu beseitigen, um die »Macht« auf präparierte »Eliten« übertragen zu können, die die Kolonialherren in den Sattel gehoben hatten und kontrollierten.

Paradigmatisch ist der Fall Kamerun. In diesem wunderschönen Land, das sich von den Savannen des Tschad bis ans Ufer des Atlantiks erstreckt, spielen die politischen, wirtschaftlichen und finanziellen Interessen Frankreichs bis heute eine entscheidende Rolle. Paris übergab die Macht einem traditionellen muslimischen Herrscher aus dem Norden, Amadou Ahidjo. Ahidjo residierte 23 Jahre lang im Präsidentenpalast von Yaoundé, bis er von seinem ehemaligen Kabinettschef abgelöst wurde, dem heutigen Präsidenten Paul Biya.

191

Ahidjo war bis zuletzt ein Handlanger der neokolonialistischen Politik Frankreichs. Doch in Kamerun gibt es viele mutige, irredentistische Völker mit jahrtausendealten Traditionen und dem glühenden Wunsch nach Unabhängigkeit. So widersetzte sich beispielsweise die Union der Völker Kameruns (UPC) der französischen Scharade. Die Gegner der UPC griffen zu den Waffen.

Die Repression war grausam.

15. Januar 1970, auf dem zentralen Platz von Bafoussam im Westen Kameruns. Die Soldaten des Exekutionskommandos der kamerunischen Armee stellen sich so auf, dass sie die aufgehende Sonne im Rücken haben. Eine Gruppe uniformierter französischer Offiziere und ein paar Europäer in Zivil mit weißen Hemden und Leinenhosen überwachen das Ganze. Bauern von der Volksgruppe der Bamileke, ihre Frauen und Kinder sammeln sich schweigend am Rand des Platzes. Eine Kolonne geschlossener LKWs und anderer Fahrzeuge bringt weitere Soldaten, den Staatsanwalt, die Militärrichter, den Gerichtsmediziner und schließlich den Verurteilten. Schwere Wolken hängen über der Stadt, aber trotzdem ist der Morgen klar: Gleißende Sonnenstrahlen brechen durch die Wolkendecke und tauchen den Platz in helles Licht. Ernest Ouandié, fünfzig Jahre alt, das Gesicht gezeichnet von den Verhören, der Erschöpfung, den Schlägen, wird von den Gendarmen aus einem LKW gezerrt. Er ist sehr mager, vorzeitig gealtert, seine Haare sind ergraut. Sein Blick ist müde. In Handschellen wird er vor den Hinrichtungspfahl gestoßen. In dem Augenblick, in dem die Soldaten feuern, schreit er: »Es lebe Kamerun!«, dann stürzt er mit dem Gesicht voraus zu Boden. Aus der Gruppe der Zuschauer löst sich ein französischer Offizier, tritt auf den Sterbenden zu, greift nach seinem Revolver, beugt sich hinunter und feuert zweimal in seine Schläfe. Der wichtigste Führer der kamerunischen Befreiungsfront ist tot.[1]

Ausnahmslos alle nationalistischen Anführer aus Kamerun wurden nach und nach umgebracht: Ruben Um Nyobe bereits 1955,

1 Über den Tod von Ouandié vgl. Mongo Beti, *Main basse sur le Cameroun,* Paris 1972.

192

später seine Nachfolger Isaac Nyobe Pandjok, David Mitton und Tankeu Noé.

1960 kam der junge Arzt und Präsident der UPC, Félix-Roland Moumié, nach Genf, wo er versuchte, diplomatische Unterstützung zu organisieren. Ein französischer »Journalist«, der bei den Vereinten Nationen akkreditiert war, lud ihn in eine Bar in der Innenstadt ein. Am Abend bekam er starke Bauchschmerzen. Er wurde ins Kantonsspital gebracht, wo er in der Nacht starb. Der »Journalist« wurde bald enttarnt: Es handelte sich um Oberst William Bechtel, Offizier des französischen Auslandsgeheimdienstes SDECE (Service de documentation extérieure et de contre-espionnage). Bechtel reiste fluchtartig ab. Gegen ihn wurde ein internationaler Haftbefehl erlassen. Zwanzig Jahre später, am 8. Dezember 1980, stellte die Anklagekammer des zuständigen Genfer Gerichts das Verfahren gegen ihn ein. Die Genfer Justiz hatte kein Problem damit, sich lächerlich zu machen: Die Entscheidung fiel, eine Woche nachdem in Frankreich die Erinnerungen von Oberst Le Roy-Finville erschienen waren. Dieser war 1960 der Vorgesetzte von Bechtel gewesen. In seinem Buch schilderte er detailliert die Ermordung Moumiés durch den Residenten des SDECE in Genf.[1]

1966 wurde Castor Osende Afana, in Frankreich ausgebildeter Ökonom, ein brillanter Kopf, Kämpfer gegen die Kolonialherrschaft, im äquatorialen Dschungel aufgespürt und in der Nähe der Grenze zwischen Kongo, Gabun und Kamerun umgebracht.

Die Republik Kamerun ist die Heimat großartiger Kulturen und tapferer Völker. Aber die französische Mordkampagne in früheren Zeiten hat ein derartiges Trauma hinterlassen, dass sich trotz all der Korruption, der Ausplünderung des Landes und der extremen Not, die einen großen Teil der Bevölkerung quält, keine Widerstandsbewegung formiert.

---

1 Philippe Bernert, *SDECE Service 7. L'histoire extraordinaire du colonel Le Roy-Finville et de ses clandestins*, Paris 1980.

VI. Die Zerstückelung eines Kontinents

Ein letzter Grund, warum die Nationenbildung in so vielen Ländern Afrikas gescheitert ist, hängt mit der Berliner Konferenz 1885 zusammen.

Ein außergewöhnlicher europäischer Staatsmann hat damals bei der Ordnung der im Entstehen begriffenen Kolonialwelt eine entscheidende Rolle gespielt: der deutsche Reichskanzler Fürst Otto von Bismarck. Bismarck hatte eine wichtige Tatsache begriffen: Die anarchische Entwicklung der kolonialen Eroberungsfeldzüge verschiedener europäischer Staaten gefährdete die Heilige Allianz der reaktionären Mächte, wie sie 1815 aus dem Sieg über die Französische Revolution und das Napoleonische Reich hervorgegangen war. Die Raffgier der Händler, Soldaten und Finanziers und der Fanatismus vieler Missionare hatten ein solches Ausmaß erreicht, dass sie den Frieden in Europa und das Gleichgewicht der Mächte ins Wanken brachten. In Haut-Dahomey (heute Benin), an der Grenze des Sudan, am Rand des vulkanischen Hochplateaus von Nigeria, standen französische Truppen englischen Invasoren gegenüber. Die Offiziere der französischen Republik beschimpften die Abgesandten Ihrer Majestät. Tatsächlich gab es kein Gesetz, kein juristisches Kriterium, keine Regel des Gewohnheitsrechts, um die jeweiligen Einflusszonen der einzelnen europäischen Staaten in Afrika abzugrenzen und zu definieren. Die Aggression der kolonialen Streitkräfte, ihr Drang nach Eroberungen, die Verlockungen des Ruhms, aber auch handfeste wirtschaftliche Interessen und ideologisches Sendungsbewusstsein (gleichermaßen religiöser wie weltlicher Natur) machten die Afrikafeldzüge der Europäer zu wahren Heldenepen, bei denen es um »Nationalstolz«, die »Würde« der Staaten und die »Glaubwürdigkeit« der Regierungen ging. Aus dem kleinsten Zusammenstoß von englischen und französischen Truppen, portugiesischen Händlern oder deutschen Forschungsreisenden im entlegensten Winkel der Sahelzone oder in den Bergen von Benguela drohte ein kaum vermeidbarer, großer Konflikt zu werden.

Klarer als jeder andere erkannte Bismarck die Gefahr. Damals beschäftigten ihn der Aufstieg der europäischen Arbeiterschaft und ihrer Organisationen geradezu obsessiv. Die Arbeitersolidarität entwickelte sich rasch. Bismarck, Herr über die am besten organisierte Polizei Europas, registrierte sehr genau den wachsenden Einfluss der Arbeiterbewegung in allen europäischen Ländern, die den Weg der Industrialisierung eingeschlagen hatten. Bebel, Guesde, Liebknecht und Malatesta verfolgten ihn in seinen schlaflosen Nächten. (Bismarck litt unter schweren, sehr schmerzhaften Neuralgien.) »Die gemeine Bande«, wie er sie nannte, spukte durch seine Albträume. Mit diesem Ausdruck bezeichnete er die Arbeiterführer, die überall in Deutschland – vor allem nach dem Vereinigungsparteitag von Gotha 1875 – seine Macht infrage stellten. Und wenn die Heilige Allianz in Europa zerbrach, drohten die sozialistischen Revolutionäre die Macht in Berlin, Paris, London, Rom und Madrid zu ergreifen.

Im Gegensatz zu anderen Politikern seiner Zeit hing Bismarck keinen kolonialen Eroberungsträumen nach. Seine einzige, beständige Sorge galt der Konsolidierung der fragilen deutschen Einheit, die er 1871 endlich erreicht hatte, und der Stärke und dem Ruhm des deutschen Kaiserreichs. Als weitblickender Mann verstand er, dass die alltäglichen Konflikte infolge der anarchischen Besetzung Afrikas durch die europäischen Mächte das ausgeklügelte, komplexe System der Bündnisse zwischen den europäischen Staaten gefährdeten, mit dem er den Fortbestand und die Größe des Reichs zu sichern versuchte. Kurzum, Bismarck wollte vor seinem Tod noch Regeln durchsetzen, nach denen bei kolonialen Eroberungen Gebiete und Legitimität aufgeteilt werden sollten. Und so berief er 1885 eine Konferenz nach Berlin ein.

Die Liste der Teilnehmer an der Eröffnungssitzung am 26. Februar vermittelt einen Eindruck von der Zusammensetzung des Kartells der Kolonialherren, zu dem praktisch alle großen und mittleren militärischen, wirtschaftlichen und finanziellen Mächte der damaligen Zeit gehörten. Wir finden dort den deutschen Kaiser, die Königin von England, den Sultan des Osmanenreichs, den Präsidenten der Vereinigten Staaten, den Zaren von Russland, die Könige von

195

Spanien und von Portugal, den Kaiser von Österreich-Ungarn, die Könige von Italien, Belgien, Schweden-Norwegen, der Niederlande und den Präsidenten der französischen Republik.

Die großen und mittleren Kolonialmächte verfügten nach Belieben über Afrika. Sie zerstückelten den Kontinent, schnitten ihren Besitz heraus, zerstreuten Völker, zerstörten Kulturen und traditionelle kollektive Identitäten, sie plünderten, brandschatzten, vergewaltigten und raubten den Reichtum des Bodens, der Wälder und der Menschen, wie es ihnen mit ihren egoistischen Interessen gerade gefiel. Die Berliner Konferenz sollte die Anarchie beenden.

Ziel der Konferenz war es, der kolonialen Ordnung der Welt und insbesondere Afrikas Legitimität und Legalität zu verleihen. Man wollte den »wilden« Besetzungen ein Ende machen und festlegen, dass zwischen konkurrierenden europäischen Staaten das Recht des »ersten Eroberers« gelten sollte. Außerdem wollte man die großen Flüsse für die internationale Schifffahrt öffnen, den Sklavenhandel eindämmen und den Umgang mit einheimischen Arbeitskräften kontrollieren. Auch ein kleines Stück internationales Recht wurde eingeführt: Ein Gebiet, über dem die Fahne eines europäischen Landes wehte, sollte als legitimer Besitz des betreffenden Landes angesehen werden. Wenn ein konkurrierender europäischer Staat ebenfalls Ansprüche auf das Gebiet erhob, musste er vor einer Schiedsinstanz beweisen, dass seine Besitzansprüche schwerer wogen (zum Beispiel durch Schutzabkommen mit Häuptlingen der Eingeborenen, durch Kaufverträge und dergleichen).[1]

Mit der Berliner Konferenz entstand ein tatsächliches Weltsystem mit eigenen Regeln für Besetzung und Verhalten, mit Schiedsinstanzen, mit einer legitimierenden Ideologie und einer eigenen Rechtsordnung. Mit diesem homogenen, strukturierten, kohärenten Kolonialsystem hatten es künftig die Befreiungsbewegungen zu tun.

Die Konferenz hat Afrika zerstückelt wie ein Kannibale, der einen lebendigen Körper zerstückelt.

---

1 Vgl. den »Annexe documentaire« in Henri Brunschwig, *Le Partage de l'Afrique,* Paris 1971, Reihe »Questions d'histoire«, S. 112 ff.

Die nach den Interessen und dem Gutdünken der Kolonialherren festgelegten Grenzen haben die großen traditionellen Gesellschaften, die Kulturen und Zivilisationen zerschlagen. Eingeschlossen in Grenzen, die nichts »Natürliches« hatten und in keinerlei Beziehung zur je einzigartigen Geschichte der betroffenen Völker standen, haben diese verstümmelten, aber lebendigen Stücke von Kultur im Inneren der willkürlich ausgeschnittenen Gebiete extreme Spannungen verursacht, die bis heute spürbar sind.

Kurzum: Bismarck hat Europa befriedet, wenn auch nur sehr vorübergehend, dabei aber Afrika verstümmelt.

Am 23. Mai 1963 wurde in Addis Abeba der Gründungskongress der Organisation für Afrikanische Einheit (OAU) eröffnet, der Vorläuferorganisation der heutigen Afrikanischen Union. Unter Führung des ghanaischen Präsidenten Kwame Nkrumah leisteten die Anhänger einer kontinentalen Struktur Widerstand gegen die Vertreter eines »Afrika der Staaten« um den senegalesischen Präsidenten Léopold Sédar Senghor. Letztere setzten sich durch. Um Bruderkämpfe im unabhängigen Afrika zu verhindern, legte die Charta der OAU ausdrücklich fest, dass die Kolonialgrenzen unantastbar sein sollten. Damit wurde die Zerstückelung der traditionellen kollektiven Identitäten und der großen überkommenen Kulturen festgeschrieben.

Die möglichen kulturellen Orientierungen für die künftigen afrikanischen Nationen waren damit von vornherein beschnitten. Anstelle eines aufkeimenden Nationalbewusstseins regierte in vielen Regionen der Tribalismus. Unter allen gegenwärtigen Formen des Rassismus ist der Tribalismus eine der unerbittlichsten, schlimmsten und destruktivsten. Der Tribalismus verheert das kollektive Bewusstsein der Protonationen, in denen die regierenden ethnischen Gruppen das Gewaltmonopol behaupten und autokratische Regierungen installieren, die die anderen ethnischen Gruppen diskriminieren – im Namen und entsprechend ihrer jeweiligen Stammesidentität.

VII. Die Hölle im Südsudan

Das eindrücklichste aktuelle Beispiel für das Drama des Tribalismus bietet der jüngste der 195 Mitgliedsstaaten der Vereinten Nationen, die Republik Südsudan.

Die 12 Millionen Einwohner des Südsudan, die verschiedenen Niloten-Kulturen angehören – Azande, Nuer, Dinka, Massalit, Schilluk und so weiter –, leben in einem prächtigen Land mit einer Fläche von mehr als 900 000 Quadratkilometern, bestehend aus unberührten Wäldern, einer außergewöhnlichen Fauna, fruchtbaren Ebenen und fischreichen Flüssen.

Die Republik Südsudan hat den längsten nationalen Befreiungskampf aller Länder Afrikas hinter sich: Der Sudan war seit 1899 ein Kondominium Großbritanniens und Ägyptens. Auf Druck von Gamal Abdel Nasser und seiner Freien Offiziere, die seit 1952 die Macht in Kairo innehatten, wurde das Kondominium 1956 aufgelöst. Sofort revoltierte das Equatoria Corps, die Truppen, die die englische Kolonialmacht bei den christlichen nilotischen Völkern im Süden rekrutiert hatte. Der lange Krieg gegen das muslimische Regime in Khartum begann. Bis dahin hatten zwei großartige Völker mit einer strahlenden, hochentwickelten Kultur, mit reichen und lebendigen Kosmogonien die Southern Sudan Liberation Army (SSLA) dominiert: die Dinka und die Nuer. Ihre jeweiligen kollektiven Erinnerungen, ihr symbolischer Überbau, ihre gesellschaftlichen (nicht-staatlichen) Organisationen haben die Anthropologen fasziniert, allen voran Edward E. Evans-Pritchard.[1]

In einem Zeitraum von etwas mehr als einem halben Jahrhundert starben ganze Generationen junger Nuer und Dinka in den Sümpfen des Weißen Nils, im Dschungel und in den Savannen im Kampf, wurden bei lebendigem Leib verbrannt, durch Artilleriefeuer und Bomben der muslimischen Armeen verwundet. Zehntausende

---

1 Edward E. Evans-Pritchard, *Witchcraft, Oracles and Magic among the Azande,* erstmals erschienen Oxford 1937 (gekürzte deutsche Ausgabe: *Hexerei, Orakel und Magie bei den Zande,* Frankfurt am Main 1978) und *The Nuer. A Description of the Modes of Livelihood and Political Institutions of A Nilotic People,* Oxford 1940.

198

Frauen und Kinder aus dem Süden wurden bei den Terrorbombardements der Luftwaffe aus dem Norden zerfetzt. Das Kommando über die SSLA teilten sich Offiziere der Nuer und der Dinka (die letzten beiden Oberkommandierenden John Garang und Salva Kiir waren allerdings beide Dinka; Garang starb bei der Explosion seines Flugzeugs).

Ich erinnere mich an meinen kürzlichen Besuch in Juba – eine krakenhafte Riesenstadt mit ihren Hochhäusern und überbevölkerten, armseligen Slums. Vor der Unabhängigkeit war Juba in erster Linie eine Garnisonsstadt gewesen, extrem arm, gelähmt von Angst. Aus dem Ozean rostiger Hausdächer ragten hier und da hohe gelbe Häuser mit rissigen Wänden heraus, deren Terrassen die Fluten der Regenzeit und die Feuchtigkeit, die dauernd aus dem Bahr al-Dschabal, dem Weißen Nil, aufsteigt, zersetzt hatten. Mir ist vor allem das ehemalige British Railway Hotel in Erinnerung geblieben, ein elegantes, langgezogenes, zweistöckiges Gebäude aus ockerfarbenen Ziegeln. Eine Veranda mit Arkaden, in der sich Sessel und Tische aus Weidengeflecht aneinanderreihten, schützte den großen Speisesaal im Erdgeschoss vor der Hitze. Bahr al-Dschabal heißt wörtlich »das weiße Meer«, denn flussaufwärts von Juba verschwindet der Nil wie durch Magie unter Millionen weißer Seerosen.

Am 15. Januar 2011 fand das Referendum über die Selbstbestimmung des Südsudan statt, und am 9. Juli wurde die Unabhängigkeit verkündet. Die Staatsgewalt übernahmen gemeinsam Salva Kiir vom Volk der Dinka als Staatspräsident und Riek Machar vom Volk der Nuer als Vizepräsident.

Aber kaum zwei Jahre nach der Unabhängigkeit, im Juli 2013, beanspruchte die ethnische Mehrheit der Dinka die alleinige Macht. Salva Kiir entließ Riek Machar und alle Minister und Generäle vom Volk der Nuer. Nuer-Familien flohen zu Tausenden aus der Hauptstadt Juba.

Kiir ist ein stämmiger Dinka, einen Meter neunzig groß, mit einem warmherzigen Lächeln; er trägt immer einen schwarzen, breitkrempigen Hut. Machar hingegen ist der typische Nuer,

199

schlank und agil. Er erinnert an die Hirten seines Volkes, die, auf einem Bein stehend mit einem langen Stock in der Hand, an den Zuflüssen des Weißen Nils die beeindruckenden Herden der Zebus mit den wie eine Leier geschwungenen Hörnern hüten. Machar ist ein Intellektueller, ehemaliger Philosophieprofessor an der Universität Khartum. Kiir erhob gegen Machar eine absurde Anklage, um die Jagd auf die Nuer zu eröffnen: Sein Stellvertreter habe geplant, bei der Präsidentschaftswahl 2015 gegen ihn zu kandidieren, und sich somit der Verschwörung schuldig gemacht.

Angesichts eines gemeinsamen, unerbittlichen muslimisch-arabischen Feinds haben die Völker des Südens trotz regelmäßiger ethnischer Konflikte mit außerordentlichem Mut und großartiger Entschlossenheit Widerstand geleistet und ihre Identität, ihre Religion, ihr Land verteidigt. Doch dieser Kampf, den Generationen aus unterschiedlichen Volksgruppen geführt und für den sie mit schrecklichen Leiden bezahlt haben, ließ kein strukturiertes gemeinsames Bewusstsein entstehen, kein die ethnische Zugehörigkeit übergreifendes Nationalbewusstsein. Die Stammesidentität ist nach wie vor der Bezugspunkt letzter Instanz, die ultimative Zuflucht für die Völker im Südsudan. Und nach fünfzig Jahren Krieg zur Selbstverteidigung sind Tribalismus und Ethnozentrismus immer noch die beiden einzigen Faktoren, die das vielfach gespaltene kollektive Bewusstsein strukturieren.

Die uralten Hochkulturen der Niloten-Völker wie Nuer, Dinka, Azande, Massalit und Schilluk zählen, wie ich bereits gesagt habe, zu den höchstentwickelten, komplexesten, reichhaltigsten Kulturen auf unserem Planeten. Ihre Kosmogonien bieten eine allumfassende Erklärung der Welt und der Bestimmung der Menschen. Ihre Verwandtschaftssysteme und Initiationsriten dienen dazu, das gesellschaftliche Wissen von Generation zu Generation weiterzugeben. Ihre Hierarchien von Befehl und Gehorsam, die sich durch Komplementarität und Reziprozität zwischen Männern und Frauen, zwischen unterschiedlichen Altersklassen, Clans und so weiter auszeichnen, ihre Begräbnisrituale, die das Weiterleben, die Unsterblichkeit, die beständige gesellschaftliche Anwesenheit der Verstorbenen garantieren: All das erzeugt eine stark strukturierte soziale Basis, solide kollektive Identitäten.

Solange aufeinanderfolgende arabisch-muslimische Herrscher in Khartum den Nilvölkern zugesetzt haben und versuchten, sie zu unterwerfen und manchmal zu vernichten, sammelten sie sich in einer gemeinsamen Widerstandsfront.

Doch als der Sieg errungen war, die Fesseln der Unterdrückung gesprengt waren und der äußere Druck nicht mehr bestand, löste sich die gemeinsame Front auf, und die verschiedenen ethnischen Gruppen übernahmen wieder das Monopol auf die Strukturierung des jeweiligen kollektiven Bewusstseins. Die Hochkulturen der Nilvölker wurden füreinander zu »mörderischen Identitäten«, um es mit einem Begriff von Amin Maalouf zu sagen.

Bis zum Sommer 2014 sind in diesem neuen Krieg bereits viele Zehntausend Frauen, Kinder und Männer aller ethnischen Gruppen gestorben. Millionen Menschen haben die Städte verlassen, vor allem Bentiu, Bor, Leer und Juba, wo die schlimmsten Kämpfe tobten, und sind in den Busch geflohen.

In allen Winkeln dieses riesigen, herrlichen Landes rufen lokale Radiostationen, die wichtigsten Kommunikationsinstrumente, dazu auf, Frauen zu vergewaltigen, die nicht der eigenen ethnischen Gruppe angehören.[1] In Leer, im Osten des Landes, wo Nuer leben, musste die Hilfsorganisation Ärzte ohne Grenzen ihr Krankenhaus aufgeben. Hunderte Verwundete und Kranke hielten sich monatelang in den Sümpfen versteckt. Im April 2014 verübten Schergen von Machar in Bentiu, wo Tausende Dinka-Familien Zuflucht gefunden hatten, ein Massaker.

Kaum entstanden, ist die Protonation Südsudan somit wieder zerfallen. Neben der Wiederkehr des Tribalismus sind das soziale Elend, der Hunger und Epidemien an dem gegenwärtigen Chaos schuld. Seit der Proklamation des Staates Südsudan vor drei Jahren sind 2,5 Millionen Flüchtlinge aus Uganda, Kongo und Äthiopien ins Land zurückgeströmt. Zwar liegen 85 Prozent der sudanesischen

1 *Le Monde,* 23. April 2014.

Ölfelder im Süden, aber der Norden kontrolliert die Pipelines, die das Öl nach Port Sudan und zu den Häfen am Roten Meer transportieren.

Um die Protonationen zu stabilisieren und zu verhindern, dass die Staaten mit ihrer fiktiven Souveränität im Chaos versinken, vor allem aber um den eigenen Einfluss zu sichern, hat die ehemalige Kolonialmacht mit den Regierungen, die nach der Unabhängigkeit die Macht übernahmen, Abkommen über die sogenannte »gemeinsame Sicherheit« geschlossen. In Abidjan, in Dakar und in anderen Hauptstädten unterhält die französische Armee Garnisonen. Denn in Ländern, in denen die legale Opposition verfolgt wird, suchen sich Unzufriedenheit, Verzweiflung und das Leiden der Bevölkerung oft Ausdruck in Protestbewegungen, die außerhalb der Legalität agieren.

In Nigeria, dem bevölkerungsreichsten Land des Kontinents, achtgrößter Ölproduzent der Welt, sind Korruption, Vetternwirtschaft und Wahlbetrug an der Tagesordnung. Texaco, ExxonMobil, British Petroleum und Shell beuten das Land aus und machen dabei gemeinsame Sache mit den Herrschern in Abuja. Im Delta kämpfen irredentistische Bewegungen, im Norden treiben die Terroristen von Boko Haram ihr Unwesen.

Die Dschihadisten verheeren das Sahelgebiet. Aber die französischen Garnisonen in Niamey (Niger), Dakar (Senegal), Nouakchott (Mauretanien) und Bamako (Mali) sind so lange nutzlos, wie Areva und andere französische Unternehmen weiterhin zu Bedingungen, die an Plünderung grenzen, die Uranminen in Niger ausbeuten, die Goldvorkommen in Mali oder das fruchtbare Land in der Schleife des Flusses Senegal. Die Abkommen über die »gemeinsame Sicherheit«, die die herrschenden neokolonialen Eliten schützen sollen, erweisen sich letztlich als wirkungslos. Die Protonationen gehen von innen heraus zugrunde.

VIII. Der äußere Faschismus

In welchem Augenblick der Geschichte und an welchem Ort der Welt die Nation auch in Erscheinung tritt, sie birgt immer universelle Werte in sich.

Ein Beispiel: Kurz vor Valmy hielt Maximilien Robespierre in Paris folgende Rede: »Franzosen, unsterblicher Ruhm erwartet euch, aber ihr müsst ihn unter großen Mühen erringen. Ihr habt nur die Wahl zwischen der schändlichsten Sklaverei und der vollkommenen Freiheit. Entweder die Könige unterliegen oder die Franzosen. Das Schicksal aller Nationen ist mit dem unseren verknüpft. Das französische Volk muss das Gewicht der Welt tragen [...] Auf dass die Sturmglocke, die in Paris ertönt, von allen Völkern gehört werde.«[1]

Und noch ein Beispiel: Der Erhebung der polnischen Nationalisten gegen die russischen Besatzer endete mit einer Niederlage und mit Blutvergießen. Dennoch beanspruchte die entstehende polnische Nation die gleiche Universalität wie Robespierre. In einer Nacht im September 1831 tauchten an den Mauern von Warschau Plakate auf, direkt vor den Fenstern des Feldmarschalls Paskiewitsch, dem russischen Peiniger Polens. In lateinischer und kyrillischer Schrift stand auf den Plakaten zu lesen: »Für unsere Freiheit und für eure.« Nur wenige Soldaten der russischen Besatzungsarmee verstanden die Botschaft. Die Erhebung wurde niedergeschlagen. Die Polen mussten bis zum Jahr 1989 und zum friedlichen Sieg von Solidarność darauf warten, dass sich der Griff der russischen Kolonialherren lockerte und die polnische Nation aus der Asche wiederauferstehen konnte.

Ein letztes Beispiel: Im August 1942 übernahm Missak Manouchian von Boris Holban die Führung der Partisanenorganisation MOI (Mouvement des ouvriers immigrés, Bewegung der immigrierten Arbeiter). Die Nazi-Besatzer hatten in Paris Tausende rote Plakate

---

1 Zitiert bei Jean-Philippe Domecq, *Robespierre, derniers temps,* Paris 1984.

203

aufgehängt, die die Gesichter bestimmter Mitglieder der Gruppe mit ihren Namen zeigten. Da es alles ausländische Namen waren, hauptsächlich armenische und polnische, wollten die Nazis damit den Eindruck erwecken, der bewaffnete Widerstand und dessen »Terror« seien das Werk von Ausländern. Im November wurde die Gruppe an die Gestapo verraten. Manouchian und mehr als sechzig Kameraden, Männer und Frauen – darunter die 23, die auf dem roten Plakat zu sehen waren – wurden festgenommen. Nach entsetzlichen Folterungen starben sie im Morgengrauen des 21. Februar auf dem Mont Valérien im Kugelhagel eines Erschießungskommandos. Sie stammten aus unterschiedlichen Ländern, Kulturen und Volksgruppen, aber fast alle riefen, ehe die Kugeln sie trafen: »Es lebe Frankreich!«

Alle Menschen streben nach Leben, Gesundheit, Bildung, Wissen, einer sicheren Existenz, einem festen Arbeitsplatz, einem regelmäßigen Einkommen. Sie wollen ihre Familien vor Demütigungen schützen, ihre politischen und staatsbürgerlichen Rechte im vollen Umfang ausüben können, ohne Willkür ausgeliefert zu sein, und wollen vor Unglücken bewahrt werden, die ihre Würde verletzen.

Die Nation, die in Valmy erstanden ist, ist eine Nation der Armen, die entschlossen sind, zu leben – und frei zu leben. Sie ist heute das Modell für die meisten Volksbewegungen, für die Revolutionäre in Bolivien, in Venezuela, in Ecuador, in Kuba, in Bahrain, Nepal und an vielen anderen Orten auf der Welt.

Innerhalb des Menschenrechtsrats der Vereinten Nationen haben die westlichen Länder (die europäischen und nordamerikanischen) 2010 eine informelle, aber mächtige Organisation gebildet, die sich regelmäßig trifft und ihr Abstimmungsverhalten koordiniert: die *like minded group*. Diese Gruppe besteht aus den Ländern, die den Anspruch erheben, gemeinsam die Demokratie, die Menschenrechte und die Freiheitsrechte erfunden zu haben.

Doch wenn man genauer hinschaut, erkennt man, dass diese Länder mit einem gespaltenen Bewusstsein leben. Die Grundwerte werden bei ihnen im Allgemeinen geachtet und gelten auf ihren jeweiligen nationalen Territorien. Aber ihre Geltung endet an ihren nationalen Grenzen.

In Bagram in Afghanistan, im größten Militärgefängnis der Welt, und in Guantánamo, dem Gefangenenlager auf dem Stützpunkt der US-Navy im Südosten von Kuba, wendeten die Vereinigten Staaten – wie wir gesehen haben – systematisch Folter und andere unmenschliche Behandlungen gegenüber ihren politischen Gefangenen an, die aus allen Ecken des Planeten stammen. Im Jemen und in Pakistan töten amerikanische Drohnen jeden Monat Dutzende Kinder, Männer und Frauen, die absolut nichts mit terroristischen Aktivitäten zu tun haben.

Die Europäische Union praktiziert Dumping in Schwarzafrika, das heißt, sie verkauft ihre eigenen Agrarprodukte billiger als die lokalen Produkte und zerstört damit wissentlich die lokale Landwirtschaft. Ihre Organisation FRONTEX schickt jedes Jahr Tausende Männer, Frauen und Kinder auf das Meer zurück – Menschen, die versuchen, über den Atlantik oder das Mittelmeer in die Festung Europa zu gelangen, auf die Kanaren, nach Malta oder an die italienische Küste. Nach Angaben des Hochkommissariats für Flüchtlinge sind dabei von 2001 bis 2013 31 000 Menschen ertrunken.

Laut einer Untersuchung, die Global Financial Integrity veröffentlicht hat, eine 2006 in Washington gegründete Nichtregierungsorganisation, die sich um Korruption, Schmuggel, organisiertes Verbrechen und Steuerflucht kümmert, sind durch »anonyme Scheinfirmen, undurchsichtige Steuerparadiese und kommerzielle Geldwäsche im Jahr 2011 fast 1000 Milliarden Dollar aus den ärmsten Ländern der Welt abgeflossen«. Die astronomischen Summen, die illegal aus den Ländern gelangen, werden von Jahr zu Jahr größer. »Der Anstieg betrug 13,7 Prozent gegenüber 2010 und 250 Prozent gegenüber 2002. Von 2002 bis 2011 haben die Entwicklungsländer nach Schätzungen der Studien insgesamt 5900 Milliarden Dollar verloren […] Das Volumen der Kapitalflucht lag 2011 um das Zehnfache höher als die Netto-Entwicklungshilfe, die im selben Jahr den 150 Ländern gewährt wurde, mit denen sich die Studie befasst. Das bedeutet, dass für jeden Dollar Entwicklungshilfe, den ein Land bekommt, 10 Dollar auf illegalem Weg abfließen.«[1]

Und etwas weiter heißt es: »Das subsaharische Afrika, wo sich die Kapitalflucht jedes Jahr auf mehr als 5,7 Prozent des BIP summiert, ist die Region, die unter volkswirtschaftlichem Gesichtspunkt am meisten unter dieser Entwicklung leidet. In den letzten zehn Jahren lag der Anstieg bei den Summen, die illegal aus dem Land geschafft wurden, deutlich über den Wachstumsraten des BIP.«[2]

Im Jahr 2014 hat das schweizerische Außenministerium eine Forschergruppe der Universität Bern beauftragt, die Ströme von illegal aus Afrika abgeflossenem Kapital zu untersuchen, die in den Tresoren von schweizerischen Banken landeten. Und das war das Ergebnis ihrer Untersuchung: 83 Länder der südlichen Hemisphäre bekamen Entwicklungshilfe und humanitäre Hilfe aus der Schweiz. 2013 hat die Schweiz dafür umgerechnet 2,2 Milliarden Dollar ausgegeben. Aber im selben Zeitraum deponierten die herrschenden »Eliten« dieser Länder auf ihren persönlichen Konten bei diversen Schweizer Banken insgesamt geschätzte 7,5 Milliarden Dollar, das Dreifache der mit Steuergeldern finanzierten Entwicklungshilfe ...

Die Kapitalflucht, die von schweizerischen und europäischen Banken organisiert wird, führt überall zu Katastrophen.

Einer meiner brillantesten Studenten an der Universität Genf war Carlos Lopes aus dem kleinen westafrikanischen Land Guinea-Bissau. Im marmorverkleideten »Palast der Nation«, am Ufer des Mittelmeers, nahe bei Algier gelegen, habe ich ihn wiedergesehen. Dort wurde am Morgen des 28. Mai 2014 die 17. Ministerkonferenz der Blockfreien Staaten eröffnet. Meiner Freundschaft mit Abd al-Aziz Bouteflika verdankte ich meine Einladung als »ausländischer Beobachter«. Carlos Lopes ist heute beigeordneter UNO-Generalsekretär und leitender Sekretär der UNO-Wirtschaftskommission für Afrika (UNECA) mit Sitz in Addis Abeba. Sein Vortrag fand spätabends am 29. Mai statt. Carlos Lopes prangerte detailliert die westliche Plün-

1 *Illicit Financial Flows from Developing Countries, 2009-2011.*
2 Ebenda.

derungsstrategie an, erklärte akribisch die illegalen Kapitalflüsse und analysierte die tödlichen Gefahren, welche die flutartig ansteigende Kapitalflucht für die Völker des Kontinents verursachten. Die Minister waren erschüttert... und sprachlos. In zahlreichen Ländern Afrikas ist die Infrastruktur marode, Krankenhäuser und Schulen müssen schließen, Unterernährung und Arbeitslosigkeit richten fürchterliche Verheerungen an. Die Länder sind ausgeblutet. In Burkina Faso stirbt eines von sechs Kindern vor dem zehnten Lebensjahr. Wegen chronischer Unterernährung können nur 25 Prozent der Frauen in Mali ihre Säuglinge stillen.

Gewisse Ideologen im Dienst der transkontinentalen Finanzoligarchien behaupten, ein großer Teil der Länder Afrikas mache spektakuläre wirtschaftliche Fortschritte. Was hat es damit auf sich?

Der IWF hat über fünf Jahre (2004–2008) das Bruttoinlandsprodukt (BIP) von 30 der 54 afrikanischen Länder untersucht; auf sie entfallen 86 Prozent der Bevölkerung des Kontinents und 91 Prozent der Produktion. Und das sind die durchschnittlichen Wachstumsraten des BIP in diesen Ländern: 5 Prozent in 2005, 5,8 Prozent in 2006, 5,5 Prozent in 2007, 6 Prozent in 2008.

Wie ist dieser »Erfolg« zu erklären? Vor allem durch die Intensivierung der Ausbeutung von Bodenschätzen durch die ausländischen transkontinentalen Gesellschaften und den Preisanstieg bei Rohstoffen wie Erzen, Gas und Erdöl. Nigeria zum Beispiel ist achtgrößter Erdölproduzent der Welt. Viele afrikanische Volkswirtschaften sind Rentenökonomien, in denen das Wachstum durch die ausländische, vor allem asiatische, Nachfrage angeheizt wird.

Die Kehrseite des Wachstums ist das unermessliche Elend zahlreicher Völker. Gemessen an seiner Bevölkerung hat Afrika heute die höchste Hungerrate der Welt: 35,2 Prozent seiner Bevölkerung sind permanent schwerstens unterernährt. Afrika ist ein Bettler, der auf einem Goldberg sitzt.

Ich war kürzlich in Goma in der Republik Kongo, der einst stolzen Metropole von Nord-Kivu, die im Ostafrikanischen Grabenbruch am Fuße der Virunga-Vulkanberge liegt. Dort erlebte ich, dass eine banale Infektion tödlich sein kann. Dass die Krankenhäuser keine Antibiotika haben. Dass die anderen Medikamente knapp sind. Im Kongo fordern Krankheiten, die die Medizin seit Langem besiegt hat, jedes Jahr Hunderttausende von Opfern. Die medizinische Grundversorgung ist mangels staatlicher Investitionen praktisch zusammengebrochen.

Afrika erfreut sich einer enormen demografischen Vitalität. 2014 waren 65 Prozent der Afrikaner jünger als dreißig Jahre, in Europa hingegen nur 29 Prozent. 2005 machten die Afrikaner 12 Prozent der Weltbevölkerung aus, 2050 werden es bereits 22 Prozent sein. 2007 zählte Afrika 960 Millionen Einwohner, 2025 werden es 1,4 Milliarden sein und 2050 2 Milliarden. Aber diese Menschen müssen die Folgen einer erdrückenden Staatsverschuldung tragen, einer vor allem durch ausländische Investoren induzierten Korruption, unzureichender Investitionen in die lokalen Unternehmen, das Gesundheits- und Bildungswesen sowie in die Infrastruktur; sie müssen zusehen, wie ihre Bodenschätze durch multinationale Konzerne geplündert werden und die Massenarbeitslosigkeit steigt.

Doch wie man weiß, handeln die privaten multinationalen Konzerne in vollem Einklang mit den Regierungen ihrer Heimatländer – und manchmal sogar mit deren aktiver Unterstützung.

Somit praktizieren die Mitglieder der *like minded group* gegenüber den armen Ländern der südlichen Hemisphäre das Gesetz des Dschungels, die Politik des Stärkeren. Sie negieren die Werte, die sie innerhalb ihrer eigenen Grenzen verkünden und hochhalten. Maurice Duverger, Professor für Verfassungsrecht an der Sorbonne und Kolumnist der Zeitung *Le Monde,* hat zur Zeit des Vietnamkriegs ein solches Verhalten als »äußeren Faschismus« bezeichnet.[1]

Man muss in Maniema, in Kivu und Katanga im Osten des Kongo, in den Tälern des Sambesi in Sambia und Mosambik oder auch im angolesischen Benguela die Gettos gesehen haben, die mul-

---

1 Maurice Duverger, »Le fascisme extérieur«, *Le Monde,* 9. Februar 1966.

208

tinationale Konzerne wie Glencore, Anaconda Copper oder Rio Tinto für ihre Minenarbeiter errichtet haben. Diese Gettos werden von bis an die Zähne bewaffneten Privatmilizen bewacht. Kinderarbeit ist an der Tagesordnung. Die Ausbeutung der Arbeiter – Bergleute, Steinbrecher, Transportarbeiter und so weiter – macht ganze Völker zu Sklaven: die Bafulero, die Bashi, die Bateke. Nie werde ich die verängstigten Blicke vergessen, die ausgemergelten Körper der jungen Männer, die für einen Hungerlohn in den Coltan-Minen in Kivu schuften, ständig bedroht durch Milizionäre. In der Region Kivu lagern 60 bis 80 Prozent der weltweiten Reserven dieses strategisch wichtigen Erzes, das für die Produktion elektronischer Bauteile[1], von Handys und Flugzeugen unerlässlich ist.

Die Nation ist eine der wunderbarsten Errungenschaften der menschlichen Zivilisation. Die Soziologie kann einen wichtigen Beitrag leisten, um sektiererische Verirrungen, Fundamentalismen und rassistische Tendenzen zu bekämpfen. Sie spielt auch eine entscheidende Rolle beim Kampf gegen den »äußeren Faschismus«, den so viele westliche Länder gegenüber den Völkern der südlichen Hemisphäre ausüben.

---

1 Im Jahr 2000 sollen eine weltweite Knappheit und der Preisanstieg bei Tantal, das aus Coltan-Erz gewonnen wird, verhindert haben, dass Sony seine PlayStation 2 in ausreichender Stückzahl produzieren konnte.

ACHTES KAPITEL

Wie entsteht und wie entwickelt sich die Gesellschaft?

Das Subjekt historischer Erkenntnis ist die kämpfende, unterdrückte Klasse selbst. Bei Marx tritt sie als die letzte geknechtete, als die rächende Klasse auf, die das Werk der Befreiung im Namen von Generationen Geschlagener zu Ende führt.

Walter Benjamin, »Über den Begriff der Geschichte« (1940)[1]

I. Die Gesetze der Geschichte

Zwei Gruppen von Wissenschaftlern haben die Entstehung der sozialen Realität mit besonders scharfem Blick betrachtet. Da sind zum einen die Soziologen der Frankfurter Schule zu nennen, die Deutschen Max Horkheimer, Theodor W. Adorno, Herbert Marcuse, Walter Benjamin, Erich Fromm sowie ihre Freunde und zeitweise Verbündeten, der Ungar Georg Lukács und der Deutsche Ernst Bloch. Der Frankfurter Schule gehörten marxistisch orientierte deutsche Soziologen an. 1924 gründeten sie das Institut für Sozialforschung in Frankfurt am Main (das ein privater Mäzen finanzierte) und gaben eine Zeitschrift heraus, die legendäre *Zeitschrift für Sozialforschung*. 1933, als die Nazi-Barbaren an die Macht gelangten, löste sich die Gruppe auf, die Mitglieder emigrierten nach

---

1 In *Gesammelte Schriften*. Bd. I, 2. Frankfurt a. M. 1974, S. 700.

Genf, Paris und Oxford, später in die USA, wo sie an der New Yorker Columbia-Universität eine Heimat fanden.

Nur einer fehlte beim Appell: Walter Benjamin. Im Juni 1940 war er im Lager Vernuche in der Nähe von Nevers interniert worden und später dank der Hilfe von Freunden freigekommen. Am Vorabend des deutschen Einmarschs in Paris floh Benjamin in Richtung Spanien. Als er in Portbou die Nachricht erhielt, dass nach einer neuen Direktive der spanischen Regierung Flüchtlinge nach Frankreich zurückgebracht werden sollten, nahm er sich am 26. September 1940 das Leben.

Nach dem Zweiten Weltkrieg zerfiel die Gruppe. Horkheimer und Adorno kehrten nach Deutschland zurück und lehrten als Professoren an der Johann-Wolfgang-Goethe-Universität in Frankfurt, Horkheimer bis zur Emeritierung, Adorno bis zu seinem Tod. Horkheimer wurde Rektor der Universität. Fromm und Marcuse hingegen glaubten nicht, dass Deutschland ein demokratisches Land werden könnte. In ihren Augen war der Faschismus in ihrem Land immer noch lebendig. Sie weigerten sich deshalb, zurückzukehren. Marcuse antwortete Max Horkheimer, als der ihn zur Rückkehr drängte, mit einem Zitat von Brecht: »Der Schoß ist fruchtbar noch, aus dem das kroch.« Marcuse wurde Professor in Massachusetts und lehrte nach seiner Emeritierung an der Universität von San Diego in Kalifornien. Er starb 1979 im Alter von 81 Jahren während einer Vortragsreise in Westdeutschland in der Nähe von München. Erich Fromm, der lange in Mexiko gelebt hatte, verbrachte seine letzten Lebensjahre in der Schweiz, im Tessin, wo er 1980 starb.

Georg Lukács und Ernst Bloch hatten nie zur Frankfurter Schule gehört. Anders als Horkheimer und seine Freunde entschieden sie sich für den Beitritt zur kommunistischen Partei (Lukács) oder standen ihr nahe (Bloch). Aber Lukács und Bloch hatten mit den Soziologen der Frankfurter Schule etwas gemeinsam: Wie sie wollten sie die zeitgenössischen Sozialwissenschaften auf die Grundlage strenger materialistischer und dialektischer Methoden stellen.

Zur Erinnerung: Lukács, in Budapest geboren, wurde 1919

212

Volkskommissar für Kultur und Bildung in der Räteregierung von Béla Kun.[1] Er floh vor den Massakern während der Gegenrevolution und lebte erst in Deutschland, dann in Moskau. Nach dem Zweiten Weltkrieg kehrte er nach Budapest zurück. Der unbeugsame Ernst Bloch weigerte sich, die kaiserliche Uniform zu tragen, und emigrierte während des Ersten Weltkriegs in die Schweiz. In der Zeit des Nationalsozialismus lebte er im amerikanischen Exil in Philadelphia. Nach dem Zweiten Weltkrieg kehrte er nach Leipzig zurück und wurde Professor an der dortigen Karl-Marx-Universität. Aber er geriet schon bald in Konflikt mit der Staatsführung der DDR. Er verließ Leipzig und zog nach Tübingen, wo er 1977 starb.

Zur Bezeichnung dieser ersten Gruppe verwende ich den Begriff »deutsche Neomarxisten«. Der einzige Nicht-Deutsche der Gruppe, Lukács, sprach fließend Deutsch, war mit der deutschen Kultur aufgewachsen und schrieb die meisten seiner Bücher auf Deutsch.

Die deutschen Neomarxisten stehen in der Nachfolge von Marx und Hegel und tragen das Erbe der revolutionären Bewegung weiter. Sie erforschen die Produktionsbedingungen in den Industriegesellschaften und die Wege, die zur Emanzipation der Arbeiter führen, und kombinieren dabei Instrumente der marxistischen Philosophie, der Soziologie und der Psychoanalyse. In Frankreich haben in der jüngeren Vergangenheit Soziologen wie Henri Lefebvre, Pierre Naville, Pierre Fougeyrollas und Alain Touraine ähnliches Terrain erkundet.

Die zweite Gruppe der Soziologen und Anthropologen, die versuchten, umfassende Antworten auf einige der Fragen zu geben, die uns hier beschäftigen – vor allem auf die Frage nach dem historischen Ursprung der menschlichen Gesellschaft –, besteht aus Wissenschaftlern unterschiedlicher Herkunft. Ihnen verdanke ich persönlich entscheidende Antworten auf einige Fragen, die mich

---

1 1915 gehörte Lukács in Budapest zu einer Gruppe von Intellektuellen und Künstlern, die alle von den Werten der *Aufklärung* durchdrungen waren, darunter der Soziologe Karl Mannheim, der Filmkritiker und -theoretiker Béla Balázs, der anarchistische Aktivist Erwin Szabó, die Kunsthistoriker Friedrich Antal und Arnold Hauser. Sie alle mussten Ungarn nach dem Sturz der Revolutionsregierung 1919 verlassen.

umtreiben, insbesondere die Frage nach der Aggressivität, nach der Gewalt, die jedem Menschen und jeder Gesellschaft innewohnt. Einige dieser Forscher stammen aus Deutschland, andere haben einen polnischen oder ungarischen Hintergrund, wieder andere einen englischen, australischen oder amerikanischen. Das verbindende Element ist, dass sie alle – manche nur kurz, andere über die ganze Zeit ihres aktiven Lebens – in England gelebt haben. Die wichtigsten Vertreter dieser Gruppe sind Bronislaw Malinowski, Melville Herskovits, Solly Zuckerman und Géza Róheim. Ich nenne sie die »angelsächsischen Kulturanthropologen«.

Diese zweite Gruppe ist aus der Auseinandersetzung mit der positivistischen darwinistischen Evolutionstheorie heraus entstanden[1] und hat sich über die empirischen Forschungen der ersten Prähistoriker zusammengefunden. In diesem Bereich haben mehrere französische und belgische Anthropologen und Prähistoriker wichtige Beiträge geleistet, insbesondere Claude Lévi-Strauss, Marcel Mauss, André Leroi-Gourhan, Luc de Heusch, Jean Clottes und Yves Coppens.

In diesem Kapitel schauen wir uns zuerst an, was die deutschen Neomarxisten zur Entstehung der Gesellschaft zu sagen haben, und dann die Ausführungen der angelsächsischen Kulturanthropologen.

In der Weltsicht der deutschen Neomarxisten gibt es keinen Platz für das Nichts, das absolut Unergründliche. Was der Mensch nicht kennt, nicht kontrolliert und beherrscht, ist einfach »noch nicht« bekannt oder »noch nicht« beherrscht. Es gibt keine endgültige »natürliche« Grenze für die menschliche Praxis, für die Arbeit des Menschen, für seine Fähigkeit, immer neue Gebiete der »noch nicht vermittelten« Natur, wie Bloch sagte, in gesellschaftliche Realität zu überführen. Bloch, Horkheimer und Lukács verfolgen in ihrer Soziologie das Ziel, einen möglichst großen Teil der Welt in »Bewusst-

---

1 Gemeint ist der britische Naturforscher Charles Darwin mit seiner Theorie über die Entstehung und Entwicklung des Menschen. Sein Hauptwerk *Die Entstehung der Arten durch natürliche Zuchtwahl* erschien 1859.

sein« zu verwandeln. Die Praxis der Menschen – die immer klassengebunden ist – ist das einzige Thema der Geschichte. Die Menschen können buchstäblich alles. Bloch behauptet sogar, dass eines Tages auch der Tod besiegt werden könne, weil nichts uns beweise, dass es eine »natürliche« Grenze für den beständigen Fortschritt der naturwissenschaftlichen Erkenntnisse gebe. Im Fortschritt der kollektiven, klassengebundenen Praxis trete eine objektive Vernunft zutage. Wie lässt sie sich erfassen?

Die deutschen Neomarxisten haben, ausgehend von ihrer Beschäftigung mit der Geschichte der gesellschaftlichen Revolutionen in Europa vom 16. bis zum 20. Jahrhundert, ihre Theorie über die objektive Vernunft, die das Schicksal der Gesellschaften bestimmt, konstruiert. Diese Theorie wirft eine Reihe von Problemen auf.

Es gibt den – offensichtlichen, wenn auch seltenen – Fall, dass eine siegreiche Revolution schlagartig die analytische Vernunft bestätigt, die politische Theorie, die die Revolutionäre bewegt. Die subjektive Vernunft des Akteurs und die objektive Vernunft, der zu dienen sie behauptet, fallen zusammen, zeigen sich in der Synchronizität, im selben Augenblick, in einem einzigartigen Ereignis. So analysierte Lenin im Oktober 1917 mit seinen Genossen die Widersprüche, von denen die russische Gesellschaft zerrissen und gelähmt wurde. Seine subjektive, analytische, antizipierende Vernunft postulierte, dass die Widersprüche zur Reife gelangt waren, dass die bestehende institutionelle Hülle, das heißt der neue bürgerliche, parlamentarische und halbdemokratische Staat, den Kerenski seit Februar führte, nicht in der Lage war, diese gesellschaftlichen Widersprüche zu bewältigen. Dass deshalb die Stunde gekommen war, wo ein revolutionärer Akt, ein Akt der kollektiven Gewalt das ganze alte Gesellschaftsgebäude zum Einsturz bringen und eine neue Gesellschaft entstehen lassen konnte, neue Produktionsverhältnisse und eine neue Weltsicht. Also gab Lenin das Signal für den Sturm auf den Winterpalast. Das zaristische Russland brach zusammen. Ein Gedicht von Nâzim Hikmet illustriert meine Worte:

Im Winterpalast Kerenski,
In Smolny die Sowjets und Lenin,
Auf der Straße Dunkelheit,
Schnee,
Wind,
und sie.
Und sie wissen, dass er gesagt hat:
»Gestern zu früh, morgen zu spät,
der einzige Augenblick ist heute.«
Und sie haben gesagt: *»Verstanden, wir wissen es.«*
Und sie wussten nie
etwas mit einem so schonungslosen und
vollkommenen Wissen.[1]

Aber meistens sind die Dinge unendlich viel komplexer: Dem Bewusstsein, der subjektiven Vernunft der Menschen, der analytischen Wahrnehmung des Menschen erscheint die objektive Vernunft die meiste Zeit wie eine »falsche Zwangsläufigkeit« (ein Begriff von Lukács[2]). Erst im Rückblick verleiht sie den Ereignissen ihren wahren Sinn, nach einer langen Reihe widersprüchlicher Vorkommnisse. Lukács nennt ein Beispiel für diese falsche Zwangsläufigkeit: den Konflikt, der innerhalb des revolutionären Prozesses in Frankreich zwischen Gracchus Babeuf und seinen Freunden und Maximilien Robespierre entstand.

Mehrere Historiker sind der Ansicht, dass im revolutionären Prozess in Frankreich eine »Refeudalisierung« stattgefunden habe. Tatsächlich entschied Maximilien Robespierre aus Gründen der politischen Opportunität, weil er angesichts der ausländischen Bedrohung die nationale Einheit bewahren wollte, die Freiheit privaten Kapitals, unangetastet zu lassen. Im April 1793 erklärte er vor der Nationalversammlung: »Die Gleichheit der Vermögen ist eine Schimäre.« Die Spekulanten, die Neureichen, all jene, die von der

1 Nâzim Hikmet, »Petrograd 1917«, in *Anthologie poétique,* a. a. O., S. 47 f.
2 Georg Lukács, *Geschichte und Klassenbewusstsein,* a. a. O.

Not des Volkes profitierten, all jene, die damit beschäftigt waren, aus den revolutionären Umbrüchen ansehnliche Gewinne zu ziehen, atmeten auf. Robespierre sagte zu ihnen: »Ich werde euch eure Schätze nicht wegnehmen.«[1] Was immer seine insgeheimen Absichten waren, mit dieser Erklärung öffnete Robespierre dem privaten Kapital den Weg zur Herrschaft in der Ersten französischen Republik, während des Direktoriums, dann im Kaiserreich – und in allen Regimes, die folgten.

Gracchus Babeuf, Jacques Roux und mit ihnen noch andere – aber nicht Saint-Just – verbündeten sich gegen Robespierre, prangerten die Privilegierten an, die Profit aus der Revolution zogen, und forderten die Abschaffung des Privateigentums, die Vergemeinschaftung des Bodens und der Produktionsmittel.

Gracchus Babeuf schrieb: »Hinterlistige: Ihr schreit, dass der Bürgerkrieg vermieden werden müsse, dass man nicht die Fackel der Zwietracht ins Volk werfen dürfe, aber welcher Bürgerkrieg ist empörender als der Krieg, bei dem alle Mörder auf der einen Seite sind und alle Opfer schutzlos auf der anderen […] Möge der Kampf beginnen um das Kapitel der Gleichheit und des Eigentums! Möge das Volk alle alten barbarischen Institutionen stürzen! Möge der Krieg der Reichen gegen die Armen endlich diesen Anschein großer Kühnheit auf der einen Seite und großer Feigheit auf der anderen einbüßen! […] Ja, ich wiederhole es. Alle Missstände sind auf ihrem Gipfel, sie können nicht schlimmer werden. […] Fassen wir das Ziel der Gesellschaft ins Auge! Fassen wir das gemeinsame Glück ins Auge und ändern wir nach tausend Jahren diese groben Gesetze!«[2]

Die Nationalversammlung stellte sich hinter Robespierre. Roux wurde zum Tode verurteilt und beging 1794 Selbstmord. Auch Babeuf wurde wenige Jahre später der Verschwörung angeklagt und am Morgen des 27. Mai 1797 blutüberströmt aufs Schafott getragen. (Er hatte in der Nacht zuvor einen Selbstmordversuch unternommen.)

---

1 Siehe dazu Jean-Philippe Domecq, *Robespierre, derniers temps,* a. a. O.
2 »Das Manifest der Gleichen«, 1796.

Maximilien Robespierre und Gracchus Babeuf erhoben praktisch identische Ansprüche. Sie behaupteten beide, die Gesetze der Geschichte verstanden, die objektive Vernunft des revolutionären Kampfs erkannt zu haben und zu beherrschen. Sie sagten zu ihren Mitbürgern: Wenn ihr mich an die Macht bringt und mir die Regierung anvertraut, bringt ihr die universelle Klasse an die Macht! Damit war gemeint: Die Interessen der Klasse, aus der ich stamme, sind so umfassend, dass sie universell sind und die speziellen Interessen aller anderen Klassen mit einschließen. Wenn diese universelle Klasse erst einmal die Macht hat, werden sich alle Klassen einträchtig um sie herum versammeln und den Frieden in Frankreich sicherstellen. Robespierre und Babeuf glaubten tatsächlich, ihre jeweilige Herkunftsklasse sei der Keim einer universellen Klasse: bei Robespierre das gebildete mittlere Bürgertum aus der Provinz, bei Babeuf das Pariser Proletariat. Der eine war Träger einer richtigen subjektiven Vernunft (er glaubte an seine Aussage) und einer falschen objektiven Vernunft (was er sagte, wurde von den Fakten widerlegt); der andere war Träger einer richtigen subjektiven und richtigen objektiven Vernunft.

Aber erst auf lange Sicht, im Licht der Erfahrungen des 19. und 20. Jahrhunderts, wurde deutlich, dass die objektive Vernunft, wie sie Robespierre vertrat, falsch war und dass Babeuf objektiv recht hatte. Die Klasse, die Maximilien Robespierre repräsentierte, das kleine und mittlere gebildete, Handel treibende Bürgertum aus der Provinz, schrumpfte im Lauf des 19. und 20. Jahrhunderts kontinuierlich. Hatte es zu Beginn der Ersten Republik noch triumphiert, so verlor es danach schrittweise seine Macht zugunsten einer kapitalistischen und imperialistischen Oligarchie, die aus der Verwandlung des Industriekapitals und des Handelskapitals in Finanzkapital und weiter aus der Monopolisierung und der Globalisierung dieses Finanzkapitals hervorgegangen war. Eingeklemmt zwischen einer immer mächtigeren Arbeiterbewegung einerseits und andererseits einem kolonialen und dann imperialistischen Großbürgertum, das sich immer aggressiver und brutaler gebärdete, verlor die Klasse der kleinen und mittleren Unternehmer, der Immobilienbesitzer, der Anwälte und Notare, die das mittlere Bürgertum ausmachten, nach und nach ihre beherrschende Position im Staat. Bedrängt von allen Seiten, verfiel sie und spielt heute nicht mehr die entscheidende Rolle, weder in der materiellen Produktion noch in der symbolischen.[1] Hingegen vergrößerte die Klasse, die Babeuf repräsentierte, die Arbeiterklasse, das ganze 19. und 20. Jahrhundert hindurch kontinuierlich ihren Einfluss und ihre politische, wirtschaftliche und ideologische Macht. Die industrielle Revolution und der Niedergang der ländlichen Welt zugunsten der Städte katapultierten sie ganz nach vorn auf die politische Bühne bis zu einem Punkt, den Babeuf selbst nicht hatte voraussehen können, und verlieh ihren Interessen eine universelle Dimension. Die Arbeiterklasse gab sich mächtige Organisationen – Gewerkschaften, Kooperativen, Versicherungsvereine, Parteien –, die bis heute zu den stärksten Gegnern der globalisierten kapitalistischen Ideologie gehören.

Wie lässt sich die Interaktion zwischen der menschlichen Praxis und der nicht vollendeten Welt erfassen? Wie lässt sich die Bewegung ermessen, die das nicht vermittelte Handeln, die praktische, instrumentelle, subjektive Vernunft der Menschen in die Natur einbringt? Die deutschen Neomarxisten haben das zu einem ihrer bevorzugten Forschungsgebiete gemacht. Sie haben die Prinzipien, die Marx formuliert hat, feineren, um die Erfahrungen aus der Geschichte der ersten Hälfte des 20. Jahrhunderts bereicherten Analysen unterzogen, haben sie kritisiert, korrigiert und erweitert.

Ein Beispiel soll das Zusammenwirken von praktischer und theoretischer Vernunft erhellen.

In einem Dorf am Fuß eines bewaldeten Hügels beschließen arme, hungernde Bauern, die Fläche, die ihnen als Ackerland zur Verfügung steht, zu vergrößern. Das einzige Gebiet, das noch nicht bewirtschaftet wird, ist der bewaldete Hang hinter dem Dorf. Die

---

1 Einen Eindruck vom allmählichen Verfall der wirtschaftlichen und symbolischen Macht der Klasse, aus der Robespierre stammte, vermittelt Régis Debray in »*Voltaire verhaftet man nicht!« Die Intellektuellen und die Macht in Frankreich,* Köln-Lövenich 1981, Kap. 2, S. 47 ff.

Bauern kommen zusammen, beraten und entscheiden, den Hang zu roden. Sie verteilen die Arbeit, schleifen ihre Äxte und machen sich auf den Weg zu dem Hang. Bäume werden gefällt, die Wurzeln verbrannt. Das gerodete Land wird umgepflügt und eingesät. Der Frühling geht ins Land, der Sommer kommt und dann der Herbst. Im nächsten Frühjahr schmilzt der Schnee, es regnet, und das Wasser unterspült das neu erschlossene Land. Das Erdreich rutscht weg, es sind keine Wurzeln da, um es zu halten. Das Dorf wird von einer Schlammlawine begraben.[1]

Die Dialektik, die die antinomischen Kräfte der menschlichen Praxis und der »natürlichen« Kausalität einander gegenüberstellt, verbindet und aufhebt, wirft zahlreiche Probleme auf.

Für Marx müssen die Menschen die Natur beherrschen, denn nur so können sie sich von der Mühsal befreien, die die Natur ihnen aufzwingt, wenn sie sich ernähren und die ständige Gefahr der Not bannen wollen. Die Beherrschung geht folgendermaßen vonstatten: Es wird eine Theorie der Praxis formuliert, die Praxis bestätigt die Theorie oder widerlegt sie, eine neue Theorie wird aufgestellt, wieder folgt die Überprüfung durch die Praxis und so weiter. Marx zufolge rühren die Hindernisse für die Verwandlung der Natur und die Befreiung der gesellschaftlichen Kräfte einzig aus der Logik des Kapitalismus her. Übertragen auf das zitierte Beispiel heißt das: Die Menschen ziehen die Lehre aus der Katastrophe und erweitern dadurch ihr Wissen, sodass sie imstande sind, eine zutreffende Theorie über die Beziehung zwischen der Natur des Bodens, dem Fließen des Wassers, der Erosion und dem Ausbringen des Saatguts zu formulieren. Doch aufgrund der kapitalistischen Bedingungen verursacht die rücksichtslose Ausbeutung des Bodens weiterhin derartige Katastrophen und verhindert den richtigen Umgang des Menschen mit der Natur.

Für die Soziologen der Frankfurter Schule können sich die Instrumente, die der Mensch einsetzt, um die Natur zu »beherrschen«,

---

1 Das Beispiel stammt aus Jean-Paul Sartre, *Kritik der dialektischen Vernunft,* Reinbek bei Hamburg 1980.

gegen ihn selbst wenden. Die Beziehung zwischen den Instrumenten und der Natur kann sich auch verselbstständigen und den Menschen vollkommen ausschließen, von den Instrumenten ebenso wie von der Natur und damit von der Geschichte. Die Theorie dieser neuen Beziehungen hat einer der Erben der deutschen Neomarxisten vorgelegt, Jürgen Habermas, in seiner Schrift *Theorie und Praxis*, die 1963 erstmals erschienen ist.[1] In Frankreich führte André Gorz, der auch unter dem Pseudonym Michel Bosquet veröffentlicht hat, zu dieser Problematik ähnliche Untersuchungen durch wie Habermas mit seiner Gruppe in Starnberg in den Jahren nach 1971. Von Gorz/Bosquet sollte man *Ökologie und Freiheit* lesen, das erstmals 1977[2] erschienen ist, und in seinem 1959 veröffentlichten Vorgängerbuch *Morale de l'histoire* das Kapitel über »Die Entfremdung der Bedürfnisse«.[3] Habermas zufolge ist die Technik heute zu einem wichtigen autonomen Subjekt geworden, das unabhängig von den Menschen seine eigene Geschichte erzeugt.

Heute wird die Diskussion über eine mögliche Verselbstständigung des Verhältnisses von Werkzeug und Natur anhand von Beispielen aus den fortgeschrittensten Technologien wie der Atomtechnologie und der Gentechnik geführt.

Eine weitere Schwierigkeit macht das Projekt der Verwandlung der noch nicht in gesellschaftliche Realität transformierten Natur noch einmal komplizierter: Die Techniken entwickeln sich viel rascher als die theoretische Vernunft, die ihre Anwendung leitet. Man weiß, dass die geistigen Strukturen der Menschen sich langsamer entwickeln als die materiellen Strukturen der Produktion. Die Menschen leben immerfort unter der Herrschaft überholter Bilder der Realität. Die deutschen Neomarxisten haben dieses Problem schon vor langer Zeit aufgegriffen. Ihr Fazit: Die Menschen sind nie das, was sie zu sein glauben.

1 Neuwied 1963.
2 Reinbek bei Hamburg 1980, französische Originalausgabe Paris 1977.
3 Paris 1959, S. 233 ff.

Vor allem Horkheimer und Adorno haben sich in mehreren grundlegenden Werken mit dieser Diskrepanz befasst.[1] Die Menschen, so schreiben sie, bedienen sich zur Formulierung der Theorie ihrer Praxis, um sich ein Bild dessen zu machen, was sie leben, geistiger Instrumente, die aus Praktiken der Vergangenheit hervorgegangen sind. Dieser Widerspruch könnte leicht durch eine permanente Anpassung der theoretischen Instrumente überwunden werden, wenn die Produktion der Instrumente nicht von den verschiedenen Einrichtungen der herrschenden Klassen überwacht würde. Diese Klassen haben schon immer ein Interesse daran, die menschliche Praxis unter möglichst vielen Schleiern zu verbergen. Deshalb findet keine kontinuierliche Anpassung der Theorie an die Praxis statt, sondern Intransparenz und Ignoranz regieren. Die Praxis wird beständig durch falsche Theorien behindert, die von den Interessen der herrschenden Klassen diktiert sind. Hinzu kommt noch, dass die Arbeitsteilung die schrittweise Verselbstständigung der Felder begünstigt, auf denen die Theorien zur Erklärung der Welt entstehen, und so die objektiven Bedingungen verstärkt werden, die den Fortbestand überholter Theorien gewährleisten.

Eine archaische Vorstellung der Realität kann jedoch unter bestimmten Umständen zur Avantgarde werden. Ich erinnere in dem Zusammenhang an einen Kampf, der 1972 begann und an dem ich selbst teilgenommen habe: der Kampf gegen den Bau eines Atomkraftwerks an der Rhône, in Verbois, neben dem Dorf Russin bei Genf. Das Projekt, das eine multinationale Elektrizitätsgesellschaft (EOS Holding) auf den Weg gebracht hatte, wurde sowohl von der Bundesregierung in Bern als auch von der Regierung des Kantons Genf unterstützt. Die Bewegung, die gegen das Projekt kämpfte, bestand am Anfang hauptsächlich aus kommunistischen Aktivisten, Umweltschützern und Anarchisten. Ihr Widerstand speiste sich aus

---

1 Zumal in: Max Horkheimer, Theodor W. Adorno, *Dialektik der Aufklärung*, Frankfurt 1969. In Frankreich sind ihre Werke in der Reihe »Critique de la politique« (»Kritik der Politik«) im Verlag Payot erschienen.

einer grundsätzlichen Ablehnung der Atomtechnologie: Gleichgültig, wie man die nuklearen Abfälle lagert, sie werden auf jeden Fall für Jahrtausende eine tödliche Bedrohung für die Menschen und die Umwelt darstellen – denn die Frage ihrer Behandlung und Zwischenlagerung ist ungelöst. Zudem stellte auch das Kernkraftwerk für sich eine Gefahr dar, eine höchst reale, da es in der Einflugschneise des Flughafens Genf-Cointrin liegen sollte, 14 Kilometer von der Stadt entfernt.

Der Kampf war schwierig. Die Gegner waren eine Randgruppe, wurden von der Presse diffamiert, von den Behörden ignoriert und von den Wissenschaftlern als naiv bezeichnet. Physiker des benachbarten CERN (Centre européen de recherche nucléaire, Europäische Organisation für Kernforschung), darunter mehrere Nobelpreisträger, wollten sie beraten, hielten ihre Ängste aber für unbegründet. Die linken Parteien waren auf die Idee des »Fortschritts« fixiert und klammerten sich hartnäckig an das Projekt – zumindest bis zu dem Tag, an dem ein wissenschaftlicher Bericht ergab, dass sich das Wasser der Rhône, mit dem die Reaktoren gekühlt werden sollten, um vier Grad erwärmen würde. Verbois liegt im Herzen eines herrlichen Weinbaugebiets, am Fuß einer Moräne, wo alte Rebsorten wie Gamay und Chasselas gedeihen. Durch die Erwärmung des Flusses hätte sich permanenter Nebel gebildet, der die Sonneneinstrahlung behindert und Weinbau unmöglich gemacht hätte.

Die Winzer in dieser Region sind überwiegend traditionelle Calvinisten, durch und durch konservativ, deren Weltsicht Lichtjahre von der kommunistischer Atomkraftgegner und Umweltschützer entfernt ist. Trotzdem schlossen sich etliche alarmierte Winzer den AKW-Gegnern an. Die Bewegung wuchs, weitere Gruppen entstanden, es gab Koordination auf kantonaler und Bundesebene, und schließlich bildete sich sogar eine ökologische Partei. Und endlich siegte die Bewegung. Sie brachte eine kantonale Volksinitiative ein unter dem Motto »L'énergie, notre affaire« (»Energie, unsere Sache«) mit dem Ziel, in die Genfer Verfassung einen Artikel aufzunehmen, dass auf dem Gebiet des Kantons kein Atomkraftwerk gebaut werden dürfe. Ein halbes Jahr nach der schrecklichen Katastrophe in Tschernobyl in der Ukraine (26. April 1986), am 7. Dezember 1986, stimmten 59,82 Prozent der Bürger für die Initiative.

II. Wann und wie ist die erste menschliche Gesellschaft entstanden?

Die Alltagslogik darf sich nicht einschüchtern lassen, wenn sie sich in die Jahrhunderte begibt.

Bertolt Brecht,
Bemerkungen zu *Der aufhaltsame Aufstieg des Arturo Ui*[1]

Nie werde ich jenen Julimorgen 2012 auf dem von Urwald bestandenen Abhang des Virunga-Massivs in Ruanda vergessen. Ein männlicher Gorilla, mächtig, mit schwarzem, von silbernen Streifen durchzogenem Fell, trat plötzlich aus einem nur wenige Meter entfernten Busch. Er stand vor mir und schaute mich lange und aufmerksam an... mit einem vollkommen menschlichen Blick. Dann drehte er sich um, ließ sich auf seine Hände fallen und entfernte sich langsam in Richtung des Vulkanrands. Äste knisterten. Aus dem Unterholz kamen drei Gorillaweibchen. Ihr schwarzes Fell glänzte in der Morgensonne. Zwei Gorillakinder tollten um sie herum. Der ganze Tross folgte seinem Anführer. Dass dieser ruandische Berggorilla und seine Familie zu meinen direkten Vorfahren gehörten, war für mich in diesem Moment eine intuitive Evidenz.

Wie entstand die erste menschliche Gesellschaft? Welche Unterschiede gibt es zwischen menschlichen und tierischen Gemeinschaften? Welche gesellschaftlichen Institutionen sind als erste in der Geschichte aufgetaucht? Welchen materiellen Notwendigkeiten gehorchte die Etablierung der ersten gesellschaftlichen, nicht-biologischen Beziehungen?

Seit der Entschlüsselung der DNA wissen wir, dass praktisch

---

1 Bertolt Brecht, *Stücke,* Bd. IX, Berlin 1959, S. 373.

das gesamte menschliche Genom (99,9 Prozent) mit dem Genom des Schimpansen übereinstimmt. »Der Mensch stammt nicht vom Affen ab, auch wenn das immer wieder behauptet wird. Er *ist* ein Affe«, sagt der Genetiker André Langaney.[1] Tatsächlich stammen der Mensch, der Schimpanse und der Gorilla von einem gemeinsamen Vorfahren ab, und die drei Linien haben noch eine Zeitlang miteinander Nachkommen gezeugt, bis schließlich drei unterschiedliche Arten daraus wurden.[2] Der Mensch unterscheidet sich vom Affen seither zum einen durch die Sprache, die Kombination von Wörtern nach einer bestimmten Grammatik, sodass sie Sätze ergeben, und zum anderen durch seine Fähigkeit, sich unterschiedlichen Umwelten anzupassen – anders als die Tierarten, die in der Natur jeweils eine bestimmte Umweltnische besetzen und gleichbleibende Verhaltensweisen an den Tag legen.[3] Es gibt nur eine menschliche Spezies, die auf den gemeinsamen Ahnen zurückgeht, und trotz ihrer vielfältigen Unterschiede können sich alle Menschen miteinander fortpflanzen.

Die erste menschliche Gesellschaft entstand mit der *neolithischen Revolution* (die an verschiedenen Orten auf dem Planeten zwischen 12 500 und 7500 vor unserer Zeitrechnung begann[4]). Der australische Archäologe V. Gordon Childe hat diesen Begriff in den 1930er-Jahren geprägt als Bezeichnung für den großen Schritt in der Geschichte der Menschheit.[5] In Frankreich hat Claude Lévi-Strauss den Begriff populär gemacht. Nach seiner Auffassung hat es nur zwei große historische Brüche in der Entwicklung der Menschheit gegeben: die neolithische Revolution und die industrielle Revolution.

1 André Langaney, Jean Clottes, Jean Guilaine, Dominique Simonnet, *Die schönste Geschichte des Menschen. Von den Geheimnissen unserer Herkunft,* Bergisch Gladbach 2001, S. 20.
2 Ebenda, S. 28 f.
3 Ebenda, S. 22–25.
4 Das heißt nach der letzten Eiszeit, die von 120 000 bis 10 000 vor unserer Zeitrechnung dauerte.
5 Siehe dazu insb. V. Gordon Childe, *New Light on the Most Ancient East. The Oriental Prelude to European Prehistory,* London 1934.

Es ist charakteristisch für die neolithische Revolution, die sich über mehrere Jahrtausende hinzog, dass es den Menschen gelang, die Natur ihren Bedürfnissen zu unterwerfen: durch die Produktion von Nahrungsmitteln mit Ackerbau und die Domestizierung von Tieren und Viehzucht; durch die Entdeckung des Metalls, was die Herstellung von Werkzeugen zur Bearbeitung der Erde (die Hacke) möglich machte, und von Töpfen zur Aufbewahrung der Erzeugnisse; durch feste Siedlungen in Dörfern, entweder im Zuge der Sesshaftigkeit oder zur Stabilisierung einer insgesamt nomadischen Lebensweise; durch die Bildung von Reserven, also Reichtum, woraus erbliche Macht und die ersten Kriege entstanden; und schließlich durch eine demografische Explosion aufgrund einer reichhaltigeren, ausgewogeneren und vielfältigeren Ernährung.

Bis zur neolithischen Revolution war die Weltbevölkerung der Jäger und Sammler nicht sehr zahlreich (ungefähr 30 000 Individuen) und sehr verwundbar gewesen, bedroht durch häufige Hungersnöte und den Härten der Umwelt ausgeliefert. Dank einer Klimaerwärmung, Landwirtschaft und Viehzucht wuchs die Zahl der Menschen um das Zehn- bis Dreißigfache.

Was war die Vorgeschichte der neolithischen Revolution? Wie sind die grundlegenden gesellschaftlichen Institutionen der ersten sozialen Gruppe entstanden?

Die angelsächsischen Kulturanthropologen haben diese Fragen als Erste beantwortet.

Sie haben zunächst die Gemeinschaftsbildung bei Menschenaffen untersucht. Dann haben sie die Entwicklung dieser Gruppen zu den ersten Erfahrungen mit menschlicher Gemeinschaftsbildung im Lauf des langen, komplexen Prozesses nachgezeichnet, in dem aus einigen Primatengruppen Menschen wurden.

Die Geschichte der Menschheit beginnt vor rund 4 Millionen Jahren, höchstwahrscheinlich in Ostafrika. Dort hat sich ein gemeinsamer Vorfahr der Gattung Homo, der Australopithecus, von der Gattung der Affen gelöst. Schon in den 1930er-Jahren hat Solly

Zuckerman[1] dem Menschen ein Alter von mindestens 2 Millionen Jahren zugesprochen. Hier stellt sich die Frage: Wie lange schon existiert Leben auf unserem Planeten überhaupt? Und wie alt ist – im Vergleich zu den ersten Anzeichen von Leben – der Mensch? Die Biologen sind im Allgemeinen der Auffassung, dass das Leben auf der Erde vor 3,8 Milliarden Jahren begann; in diesem Zeitraum lassen sich zumindest die ältesten Hinweise auf Photosynthese (der Prozess, bei dem Wasser und Kohlenstoffdioxid in Sauerstoff und Kohlenhydrate umgewandelt werden) finden. Von da an hat sich Sauerstoff in der Atmosphäre angesammelt, und dadurch sind die Bedingungen für Leben auf der Erde immer besser geworden. Das Leben hat wohl mit einem einfachen Molekül begonnen, das in der Lage war, sich zu reproduzieren. Vor dem Hintergrund, wie lange es Leben auf der Erde gibt, entspricht die Zeit seit der Entstehung des Menschen nur *einer Sekunde*. Bronislaw Malinowski und Yves Coppens datieren das Auftauchen der ersten Art der Gattung Homo *(homo habilis)* ungefähr 3 Millionen Jahre und unsere direkten Vorfahren *(homo sapiens)* ungefähr 150 000 Jahre zurück.[2] Der »Naturmensch« lebte in kleinen Gruppen von Blutsverwandten, die durch biologische Bindungen strukturiert waren. Über mindestens 1900 Jahrtausende haben der Mensch aus der Olduvai-Schlucht[3] und seine Nachfahren in Schutzräumen gelebt, die die Natur ihnen bot, die meiste Zeit in Felshöhlen oder Höhlen, die sie selbst in den Boden gruben. Außerdem hat der Mensch des Paläolithikums Hütten gebaut.

1 Siehe insb. Solly Zuckerman, *Functional Affinities of Man, Monkeys and Apes,* London 1933, und ders., »L'hominisation de la famille et des groupes sociaux«, in *Actes du colloque sur les processus d'hominisation,* Paris, 19.–23. Mai 1958, veröffentlicht vom CNRS, S. 149 ff.
2 Für die Zeit von 3 Millionen Jahre bis 150 000 Jahren vor unserer Zeitrechnung verfügen die Paläontologen bis heute nicht über Skelettfunde.
3 Das Hominini-Fossil aus der Olduvai-Schlucht (Tansania, im Bereich des Ostafrikanischen Grabenbruchs) wurde 1959 von Louis und Mary Leakey entdeckt. Es wird auf die Zeit von vor 1,8 Millionen Jahren datiert. Der *Homo georgicus,* das 2002 als erstes Hominini-Fossil außerhalb von Afrika in Georgien entdeckt wurde, stammt nach Ansicht der Paläontologen aus derselben Zeit.

Über den »Naturmenschen«, den Jäger, Sammler und Fischer, wissen wir nicht genug, um beschreiben zu können, welche sozialen Strukturen sein Leben bestimmten. Die ersten Vertreter beherrschten um 400 000 vor unserer Zeitrechnung das Feuer und konnten ihre Lebensmittel kochen. Sie hatten ein Bewusstsein für das Mysterium des Lebens und des Todes, den sie durch Begräbnisrituale, durch die Anlage von Gräbern und durch Vorstellungen von einem anderen Leben, in dem die Verstorbenen ihre Identität behielten, zu bannen und zu überwinden trachteten. Damit brach die Fantasie in die Wahrnehmung der Realität ein. Die Archäologen haben Beweise dafür gesammelt, dass bereits der Neandertaler (ein Verwandter des *homo sapiens,* der zwischen 100 000 und 28 000 vor unserer Zeitrechnung lebte und dessen Linie erloschen ist) seine Toten in Embryonalhaltung mit zusammengebundenen Hand- und Kniegelenken auf einem Bett aus Blütenpollen bestattete, sie mit Ocker bestäubte und ihnen Muschelschmuck oder Tierzähne mitgab. Die faszinierenden Wandmalereien und Felszeichnungen aus der Jungsteinzeit wie die in der Höhle von Altamira, die 1879 in Kantabrien (Spanien) entdeckt wurde, in Lascaux in der Dordogne (entdeckt 1940), in der Chauvet-Grotte in der Ardèche (entdeckt 1994) – diese Grotte ist über 30 000 Jahre alt – sind ein universelles Faktum, das man in der Vorzeit in allen bewohnten Gebieten der Welt findet. Sie zeugen von verblüffenden Fertigkeiten bei der Darstellung von Tieren und höchstwahrscheinlich von magisch-religiösen Riten, bei denen diese Bilder als »Schrift« dienten, um Dingen eine über ihre konkrete Präsenz hinausweisende Dimension zu verleihen, sie in gewisser Weise als symbolische Instrumente zu begreifen. Die Bilder, die Phallusstatuetten und die Frauenstatuetten, die die Archäologen als »Venus« oder »Muttergottheit« bezeichnen – Darstellungen der Fruchtbarkeit, die den Bauch, die Brüste, das Geschlecht und das Hinterteil betonen –, künden von denselben Fähigkeiten, was das Wissen, die Vorstellung und den geistigen Entwurf des Geheimnisses von Leben und Begehren angeht.

Über mehr als 2,8 Millionen Jahre hinweg haben Hominini *(habilis, erectus* und dann *sapiens)* Beziehungsnetze geknüpft, Hierarchien ersonnen und Konflikte erlebt, über die wir noch nicht viel wissen.[1]

Der erste Mensch in seiner Hütte lebte noch hauptsächlich von dem, was er sammelte. Bis heute gibt es Zivilisationen von Sammlern. Um das Paläolithikum besser zu verstehen, hat Zuckerman die Zivilisationen der Buschmänner und der Damara untersucht, die auf dem Gebiet der heutigen Republik Südafrika, von Botswana und Namibia leben. Über diese Völker wissen wir relativ viel, vor allem aus den Arbeiten von Isaac Schapera.[2] Das Volk der Buschmänner, deren Werkzeuge auffällig den kulturellen Artefakten ähneln, die auch an Fundstellen aus dem Paläolithikum vorkommen, umfasst gegenwärtig nur wenige tausend Menschen. Sie leben vom Sammeln und von der Fallenstellerei. In ihrem Verhalten und durch gewisse äußere Merkmale erinnern sie an die Pygmäen aus dem Ituri-Regenwald, die Colin M. Turnbull untersucht hat.[3] Wie die Pygmäen im Ituri-Regenwald in der Demokratischen Republik Kongo besitzen die Buschmänner bis auf einige Hunde keine Haustiere. Sie treiben keinen Ackerbau und bewegen sich in kleinen Gruppen von fünfzig bis hundert Personen auf einem eng begrenzten Territorium. Zwischen den Gruppen gibt es keine erkennbare hierarchische Ordnung. Die Damara ähneln in mancher Hinsicht den Buschmännern. Sie leben in der Savanne und den Wüsten von Namibia, ebenfalls hauptsächlich als Sammler und von der Fallenstellerei. Aber sie bauen manchmal Tabak an und halten ein paar

1 DNA-Analysen eröffnen heute neue Möglichkeiten. Insbesondere lässt sich ab dieser Zeit in Knochenfunden einer biologischen Gruppe die Anwesenheit von Frauen einer anderen biologischen Gruppe (Exogamie) nachweisen.
2 Isaac Schapera, *Government and Politics in Tribal Societies,* London 1956. Festzuhalten ist, dass bestimmte Interpretationen des Alltagsverhaltens der Buschmänner und ihrer Organisationsstruktur bei wichtigen Punkten (z. B. bei der Exogamie) Zuckermans Beobachtungen zu widersprechen scheinen. Siehe dazu Louis Fourie, »The Boshiman«, in: Carl Hugo Linsingen Hahn, Heinrich Vedder und Louis Fourie, *The Native Tribes of South-West Africa,* Kapstadt 1928, S. 79–104; Leo Frobenius, *The Childhood of Man,* New York 1960, S. 118 ff.
3 Colin M. Turnbull, *The Forest People,* New York 1961. Ituri ist der riesige, für Weiße wie für Bantu weitgehend undurchdringliche Urwald im Herzen der Demokratischen Republik Kongo.

Ziegen. Ihre Gruppen sind noch kleiner als die der Buschmänner (und der Pygmäen aus dem Ituri-Regenwald) und zählen höchstens zehn bis dreißig Personen.

Ein Faktum muss in diesem Zusammenhang ganz besonders betont werden: die soziale Funktion des Territoriums im Leben der betreffenden Völker. Jede Gruppe wandert in einem bestimmten Gebiet. Ihr Weg wird in erster Linie durch die ökonomischen Erfordernisse des Sammelns und die Zufälle der Jagd diktiert, in zweiter Linie durch die Lage der Wasserstellen. Wenn in der Trockenzeit das Wasser knapp wird, teilen sich die Gruppen auf. Untergruppen von Blutsverwandten ziehen allein, jede für sich, weiter durch das Gebiet. Die Grenzen des Gebiets einer Gruppe werden strikt beachtet. Wenn sie zufällig oder absichtlich von einer anderen Gruppe verletzt werden, verteidigt die zugehörige Gruppe die Grenzen erbittert. Selbst wenn sich die Gruppe in der Trockenzeit in Untergruppen aufteilt, wird das Territorium nicht aufgeteilt. Der Boden mit allem, was darauf wächst, gehört allen gemeinsam. Die Menschen kooperieren nach strengen Regeln bei der Jagd und teilen das erlegte Wild miteinander. Es gibt keine Reichen und keine Armen. Zwischen den Untergruppen eines Volkes ist Austausch an der Tagesordnung. Über die Grenzen des Territoriums hinweg kommt es zu freundschaftlichen Besuchen, werden Geschäfte abgewickelt und Ehen geschlossen. Zwischen den Mitgliedern der verschiedenen Gruppen ist sogar Exogamie die Regel. Sie findet auf ungewöhnliche Weise statt: Der Mann schließt sich der Gruppe der Frau an und wechselt damit auf ihr Territorium. Bald nach der Geburt des ersten Kindes kehrt er im Allgemeinen wieder zurück (meist allein, ab und zu begleitet von seiner neuen Familie). Normalerweise schließt er sich wieder seiner eigenen Gruppe an.

Der Mensch im Paläolithikum lebte wie die Buschmänner vom Sammeln und vielleicht von der Fallenstellerei. Fossilienfunde lassen überdies vermuten, dass er sich auf einem genau definierten, relativ begrenzten Territorium bewegte. Die Menschengruppen waren sehr klein. Wahrscheinlich praktizierten sie wie die Buschmänner noch in der jüngsten Vergangenheit Kindstötung.

Es war wichtig, dafür zu sorgen, dass die Menge der verfügbaren Nahrung und die Zahl der zu ernährenden Menschen sich im Gleichgewicht befanden. Und da die Menschen im Paläolithikum über keine landwirtschaftlichen Techniken verfügten, um die Menge der Nahrungsmittel zu vergrößern, blieb nur der Weg, die Zahl der Menschen zu verringern. Darauf geht die mörderische Selektion zurück, zu der sich die Menschen seit ihren Anfängen gezwungen sahen. Eine der ersten regelmäßig wiederholten und darum institutionalisierten gesellschaftlichen Handlungen war vermutlich ein Akt der Zerstörung – mehr noch, ein Akt der Selbstzerstörung.

Wir haben es hier mit *prospektiver Kindstötung* zu tun. Die erwachsenen männlichen Angehörigen der Buschmänner ermittelten regelmäßig, wie viel Nahrung zur Verfügung stand. Dann schätzten sie die Bedürfnisse der Gruppe ab. Schließlich verglichen sie die beiden Ergebnisse und brachten so viele Kinder um, wie nötig war, um das Gleichgewicht zwischen verfügbaren Nahrungsmitteln und den zu ernährenden Lebewesen wieder herzustellen.

Was ist der Unterschied zwischen der Gemeinschaftsbildung bei Tieren und bei Menschen?

Raymond Dart[1] hat Gesellschaften von Menschenaffen und menschliche Gesellschaften des Paläolithikums miteinander verglichen. Er sagt, das soziale Handeln der Menschen sei eine Funktion des biologischen Erbes. Aber dieses Erbe teilt der Mensch mit einer großen Zahl anderer Primaten. Als erstes Problem hat Dart das Territorium untersucht: Dabei hat er neue Erkenntnisse über die Bindungen des Menschen an sein Territorium zutage gefördert. Die territorialen Bindungen dominieren eindeutig gegenüber den Bin-

---

1 Raymond Dart ist der Herkunft nach Australier und hat die südafrikanische Staatsbürgerschaft, gehört nach seinem wissenschaftlichen Werdegang aber zur angelsächsischen Kultur. Siehe insb. seinen Beitrag über »*Australopithecus africanus.* The Man-Ape of South Africa«, in *Nature*, Bd. 115, 1925, S. 195–199. Siehe außerdem seine umstrittene Untersuchung über »The Predatory Transition from Ape to Man«, in *International Anthropological and Linguistic Review,* Nr. 1, 1953, S. 201–217.

dungen, die er mit seinesgleichen, seinen Eltern und Geschwistern, seinen Kindern unterhält.

Bevor der Mensch die Menschen liebt, liebt er das Land, auf dem er lebt. Der Mensch im Paläolithikum definierte – wie wir gesehen haben – höchstwahrscheinlich ein bestimmtes Territorium als sein eigenes, stellte sich die Welt als Funktion des Territoriums vor, sprach ihm feste Grenzen zu, verteidigte sie mit seinem Leben, verließ seine Frau und sein Kind und kehrte auf sein Territorium zurück, sobald er auf dem Nachbarterritorium den Zeugungsakt vollzogen und sich von seiner Wirksamkeit (der Geburt eines Kindes) überzeugt hatte. Dart hat dazu interessantes Material gesammelt: Er hat nicht nur bewiesen, dass die Bindung an das Territorium eine (oder die) grundlegende Struktur der tierischen Gemeinschaftsbildung ist, vor allem bei den höheren Primaten, sondern auch, dass die Ausdehnung des Territoriums und seine Nutzung sich regelmäßig mit den Führungsqualitäten des Anführers der Gruppe ändern.

Um das näher zu erläutern, beziehe ich mich auf Arbeiten des Primatenforschers Clarence R. Carpenter.[1] Carpenter hat Experimente mit über vierhundert Rhesusaffen durchgeführt. Eine Gruppe von Affen brachte er auf die Insel Santiago, eine Nachbarinsel von Puerto Rico in der Karibik, wo sie in Freiheit lebten. Diese Gruppe bestand aus etwa vierzig erwachsenen männlichen und hundertfünfzig erwachsenen weiblichen Tieren. Das Verhältnis von männlichen zu weiblichen Tieren betrug also ungefähr 1 zu 4. Carpenter teilte die Affengruppe auf: Die einzelnen Untergruppen oder Gesellschaften bestanden aus unterschiedlich vielen Tieren. Die Affengesellschaft, die uns in unserem Zusammenhang besonders interessiert, umfasste fünfundzwanzig Tiere, darunter sieben erwachsene Männchen mit unterschiedlichem Verhalten und Aussehen. Ihr Anführer war ein eindrucksvoller dominierender, aggressiver Affe, das mächtigste und dominanteste Tier auf der ganzen Insel. Die Affengesellschaf-

---

1 Clarence R. Carpenter, »Characteristics of Social Behaviour in Non-Human Primates«, in *Transactions of the New York Academy of Sciences,* Bd. 4, Juni 1942, S. 248–258.

ten grenzten von Anfang an (seit ihrer Entstehung durch Aufteilung der ursprünglichen Gruppe) und sofort nach ihrer Entlassung in die Freiheit Territorien ab. Die Abgrenzung war das Ergebnis einer effektiven Besitzergreifung, das heißt einer organisierten, zielgerichteten Wanderung. Ihr jeweiliges Territorium verteidigten sie gegen Einfälle anderer Horden. Sie kannten auf Anhieb die Grenzen. Aber eine Horde respektierte weder die Grenzen ihres eigenen Territoriums noch die anderer Horden auf der Insel: die Horde des beschriebenen dominanten, aggressiven Anführers. Sie drang regelmäßig und im Allgemeinen mit Erfolg auf angrenzende Territorien vor, lieferte sich Kämpfe mit den anderen Affen und gewann sie meistens. Eines Tages fingen die Forscher den Anführer und sperrten ihn in einen Käfig. Die Horde zerfiel keineswegs oder zeigte Zeichen der Ratlosigkeit, sondern akzeptierte auf der Stelle einen neuen Anführer: das nach physischer Stärke und Dominanz zweite männliche Tier in der Hierarchie der Gruppe. Unter seiner Führung ging der Krieg weiter: Die Horde griff weiterhin die Territorien anderer Horden an, schaffte Eroberungen und gliederte die eroberten Gebiete in ihr ursprüngliches eigenes Territorium ein. Doch unter der Herrschaft des neuen Anführers passierten zwei Dinge: Die eroberten und in das Ursprungsterritorium eingegliederten Gebiete wurden kleiner; innerhalb der Gesellschaft nahmen die Streitigkeiten und Rangeleien zwischen Gruppenmitgliedern zu. Als Nächstes sperrten die Forscher auch den zweiten Anführer in einen Käfig. Der nach Dominanz und physischer Kraft Dritte in der Hierarchie übernahm sofort die Macht. Jedes Mal, wenn ein Anführer eingesperrt wurde, rückte sofort ein neues männliches Tier nach. Der Übergang der Macht erfolgte im Allgemeinen kampflos, als wäre die Nachfolge durch das Schweigen der Horde abgesegnet und legitimiert. Mit einer einzigen Ausnahme: Das in der Hierarchie fünfte männliche Tier setzte sich gegenüber dem vierten durch und nahm ihm die Macht ab, die ihm nach den Regeln der Gesellschaft nach dem Verschwinden des dritten zugefallen war. Mit jedem Wechsel des Anführers wurden die Eroberungen kleiner, die Wanderungen ungeordneter, die Grenzen fließender, und innerhalb der Gesellschaft entstand ein endemischer Krieg. Unter der Herrschaft des vierten Anführers, dessen Position anscheinend beschädigt war, bevor er überhaupt die Macht übernommen hatte (weil der fünfte ihm eine Niederlage bereitete), begann die Gesellschaft sich aufzulösen. Kleinere Gruppen spalteten sich ab, und die gesellschaftliche Organisation drohte vollkommen zu zerfallen. Die Forscher ließen daraufhin die ersten drei Anführer wieder frei, auch den dominierenden ersten. Als er auf sein Territorium zurückkehrte, liefen sofort ein Dutzend weibliche Tiere auf ihn zu. Er übernahm unverzüglich wieder die Macht, schlichtete allein durch seine Anwesenheit oder mit seiner Körperkraft die internen Konflikte der Affengruppe und vergrößerte durch Eroberungen das gemeinsame Territorium.

Aus diesem Experiment lassen sich drei Schlüsse ziehen.

Offenbar hing die gesellschaftliche Organisation der Affengruppe von ihrem Territorium ab. Wenn ein Gebiet erobert und verteidigt wird und durch regelmäßige Wanderungen vertraut ist, bekommt die Horde einen festen geistigen Referenzrahmen, und es bildet sich eine relativ stabile Gesellschaft. In einer sich wandelnden, feindseligen Welt, die fast vollkommen unverständlich bleibt, ist das Territorium für die Primaten die unverzichtbare Voraussetzung für jede zielgerichtete gesellschaftliche Konstruktion.

Die Macht ist im Übrigen keine Funktion der blutsmäßigen Zugehörigkeit, sondern des Territoriums. Das Individuum, dem es gelingt, die Stabilität der Grenzen zu garantieren, sie kontinuierlich auszudehnen und dementsprechend die ständige Bedrohung durch Hunger zu bannen, herrscht über die Gruppe.

Und eine dritte Schlussfolgerung ergibt sich aus den beiden erstgenannten: Die Konflikte innerhalb der Horde hängen von der Stabilität der territorialen Grenzen ab. Wenn das Territorium infrage gestellt wird, wenden sich die Individuen von der kollektiven Aufgabe ab, die Gruppe zu strukturieren (vermutlich weil ihnen das gesellschaftliche Bemühen sinnlos erscheint), und verteidigen aggressiv ihre unmittelbaren eigenen und ausschließlich individuellen Interessen. Die geordneten Wanderungen hören auf.

Dart hat daraus gefolgert, dass die Bindung des steinzeitlichen

Menschen an sein Territorium sich kaum von dem Verhalten unterschied, das bestimmte Menschenaffen gegenüber dem Territorium der Gruppe an den Tag legen.

Unter den Nachfahren des Australopithecus gab es allerdings einige, die unternehmenslustiger und neugieriger waren oder vielleicht auch durch die Klimaentwicklung gezwungen wurden, ihr ursprüngliches Territorium zu verlassen und die sich dann aufgemacht haben, die Erde zu erobern. Die ersten transkontinentalen Eroberungen fanden zwischen 1,5 Millionen und 500 000 Jahren vor unserer Zeitrechnung statt.

Und noch in einem weiteren Bereich hat Dart Beobachtungen angestellt, die Analogien zwischen Menschenaffen und Menschen nahelegen – manche erkennen sie an, andere bestreiten sie: im Bereich des sexuellen Verhaltens. Es ist ein wichtiges Thema: Es geht dabei um die Frage, ob das sexuelle Verhalten der Menschenaffen bestimmten festen Schemata folgt oder ob es vollkommen chaotisch ist.

Die Gegner der These, dass man aus der Beobachtung von Affen wichtige Erkenntnisse über das Sexualleben der Menschen gewinnen kann, bringen folgende Einwände vor: Affen einer bestimmten Spezies können scheinbar monogam sein. Aber wenn viele zusammenkommen, können sie sich trotzdem promiskuös verhalten. Dieselben Affen ein und derselben Spezies sind manchmal polygam und manchmal polyandrisch. Mit anderen Worten: Sie leben in totaler sexueller Anarchie. Bei den Menschenaffen wird das sexuelle Verhalten immer und überall von den Umständen und zufälligen Begegnungen bestimmt. Es wirkt nie so, als regierten feste Regeln. Die Befürworter der Analogie zwischen Menschenaffen und Menschen verweisen jedoch darauf, dass es bei beiden dauerhaft heterosexuelle Beziehungen gibt. Außerdem glauben sie nicht, dass die sexuelle Anarchie der Menschenaffen von fundamentaler Bedeutung ist, weil auch bei den Menschen des Paläolithikums ab der Pubertät höchstwahrscheinlich eine entsprechende Anarchie herrschte.

Der erste Punkt erscheint mir wichtig: Im Allgemeinen leben

männliche und weibliche Affen zusammen. Bei den Menschenaffen hängt das damit zusammen, dass die reproduktiven Organe der erwachsenen Tiere immer aktiv sind und deshalb die dauernde Anwesenheit von erwachsenen Individuen des anderen Geschlechts erforderlich ist. (Potenziell entsteht so die Keimzelle zu einer Familie von Blutsverwandten, die möglicherweise schon durch eine gewisse affektive Zuneigung der Partner geprägt ist.) Bei den heutigen Menschen ist das offensichtlich nicht mehr der Fall. Wir wissen nicht, ob diese physiologische Gegebenheit das Sexualleben der Menschen im Paläolithikum bestimmt hat. Aber selbst wenn es nicht so gewesen sein sollte oder wenn die Intensität im Lauf des langen Prozesses der Entwicklung zum Menschen abgenommen haben sollte, hat sich auf jeden Fall die Gewohnheit herausgebildet, dass die beiden Geschlechter zusammenleben. Diese Gewohnheit ist der Ursprung der Ehe und der Kleinfamilie, die heute in den europäischen Gesellschaften dominieren. *A contrario* argumentierend, könnte man sich sehr gut vorstellen, dass es bei Menschenaffen und den Menschen auch andere als heterosexuelle Gesellschaften geben könnte. Es gibt *a priori* keinen Grund, warum männliche und weibliche Individuen nicht radikal getrennte Gesellschaften bilden, deren Isolation nur gelegentlich durch kurze Begegnungen von Individuen unterbrochen werden würde. Weder die Geburt noch die Erziehung der Kinder erfordern die dauernde Anwesenheit von zwei Individuen unterschiedlichen Geschlechts und dementsprechend die Existenz einer heterosexuellen Gesellschaft. Empirische Belege zeigen jedoch, dass es bei den Affen ohne nennenswerte Ausnahme nur permanent heterosexuelle Gesellschaften gibt oder solche, in denen sich Getrennt- und Zusammenleben regelmäßig abwechseln.

Bei den Menschen sind heterosexuelle Gesellschaften bereits vor der Steinzeit belegt, als Männer und Frauen aus unterschiedlichen Verwandtengruppen begannen, in den Dörfern zusammenzuleben. In den steinzeitlichen Höhlen wurden oft an ein und denselben Stellen Schädel- und Skelettknochen von Männern und Frauen gefunden. Deshalb erscheint es uns möglich oder sogar wahrscheinlich, dass sich die heterosexuellen Gesellschaften der Menschen aus den entsprechenden Gesellschaften der Menschenaffen heraus entwickelt haben.

Bei dem Zweig der Familie der Menschenaffen, der die geheimnisvolle Veränderung durchlief, die allmählich zum Menschen führte, verlor sich im Lauf von einigen hunderttausend Jahren die permanente Bereitschaft der Fortpflanzungsorgane der erwachsenen Individuen. Aber das Zusammenleben der Geschlechter war zu einer festen Gewohnheit geworden: Es hatte sich so im Bewusstsein der Gruppe verankert, dass es nicht mehr infrage gestellt wurde, obwohl künftig der physiologische Zwang zum Zusammenleben fehlte, den es bei den Menschenaffen gegeben hatte. Dart behauptet außerdem, dass eine direkte Linie von den sexuellen Verhaltensweisen der Menschenaffen zu denen der Menschen des Paläolithikums führt. Die Menschenaffen wählen ihre Sexualpartner nicht gezielt aus (genauer gesagt, sie wählen nicht gezielt bestimmte Individuen) und folgen bei ihren Fortpflanzungsaktivitäten chaotischen zufälligen Impulsen. Das hypothetische Band, das den Mann mit der Frau verbindet, mit der er den Sexualakt vollzieht, ist sehr schwach. Erinnern wir uns nur daran, dass bei den afrikanischen Buschmännern und bestimmten australischen Eingeborenen bis heute der Mann häufig nach der Geburt des ersten Kindes zu seiner Gruppe zurückkehrt.

Wann und aus welchen Gründen erfolgte der Übergang von der Natur zur Kultur? Welches waren die ersten Institutionen dieser für den Menschen typischen Kultur, die es bei den Gesellschaften der Menschenaffen nicht gibt?

Der Ursprung der ersten kulturellen Institutionen ist die erweiterte Gruppe. Keine Affengesellschaft hat jemals die Dimension menschlicher Zusammenschlüsse erreicht: Nationen, Kirche, Staaten und so weiter. Als erste kulturelle Institutionen lassen sich die Arbeitsteilung (zuerst nach Geschlecht, später nach anderen Kriterien), das Inzesttabu, die gemeinschaftliche Nahrungssuche und schließlich die immer weiter entwickelte Produktion von Nahrung identifizieren. Angesichts der engen Verflechtung (oder aber: der oft gleichzeitigen oder zumindest zeitlich nicht sehr weit getrennten

Entstehung) der genannten ersten Kulturinstitutionen ist es nicht möglich, hier die Entwicklung jeder einzelnen nachzuzeichnen.

Der Mensch ist der einzige Allesfresser unter den höheren Primaten. Darum muss es an einem bestimmten Punkt in seiner Geschichte eine Ernährungsrevolution gegeben haben. Die Prähistoriker machen eine Klimaveränderung im Pliozän (zwischen 5,33 und 2,58 Millionen Jahren) dafür verantwortlich. Durch diese Klimaveränderung, die vor allem in Afrika spürbar war, gingen die Wälder zurück, und die Böden wurden trockener. Eine Gruppe oder mehrere Gruppen von Primaten, die flexiblere Ernährungsgewohnheiten hatten als die anderen, schafften es, sich an die neuen Gegebenheiten anzupassen und pflanzliche Nahrung (die zunehmend knapper wurde) durch Wild zu ersetzen – und vielleicht auch durch das Fleisch ihrer Artgenossen. Kurzum: Sie wurden Fleischfresser. Diese Veränderung der Ernährung hatte Auswirkungen auf die Jagdstrategien der betreffenden Individuen, und sie veränderte nach und nach ihr wirtschaftliches und soziales Leben.

Eine Wirtschaftsweise, die auf der Jagd basierte, verlangte immer raffiniertere Werkzeuge. Die neuen Herausforderungen, vor denen die Gruppe stand, übten auf ihre Mitglieder enormen Druck aus. Der Druck führte zur Intensivierung der geistigen Aktivität. Die so entfachte geistige Aktivität brachte neue Konzepte hervor, die wiederum die Koordination verbesserten, sodass neue Bewegungsabläufe gelernt wurden. Die Hominini ersannen immer bessere Werkzeuge und konnten immer geschickter damit umgehen.[1]

Die Jagd ist, verglichen mit dem Sammeln von Nahrung, eine sehr viel stärker spezialisierte Tätigkeit. Sie verlangt Training, Schnelligkeit und erhebliche Körperkraft. Dadurch kommt es zu einer natürlichen Selektion: Schwangere Frauen, Kinder und Alte können sich nur unter Schwierigkeiten an der Jagd beteiligen. Eine erste Form der Arbeitsteilung entsteht: Die erwachsenen männlichen Individuen gehen auf die Jagd, die Frauen widmen sich weni-

---

1 Siehe dazu Solly Zuckerman, »L'hominisation de la famille et des groupes sociaux«, a. a. O., S. 158 ff.

ger gefährlichen Tätigkeiten in der unmittelbaren Umgebung ihrer Behausung. Eine erste Differenzierung der Gesellschaft zeichnet sich ab. Rudimentäre soziale Klassen bilden sich heraus in Abhängigkeit von der wirtschaftlichen Tätigkeit. Ein wichtiger Schritt in der Kulturentwicklung ist getan.

Durch die Arbeitsteilung ändert sich das Verhältnis zwischen den Geschlechtern. Beide – die Frau für den Mann und der Mann für die Frau – sind nicht mehr nur Objekte einer rein physiologischen sexuellen Aktivität. Das Individuum wird als Person wahrgenommen, die sich in einer bestimmten persönlichen Aktivität entfaltet – die sich von den Aktivitäten und Funktionen der anderen Mitglieder der Gruppe unterscheidet. Ein Gesicht taucht auf, ein Charakter tritt zutage. Dank der durch die zunehmende Arbeitsteilung individualisierten Aufgaben werden die Geschicke eines jeden Menschen singulär. Seine Fertigkeiten wachsen und entwickeln sich auf einzigartige, unvergleichliche Weise. Nach und nach entdeckt der Geist Rätsel, die nur er lösen kann. Edgar Morin schreibt dazu: »Wie könnte man übersehen, daß das, was im höchsten Maß biologisch ist – das Geschlecht, der Tod –, zugleich dasjenige ist, was im höchsten Maße von Symbolen, von Kultur durchtränkt ist?«[1]

Wahrscheinlich müssen wir die Entstehung des Inzesttabus und seiner gesellschaftlichen Konsequenz, der Exogamie, in dieselbe Ereigniskette einordnen. Wir wissen nicht, warum und wann genau das Inzesttabu auftauchte. Die Erklärung, dass es einem spontanen Widerwillen des – zur Person gewordenen – Individuums entsprach, sich sexuell mit einem oder einer engen Verwandten zu vereinen, ist nicht überzeugend. Das gilt auch für die Theorie, die das Inzesttabu damit in Verbindung bringt, dass man auf einmal die biologischen Gefahren für das aus dem Verkehr von Blutsverwandten hervorgegangene Kind entdeckt hätte. Diese Erklärungen wären nur dann akzeptabel, wenn die Abneigung oder das Bewusstsein für die Gefahr bei allen Menschen aufgetaucht wären. Aber gerade das ist nicht der Fall.

1 Edgar Morin, *Das Rätsel des Humanen,* a. a. O., München 1974, S. 157.

Inzest wurde beispielsweise als wichtiger ritueller Akt – das heißt weder heimlich noch unterdrückt – von den Machthabern in verschiedenen sakralen Königreichen Afrikas praktiziert.[1] In mehreren ägyptischen Pharaonendynastien war Inzest eine staatliche Institution. Auf der anderen Seite wissen wir aus den Forschungen von Malinowski und Róheim, dass das Inzesttabu in menschlichen Gesellschaften einerseits sehr verbreitet zu sein scheint, es sich aber offenbar nicht immer um die gleiche Form von Inzest handelt. Bei den Bewohnern der Trobriand-Inseln[2], die Malinowski untersucht hat, sind sexuelle Spiele zwischen Verwandten in aufsteigender und absteigender Linie zulässig, während der Kontakt zwischen Bruder und Schwester strikt verboten ist. Bei den meisten Völkern, die Róheim erwähnt, gilt das gesellschaftliche Tabu vor allem für den Inzest zwischen Verwandten in aufsteigender und absteigender Linie. Wenn man das Inzesttabu durch ein Bewusstsein für die genetische Gefahr durch die Blutsverwandtschaft erklären möchte, erscheint es wenig überzeugend, dass die Menschen der Steinzeit bereits über ein entsprechendes konzeptuelles System verfügt haben sollen, um diese Gefahren zu erkennen und ihre verheerenden Folgen zu antizipieren, vorausgesetzt, dass es sie überhaupt gegeben hat.

Zwischen sexuellen Tabus und dem Tausch besteht ein gewissermaßen funktionelles Band. »Jedes Verbot ist zugleich und in anderer Beziehung eine Vorschrift«, stellt Claude Lévi-Strauss fest.[3] Die Vorschrift, die aus dem Inzestverbot (sei es gegenüber der Mutter, sei es gegenüber der Schwester) hervorgeht – durch einen Mechanismus, den Luc de Heusch[4] als »logische Motivation« im Gegensatz zur psychologischen Motivation bezeichnet –, ist die Exogamie. Patri-

1 Siehe dazu Luc de Heusch, *Essais sur le symbolisme de l'inceste royal en Afrique,* Brüssel 1958.
2 Die Trobriand-Inseln sind eine Inselgruppe im Pazifik, die zu Papua-Neuguinea gehört.
3 Claude Lévi-Strauss, *Die elementaren Strukturen der Verwandtschaft,* Frankfurt am Main 1981, S. 98.
4 Luc de Heusch, *Pourquoi l'épouser? Et autres essais,* Paris 1971.

lineare Gesellschaften, in denen man die universelle Existenz des Ödipuskomplexes annehmen kann, und matrilineare Gesellschaften belegen den Inzest mit einem praktisch absoluten Tabu. Dass es sich nicht um die gleiche Art von Inzest handelt, spielt letztlich keine große Rolle: Denn beide Verbote führen zur gleichen Vorschrift, zur Exogamie.

Eine Gruppe, die Inzest zulässt, zerfällt in immer kleinere Gruppen. Sie atomisiert sich. Austausch muss nicht stattfinden, die Suche nach Sexualpartnern außerhalb der Gruppe ist nicht nötig. Aber wir haben gesehen, dass am Übergang von der Altsteinzeit zur Jungsteinzeit nicht nur Gruppenbildung stattfand und die Gruppenstrukturen sich festigten, sondern dass die Gruppen auch permanent größer wurden. Das hing in erster Linie damit zusammen, dass weniger Kinder getötet wurden, weil (dank Jagd und bald auch dank Ackerbau) mehr Nahrung verlässlich zur Verfügung stand. Aber weder die geringere Zahl von Kindstötungen noch möglicherweise eine vermehrte Geburtenzahl bei den nunmehr besser ernährten Menschen kann die quantitative Veränderung der Gruppen voll und ganz erklären. Nur eine Intensivierung des Austauschs als Folge der Exogamie und damit die gesellschaftliche Verurteilung des Inzests erklären letztlich das Aufkommen der erweiterten Gruppe. Aber die neolithische Revolution mit ihren erstaunlichen Errungenschaften (Anbau von Getreide, Domestizierung bestimmter Tierarten und so weiter) war das Ergebnis einer Vielzahl zufälliger oder gezielter Experimente der Menschen. Für einen solchen Prozess des Ausprobierens, mit Misserfolgen und der systematischen Wiederholung gelungener Versuche, waren viele Akteure nötig. Ohne große Gruppen hätte es die neolithische Revolution nicht gegeben.

Aus Sicht der angelsächsischen Kulturanthropologen war die Entstehung des Kulturmenschen und mit ihm der menschlichen Gesellschaft kein kontinuierlicher Prozess über Hunderte von Jahrtausenden hinweg. Vielmehr erschien der Kulturmensch relativ abrupt. Sein Auftauchen zeugt von dem qualitativen Sprung, der stattfindet, wenn innerhalb einer bestimmten sozialen Struktur viele und sehr verschiedenartige Elemente zusammenkommen. Keines dieser Elemente (oder genauer: keiner der einzelnen evolutionären Prozesse) ließ für sich allein erahnen, was aus dem Kulturmenschen werden sollte, seine Einzigartigkeit, die Art und Weise, wie er seine Gemeinschaften bildete.

Für alle bekannten menschlichen Gruppen ist es typisch, dass sie praktisch permanent von Konfliktsituationen geprägt sind. Trotz seiner 3 Millionen Jahre langen Geschichte ist es dem Menschen nicht gelungen, sich endgültig mit sich selbst und seinesgleichen zu versöhnen. Konflikte sind, wie wir gesehen haben, menschlichen Gruppen und den Beziehungen zwischen den Menschen inhärent. Es gibt keine menschliche Gesellschaft, die sich nicht mit Grenzen gegen andere abschottet. Die Aggressivität ist ein fester, anscheinend unvermeidlicher Bestandteil des menschlichen Verhaltens. Dart hat dazu die folgende Hypothese: Dem Menschen wohnt eine starke Aggressivität inne, die weder individuell noch durch fortschreitende Sozialisation zu beherrschen ist. Sie treibt ihn immer wieder zu den schlimmsten Gewalttaten. Die moderne Psychoanalyse scheint Darts These zu bestätigen.[1] Darts Originalität besteht darin, wie er die Genese der menschlichen Aggressivität erklärt: Sie sei ein tierisches Erbe, man könne sie zurückverfolgen bis zu den biophysiologischen Gemeinsamkeiten aller höheren Primaten, der Vorfahren des Menschen.

---

[1] Siehe insb. Jacques Lacan, *L'Aggressivité en psychanalyse,* Bericht für den XI. Kongress französischsprachiger Psychoanalytiker in Brüssel, Mai 1948, abgedruckt in ders., *Écrits,* Paris 1966, S. 101 ff. Siehe außerdem Élisabeth Roudinesco, *La Part obscure de nous-même. Une histoire des pervers,* Paris 2007.

NEUNTES KAPITEL

Die Völker des Schweigens

Inzwischen reißen Stämme und Völker
das Erdreich auf und schlafen in der Kohlenmine,
fischen mitten in des Winters Stacheln,
nageln Nägel in die eigenen Särge
errichten Städte, die sie nicht bewohnen,
säen aus das Brot, das sie morgen nicht besitzen,
sie streiten über Hunger und Gefahr.

Pablo Neruda, *Memorial von Isla Negra*[1]

Die großen Werke der Frankfurter Schule analysieren bewundernswert die Mechanismen der materiellen und symbolischen Herr-
schaftsinstrumente, die die kapitalistischen Klassen anwenden, um
die Arbeiter und Angestellten im Zentrum und die Völker an der
Peripherie zu unterjochen. Aber sie schweigen zu dem unermüdli-
chen, unbeugsamen Widerstand, den die Völker an der Peripherie
ihren Aggressoren entgegensetzen.

Die angelsächsischen Kulturanthropologen gehen den umgekehr-
ten Weg: Sie konzentrieren sich auf vormoderne Gesellschaften in
Afrika, Indien, Ozeanien und so weiter, und arbeiten ihre ontogene-
tischen Kulturen heraus, ihre Formen der gesellschaftlichen Organisation, ihre Kosmogonien. Hingegen verzichten sie mehrheitlich fast
vollständig auf die Analyse der Strategien, mit denen die Industrie-
und Finanzmächte des Zentrums ihre Aggression ausüben.

---

1 Pablo Neruda, *Memorial von Isla Negra,* a. a. O., S. 195.

Um die – komplexe, vielschichtige und gewaltsame – Dialektik des Konflikts zwischen den Industriegesellschaften mit ihrer prometheischen Sicht der Geschichte, ausgeklügelten Werkzeugen und einer aggressiven Symbolik einerseits und den traditionellen Gesellschaften andererseits, mit ihren überkommenen Kulturen, ihrer agrarischen und handwerklichen Produktionsweise zu verstehen, müssen wir Rat bei einer Gruppe von Soziologen suchen, die mit der Résistance in Frankreich entstanden ist. Ihre Thesen haben sich im Kampf gegen den dogmatischen Marxismus einerseits und gegen die koloniale Ideologie andererseits bewährt.

Ich bezeichne die Gruppe mit einem Ausdruck, den ich von Georges Balandier übernehme: Sie sind die Anhänger einer »generativen Soziologie«. Balandier sagt darüber: »Unsere neuen Forschungen ermöglichen es, den Raum der Freiheit und der Besonderheit in jeder Gesellschaft genauer zu ermessen. Sie enthüllen – durch ein Vorgehen, das man als *generative Soziologie* bezeichnen kann – die Wandelbarkeit der gesellschaftlichen Konfigurationen: dauernd dabei, sich zu bilden und ihren Sinn festzulegen. Sie zeigen, dass es keine flachen oder auf eine einzige Dimension reduzierten Gesellschaften gibt und dass jede mehrere Dimensionen in sich trägt, an denen die gesellschaftlichen Akteure ihre Zukunft orientieren können.«[1]

Zu dieser Gruppe von Soziologen zählen vor allem Roger Bastide, Georges Balandier, Jean Duvignaud, Gilbert Durand und Edgar Morin. Sie haben mehrere Dinge gemeinsam: Die meisten haben während der Besetzung Frankreichs durch die Nationalsozialisten in verschiedenen Organisationen der Résistance gekämpft: Georges Balandier im Maquis in der Franche-Comté, Jean Duvignaud und Edgar Morin bei den Francs-tireurs et partisans (FTP) der kommunistischen Partei.

Nach der Befreiung von Paris wurde Georges Gurvitch aus seinem Exil in New York auf den Lehrstuhl für Soziologie an der Sorbonne berufen. Er trat die Nachfolge von Maurice Halbwachs an,

---

1 Georges Balandier, *Sens et puissances,* Paris 1971, S. 9.

der nach Buchenwald deportiert worden und wenige Wochen vor der Befreiung des Lagers dort gestorben war. Gurvitch, ein Mann von außerordentlicher Vitalität und intellektueller Kreativität, gründete in Paris das Laboratoire de sociologie de la connaissance.[1]

Die französische Gesellschaft war zu der Zeit ganz von den Hoffnungen und Projekten erfüllt, die mit der Résistance, der Befreiung und dem Sieg über den Faschismus entstanden waren. Das neue Laboratoire spielte in dieser Gesellschaft eine beträchtliche Rolle. Zahlreiche junge Forscher und Forscherinnen (zum Beispiel Germaine Tillon) aus der Generation der Widerstandskämpfer, darunter sehr produktive und innovative, versammelten sich dort spontan.[2] Gurvitch stellte ihnen einen institutionellen Raum für ihre Forschungen zur Verfügung. Diese jungen Soziologen (Philosophen, Erkenntnistheoretiker, Anthropologen) waren überzeugt, dass eine erneuerte, von dogmatischen Lehrsätzen und apodiktischen »Wahrheiten« befreite Wissenschaft dazu beitragen konnte, die französische Gesellschaft und die ganze Welt zu verändern.

Die Enttäuschung ließ nicht lange auf sich warten. Die politische Elite der Vierten Republik und die Honoratioren an den Universitäten erstickten die Hoffnung auf eine Revolution, auf eine radikale Erneuerung, die in der Résistance geboren worden war. Der Kalte Krieg begann und hinterließ seine Spuren in der akademischen Forschung. Und schließlich begünstigten der Ausbruch des Koreakonflikts (1950) und die Bedrohung durch einen dritten Weltkrieg überall und besonders an den Universitäten das Aufblühen der rückständigsten konservativen Instinkte. Die jungen Soziologen erlebten eine bittere Desillusionierung.

Der Aufbau einer neuen europäischen Gesellschaft, zu dem sie durch ihre Forschungen und ihr politisches Engagement beitragen

---

1 Nach dem Tod von Gurvitch übernahm das Laboratoire de sociologie de la connaissance an der Universität Rabelais in Tours, geleitet von Jean Duvignaud, die Nachfolge.

2 Zwei von ihnen haben Gurvitch Bücher gewidmet, die von Freundschaft und Dankbarkeit geprägt sind: Georges Balandier, *Gurvitch,* Paris 1972; Jean Duvignaud, *Gurvitch,* Paris 1969.

wollten, scheiterte. Gleichzeitig hatte die Hoffnung das Lager gewechselt und bewegte jetzt die Kolonialvölker, die für ihre Unabhängigkeit kämpften. Die Soziologen dieser Gruppe brachen also auf, wenn schon nicht nach Übersee, so doch zumindest über die Grenzen ihrer Welt hinaus. Die Zufälligkeit ihrer Wege führte sie in Gesellschaften, die noch nicht ganz von der symbolischen Gewalt des Kapitals und der Praxis der Warenrationalität zerstört waren. Sie entdeckten die bislang unbewusst gebliebenen objektiven Grenzen, die die mentalen Kategorien ihrer Herkunftskultur ihrer Wahrnehmung setzten. Bastide, Balandier, Duvignaud, Morin, aber auch Touraine, der einige Zeit in Gurvitchs Laboratoire mitarbeitete, brachten ganze Bereiche des überkommenen Wissens zum Einsturz.

Balandier reiste nach Westafrika (wo er sich an den Kämpfen zur Befreiung von der Kolonialherrschaft beteiligte) und weiter nach Zentralafrika. Von seinen Reisen brachte er ein großartiges Werk mit, *Sociologie actuelle de l'Afrique noire*[1]. Jean Duvignaud konzentrierte sich auf den Maghreb. In einer Oase in Südtunesien entstand sein Hauptwerk *Chebika*[2]. Morin, der wie Duvignaud aus der kommunistischen Partei ausgeschlossen wurde, wagte sich auf noch überraschenderes Terrain. Er untersuchte den infrakonzeptuellen Diskurs im Alltag der Industriegesellschaft; sein umfangreiches, eindrucksvolles Werk mündete in einen neuen Diskurs über *Die Methode*[3]. Er setzte sich über die traditionellen Grenzen zwischen den akademischen Disziplinen hinweg und bezog stattdessen alle Wissenschaften ein. Morin erklärte: »Wir brauchen eine Erkenntnismethode, die der Komplexität des Realen Rechnung trägt, die Existenz der Menschen anerkennt, sich dem Mysterium der Dinge annähert.« Roger Bastide schließlich, der Claude Lévi-Strauss an der Spitze der

---

1 Paris 1955 (regelmäßig wiederaufgelegt).

2 *Chebika. Mutations dans un village du Maghreb,* Paris 1968, Neuauflage 1991; *Retour à Chebika 1990. Changement dans un village du sud tunisien,* Paris 2011.

3 *La Méthode,* 6 Bde. (1. *La Nature de la Nature;* 2. *La Vie de la Vie;* 3. *La Connaissance de la Connaissance;* 4. *Les Idées;* 5. *L'Humanité de l'Humanité;* 6. *L'Éthique*), Paris 1977-2004. Auf Deutsch ist bisher nur der erste Band erschienen: *Die Methode. Die Natur der Natur,* Wien 2010.

französischen Kulturmission als Professor in São Paulo nachgefolgt war, blieb 16 Jahre in Brasilien, von 1938 bis 1954. Als Eingeweihter des Orixa-Kults, Sohn des Xangô und König des *candomblé* Opá Afonjá von Salvador de Bahia, etablierte er die Soziologie der afrikanischen Diaspora in Brasilien.

Die generative Soziologie brach radikal mit allen Theorien, den marxistischen, den der angelsächsischen Kulturanthropologen und anderen, die eine unilineare Entwicklung der Produktionsweisen, der Symbolsysteme und der sozialen Gebilde postulierten. Für sie gibt es weder »entwickelte« Gesellschaften noch »unterentwickelte«, noch »Schwellenländer«. Sie bestreiten die Aussage, dass die auf die materielle Produktion ausgerichtete Industriegesellschaft mit ihren vielfältigen Werkzeugen und ihrer schnellen Akkumulation allen anderen Gesellschaften überlegen sei. Jede soziale Organisation – jede Eigentumsordnung, jede Ideologie, jeder Staat, jede Produktionsweise, jedes System der Beziehungen zwischen den Nationen und zwischen den Menschen – ist »gut«, insofern es die Autonomie des Individuums vergrößert, dessen Fähigkeit, sein Leben selbst zu organisieren, ihm einen Sinn zu geben und mit den Widersprüchen fertigzuwerden, die unvermeidlich zur menschlichen Existenz gehören. Eine soziale Ordnung ist »schlecht« und muss deshalb bekämpft werden, wenn sie den Menschen und die Natur für eine Logik instrumentalisiert, deren ausschließliche Parameter nicht die Entfaltung und das Glück der Menschen sind.

Die generative Soziologie verwendet neue Kriterien für die Evaluation, die sich sehr von denen unterscheiden, die die deutschen Neomarxisten und die angelsächsischen Kulturanthropologen benutzen. Alle Gesellschaften stehen unabhängig von ihrer materiellen und symbolischen Produktionsweise, den klimatischen Bedingungen, ihren demografischen Gegebenheiten vor einer Reihe identischer Probleme. Georges Balandier nennt sie *Anthropo-Logien*[1]. Ich zitiere einige Beispiele.

---

1 Georges Balandier, *Anthropo-logiques,* Paris 1974.

Jede Gesellschaft reproduziert sich nur dank der Heterosexualität. Deshalb muss jede Gesellschaft Mechanismen für den Umgang mit dem Gegensatz der Geschlechter und die Einbindung des Reproduktionsakts entwickeln und sich Normen geben, die in der Lage sind, die Phantasie und Praxis der Sexualität zu beherrschen, zu ordnen, zu domestizieren.

Ein weiteres Beispiel: In jeder Gesellschaft gibt es eine Pyramide von Altersklassen. Die Weitergabe des instrumentellen Wissens erfordert, bestimmte Formen für die Weitergabe dieses Wissens zu erfinden (Initiationsriten in den Gesellschaften mit mündlicher Tradition wie in Afrika, pädagogische Methoden und schulische Einrichtungen in Europa).

Und noch ein Beispiel: Jede Gesellschaft wird von vielfältigen strukturellen oder willkürlich hereinbrechenden Konflikten zerrissen. Deshalb muss jede Gesellschaft Mechanismen erfinden, wie sie die Konflikte beherrscht und einhegt. Der *candomblé* der Nagôs in den Gesellschaften der afrikanischen Diaspora in Brasilien (Bahia, Maragnan, Para) hat Trance-Rituale hervorgebracht, um die Gesellschaft zu befrieden, eine regelmäßige Katharsis herbeizuführen und die vielfältigen Konflikte zu lösen, die die Menschen untereinander austragen. Die kapitalistischen Warengesellschaften im Westen und die »sozialistischen« Gesellschaften im Osten (China, Nordkorea) haben für die Lösung der gleichen Probleme ein komplexes Netz aus juristischen und psychiatrischen Einrichtungen geschaffen, Einrichtungen zum Schutz, zur Überwachung, zur Repression, zur Bestrafung.

Die Anhänger der generativen Soziologie lehnen zwar radikal die Unterscheidung von »entwickelten Gesellschaften«, »unterentwickelten Gesellschaften« und »Schwellenländern« ab, die heute in den Vereinten Nationen und den meisten Forschungsinstituten geläufig ist, aber wie wir gesehen haben, vertreten sie dennoch keine agnostische Weltsicht.

Ihr zentrales Unterscheidungskriterium ist das Ausmaß von Gewalt, das eine Gesellschaft mobilisiert, um ihre *Anthropo-Logien* zu lösen. Wenn sie regelmäßig massive Gewalt anwendet, rangiert sie ganz unten auf der Stufenleiter. Wenn ihre Mechanismen hingegen zur Lösung von Konflikten (zwischen Familien, zwischen Nachbarn, zwischen Angehörigen eines Clans und so weiter) Rituale enthalten, Institutionen, die die Autonomie des Subjekts maximal respektieren und nur mit minimalem Zwang verbunden sind, dann gilt die Gesellschaft als exemplarisch und steht ganz oben in der Hierarchie. Dazu ein Beispiel: Ohne Zweifel spielt Repression bei der streng ritualisierten kollektiven Trance, der Reproduktion der Ordnung des Universums durch die Besessenen, wie sie im *candomblé* der Nagôs von Salvador de Bahia (von Maragnan, von Piaui und so weiter) praktiziert wird, keinerlei Rolle. Verglichen mit der Strafjustiz, den psychiatrischen Anstalten und den Gefängnissen der westlichen Gesellschaften zeigen die Einrichtungen des *candomblé* einen deutlich höheren Grad an Zivilisiertheit, als man ihn in Europa antrifft.

Ich füge noch hinzu, dass es in den Gesellschaften, die den *candomblé* kennen, sehr wenige Rückfälle gibt. Nach dem Auftauchen aus der kollektiven Trance sind die Konflikte im Allgemeinen geklärt und der »Missetäter« wird wieder in die Gemeinschaft eingegliedert. In den Gesellschaften, die Konflikte mit Methoden regeln, die auf Gewaltanwendung basieren, ist das offenkundig nicht so.

Die kollektive Trance wird durch die Kosmogonie der Nagôs (der Name für die Afro-Brasilianer, die von den Yoruba abstammen) normiert. Sie ist genau genommen ein rituelles Theater. Jeder Besessene verkörpert eine Gestalt aus dem Pantheon der afrikanischen Gottheiten, den Orixas. Die Orixas sind weder Tote, die sich den Lebenden zu erkennen geben, noch reine Geister. Die Orixas sind Kräfte des Universums. Jeder von ihnen verkörpert eine spezifische Eigenschaft des menschlichen Charakters.

Bei der Besitzergreifung, dem zentralen Element der Initiationsgesellschaft, manifestiert sich eine solche Kraft im Körper einer Frau, seltener im Körper eines Mannes. Wenn der Orixa herabsteigt und von einem Menschen Besitz ergreift, ist dessen Bewusstsein vollkommen blockiert. Die *ronda,* das rituelle Theater, löst die Konflikte der Gesellschaft, indem es sie in Gestalt von Orixas auf die Bühne bringt.

Ich weiß aus eigener Erfahrung, dass die Konflikte, die in den *candomblés* von Bahia wüten, oft von äußerster Brutalität sind. Die eingeweihten jungen Frauen, die oft sehr schön sind, haben ein explosives Temperament. Ihre Leidenschaft und ihre Eifersucht oder die ihrer Gefährten sind Auslöser vieler Dramen. Der Alltag der schwarzen Hafenarbeiter, der Fischer in der Bucht, der Bediensteten in den großen Hotels, der Hausangestellten der weißen Plantagenbesitzer ist hart und elend, erfüllt von Demütigungen und Ängsten. Die afro-brasilianischen Proletarier schenken sich untereinander nichts. Ihre Frustrationen und ihre kompensatorische Aggressivität entladen sich häufig in lautstarken, gewalttätigen, manchmal blutigen Auseinandersetzungen.

Aber die kollektive Trance, das rituelle Theater, hat eine solche Kraft, dass die Befriedung der Gesellschaft regelmäßig und geradezu wundersam gelingt.

Zu meinen schönsten Erinnerungen zähle ich die Nächte, die ich im Terreiro Olga de Alaketu im Busch von Matatu de Brotas in Bahia verbracht habe. Bei Anbruch der Dunkelheit strömen scharenweise Habenichtse, Arbeiter, Verkäuferinnen in bunten Gewändern und ärmlich gekleidete Kinder auf den Hügel. Viele haben verschlossene, beinahe hasserfüllte Gesichter. Die Trommeln ertönen, die *ronda* bildet sich, die Orixas steigen herab. Zehn Stunden später, wenn die Sonne sich über dem Atlantik erhebt, ziehen die Menschen in Kolonnen den Hügel wieder hinunter, beruhigt und glücklich. Sie sprechen leise miteinander, halten sich an den Händen und freuen sich daran, dass die Orixas den Frieden wiederhergestellt haben.

Für mich steht es vollkommen außer Zweifel, dass in der Hierarchie der Gesellschaften die traditionellen präkapitalistischen Gesellschaften der afrikanischen Diaspora in Brasilien weit über den westlichen Warengesellschaften rangieren.

Das Bedürfnis, die Welt kennenzulernen und die eigene Position in der Welt, das Streben nach Totalität ist etwas ganz Wesentliches für den Menschen. Jede Gesellschaft bringt ihre eigenen Wertesysteme hervor und gibt ihren Praktiken wechselnden Sinn.

Wenn es in der Soziologie um »Sinn« und »Werte« geht, so ist ein Hinweis angebracht: Werturteile begleiten die wissenschaftliche Arbeit, wie sie das soziale Handeln eines jeden Menschen begleiten, aber der Soziologe ist nicht im Besitz des Wertekodex, der die menschliche Geschichte lenkt und leitet. Er wirkt daran mit, Maßstäbe für die Legitimität der Werte zu erarbeiten. Zwar gibt es keine soziologischen Kriterien für die Wahrheit des Menschen und den Sinn der Geschichte – denn, um es noch einmal zu wiederholen, der Sinn der Geschichte und die Wahrheit des Menschen sind das Produkt kollektiven Handelns, an dem der Soziologe wie jeder andere Mensch teilhat –, aber die Werte und der Sinn sind Forschungsobjekte der Soziologie. Die Soziologie kennt keine unveränderliche, unabhängige, ewig gültige »Wahrheit«. Ihre zentralen Fragen zielen darauf, wie viele Menschen einer bestimmten Gesellschaft eingeladen sind, an der Entwicklung von Sinn und Werten teilzuhaben, über wie viel Freiheit sie bei der Formulierung ihrer Vorschläge verfügen und wie wirksam ihre Vorschläge umgesetzt werden. Balandier hat das, was ich meine, so zusammengefasst: »Wechselseitige Kontrolle der Macht und kollektive Hervorbringung von Sinn: Das entscheidende Problem ist die kontinuierliche Beteiligung der größtmöglichen Zahl von Akteuren an den – immer wieder neuen – Definitionen der Gesellschaft: Das zu erkennen heißt deutlich zu machen, dass sie an den Stellen der Gesellschaft präsent sein müssen, an denen die für die Gesellschaft wichtigen Entscheidungen fallen und wo das entsteht, was ihr Sinn verleiht.«[1]

Jede Wissenschaft muss ihren Gegenstand definieren. Die generative Soziologie formuliert in diesem Kontext Elemente einer Theorie, die einen radikalen Bruch mit den Theorien der deutschen Neomarxisten und der angelsächsischen Kulturanthropologen darstellt. Kein Gegenstand ist für die soziologische Erforschung »einfach da«. Vielmehr ist der Wissenschaftler bei der Konstituierung eines jeden Objekts persönlich beteiligt.

1 Georges Balandier, *Sens et puissances,* a. a. O., S. 299.

Hören wir, was Roger Bastide dazu sagt: »Das Subjekt und seine eigenen Interessen sind Bestandteile der Definition des Objekts. [...] Das Subjekt beobachtet sich in dem, was es betrachtet. Bild gegen Realität.«[1] Und weiter: »Es gibt eine Frustration der Vernunft, wie es eine Frustration der Libido gibt. Es gibt auch eine Verirrung der Vernunft unter dem Eindruck dieser Frustration.«[2] Man könnte einwenden, dass diese Situation keine Besonderheit der Sozialwissenschaften ist. Die Chemiker, die Astronomen, die Physiker und Biologen definieren ebenfalls ihre Objekte und respektieren die Tabus, die ihre frustrierte Libido ihnen auferlegt. Insofern ist es in allen Wissenschaften so, dass Objekte nicht einfach da sind.

Trotzdem unterscheidet sich die Situation in den Naturwissenschaften radikal von der in den Humanwissenschaften, und das aus mindestens zwei Gründen: Zur Natur der toten Dinge gehört eine Reihe von Determinierungen, die, wenn sie erst einmal ans Licht gebracht wurden und handhabbar sind, dem Experiment einen praktisch absoluten objektiven Wert verleihen. Die Natur bestätigt oder widerlegt die Hypothesen des Experimentators in vollkommener Unabhängigkeit. In den Sozialwissenschaften ist das offensichtlich anders. Es gibt keine unwandelbare Natur, die die Hypothesen des Forschers bestätigt oder widerlegt.

Der zweite Grund für diesen fundamentalen Unterschied zwischen Naturwissenschaften und Humanwissenschaften hängt mit dem Prozess der Konstituierung des Forschungsgegenstands zusammen. Der Forschungsgegenstand der Naturwissenschaften ist fast immer eindeutig. Der Apfel, der Newton vor die Füße fiel, wurde durch Newtons Willen zum Forschungsobjekt, aber er ist ein eindeutiges Objekt, weil die Eigenschaft, die ihn aus einem beliebigen Gegenstand zu einem Forschungsobjekt verwandelt, gerade in der Tatsache liegt, dass er fällt. Nicht der Apfel, sondern seine Bewegung zur Erde hin gibt den Anlass zur Nachforschung, als Herausforderung für den menschlichen Geist oder Gegenstand der Wis-

1 Roger Bastide, *Sociologie et psychanalyse,* Paris 1950, S. 264.
2 Ebenda, S. 284.

senschaft. Der Apfel fällt. Er steigt nicht auf und bewegt sich auch nicht horizontal. Mit anderen Worten: Seine Bewegung ist »einzigartig«, eindeutig. Das Gravitationsprinzip gilt universell. Die Soziologie hat es mit einer ganz anderen Situation zu tun. Eine gesellschaftliche Dialektik, eine noch so perfekt strukturierte Institution, ein Verhältnis von Befehl und Gehorsam, ein Kunstwerk oder eine Ideologie ist nie eindeutig. Wie Bastide sagt: Die aufeinanderfolgenden oder nebeneinander existierenden Definitionen ein und desselben gesellschaftlichen Objekts »erfassen nie dieselben Anteile des Realen«.

Kommen wir noch einmal auf das Beispiel mit dem Apfel zurück. Gleichgültig, ob er von einem Baum in Japan, Frankreich oder Kansas fällt, er regt die Physiker immer zu den gleichen Überlegungen über die Gravitation an, mit Ausnahme einiger messbarer Variablen, die durch den Ort der Beobachtung beeinflusst werden.[1] Hingegen erfasst die Definition einer Farbe, etwa der Farbe Gelb, nie dieselben Anteile des Realen, um es mit Bastide zu sagen. Ein Deutscher denkt beim Anblick einer Landschaft, in der die Farbe Gelb dominiert, an die Sonne, an Sommer und Hitze, Ferien, ein Feld mit Weizen, Raps oder Sonnenblumen, an Wohlbehagen. Für einen Bauern oder Nomaden im Sahel bedeutet Gelb Trockenheit, Leiden, Durst, Hunger, Ruin und Tod.

Der Soziologe ist somit selbst an der Konstituierung seines Forschungsgegenstands beteiligt, und zwar mit einer Intensität und Tiefe, die weder der Biologe kennt noch der Astronom, weder der Chemiker noch der Physiker. Die Bilder, die der Soziologe mobilisiert und auf den Forschungsgegenstand projiziert – den er anschließend rational analysiert –, sind aller Wahrscheinlichkeit nach das genaue Abbild innerer Erfahrungen und existenzieller Konflikte, bewusster oder verdrängter, die er selbst durchlebt. Für Bastide reduziert sich das vertrackte Problem der Konstituierung des

---

1 Newtons Gravitationsgesetz gilt auch für die Sterne, mit den Korrekturen, die Einstein mit seiner Allgemeinen Relativitätstheorie hinzugefügt hat, um bestimmte besondere astronomische Objekte und Phänomene zu beschreiben wie beispielsweise die schwarzen Löcher.

Forschungsgegenstands, oder anders gesagt: das Problem der Objektivität in der Soziologie, letztlich auf die scheinbar schlichte Feststellung: »Die Motive zu kennen, die uns antreiben, ist der einzige Weg, wie wir unsere Subjektivität überwinden können.«[1]

Die generative Soziologie wehrt sich gegen die künstliche Begrenzung der Realität, die beispielsweise bei den marxistischen Soziologen die Regel ist. Die Marxisten unterscheiden zwischen dem normierten Verhalten und dem »verrückten«, zwischen dem »Normalen« und dem »Pathologischen«. Sie weigern sich, Träume zu befragen, verweisen infrakonzeptuelle Vorgänge, wie sie in der Trance auftauchen, in der Besessenheit, im Wissen von Eingeweihten, in den Bereich des Pathologischen. Doch ein großer Teil unseres Lebens spielt sich auf einer infrakonzeptuellen Ebene ab: Es bringt Bilder hervor, Symbole, Gewissheiten, Ängste, Motive, Obsessionen, die nicht die Form von Konzepten annehmen. Besessenheit, Traum und Trance stehen im Mittelpunkt der meisten großen afrikanischen, indianischen und ozeanischen Kulturen. Sie geben auf ihre Weise Antworten auf die ontologischen Fragen der Menschen.

An dieser Stelle schiebe ich eine Parenthese ein. Der Begriff *Ontologie* heißt hier nur Referential (Bezugspunkt) im Sinn des Schweizer Mathematikers und Philosophen Ferdinand Gonseth. Das Referential verweist auf das Vorhandensein einer Frage, die jeden Diskurs bedeutungslos werden lässt, der sich nicht darauf bezieht. Das Referential urteilt in keiner Weise darüber, ob der semantische Inhalt des Diskurses objektiv richtig oder falsch ist. Ein kulturelles System (oder eine Soziologie), die Aussagen über das Sein des Lebens macht, kann sich jederzeit in ihren Formulierungen täuschen und falsche Dinge über den realen Menschen behaupten. Hingegen wissen wir, dass eine Kultur oder eine Soziologie, die versucht, das ontologische Problem, das heißt die Frage nach dem Sinn des Lebens und dem Sein des Menschen, zu verschleiern, mit Sicherheit

1 Roger Bastide, *Sociologie et psychanalyse,* a. a. O.

eine falsche Kultur oder Soziologie wäre. Denn die Frage nach dem Sinn des Lebens, nach dem Sein des Menschen ist eine unausweichliche Frage und damit eine richtige Frage.

Die generative Soziologie führt neue Erkenntnisobjekte ein, die zuvor negiert wurden – wie beispielsweise Traum, Trance, Wahn, die Kosmogonien agrarischer Gesellschaften, Begräbnisrituale und Tod –, und schenkt damit den beherrschten Gesellschaften Aufmerksamkeit. Sie gibt den Völkern des Schweigens eine Stimme. Deren Gesellschaften gehen von einer kulturellen, symbolischen und materiellen Geschichte aus, die anders ist als die, die von der Antike über das Mittelalter und die Renaissance bis in die moderne Zeit die westlichen urbanen Gesellschaften geprägt hat. Die generative Soziologie postuliert somit die *Pluralität der Vernunft,* die aus der Pluralität der gesellschaftlichen Organisationsweisen, der Ausdrucksweisen und der Methoden der Symbolisierung entstanden ist, auf die Gesellschaften mit unterschiedlichen Ursprüngen zurückgreifen.

Die generative Soziologie verwirft den Gegensatz von »historischen Gesellschaften« und »Gesellschaften ohne Geschichte« oder von »prometheischen Gesellschaften« und »Gesellschaften mit einer zyklischen Geschichtsvorstellung«. Was ist damit gemeint? Die Abwertung außereuropäischer Gesellschaften, insbesondere afrikanischer Traditionsgesellschaften, aber auch agrarischer Gesellschaften in Europa durch eine ethnozentrische Soziologie, ob marxistischer Prägung oder nicht. Die Industrie- und Warengesellschaften Europas vergegenwärtigen sich ihre Vergangenheit, indem sie versuchen, die Abfolge der Ereignisse zu reproduzieren. Sie haben einen Code erfunden (meistens die Rechnung in Jahrhunderten), um die Vergangenheit zu strukturieren. Außerdem pflegen sie eine Geschichtsphilosophie, die in der verwirrenden Abfolge der Ereignisse einen verborgenen Sinn aufspüren soll, den sie »Sinn der Geschichte« nennen. Die Industriegesellschaften befassen sich intensiv mit ihrer Vergangenheit. Ganz unbestreitbar sind sie entscheidend von der vergangenen Zeit geprägt. So gesehen sind sie zweifellos »historische Gesellschaften«.

Die traditionellen afrikanischen Gesellschaften jedoch erheben nicht den Anspruch, die Vergangenheit so zu rekonstruieren, wie sie tatsächlich gewesen ist. Bei ihren regelmäßigen Festen, zentralen Augenblicken des sozialen Lebens, wird der Gründungsmythos der betreffenden Gesellschaft immer wieder in Szene gesetzt. Damit erinnern sie an die ontologischen Fundamente ihrer Gemeinschaft. In einer Gesellschaft mit mündlicher Tradition, wie es die meisten afrikanischen Gesellschaften sind, würde man vergebens nach einem historischen Code suchen, vergleichbar jenem der Chronologie, der uns aus den europäischen Gesellschaften vertraut ist. Und ebenso vergeblich würde man dort nach einer geistigen Tätigkeit oder einem gesellschaftlichen Ansinnen suchen, die man mit der westlichen Geschichtsphilosophie vergleichen könnte. Aber die Gesellschaften, die angeblich »keine Geschichte« haben, sind dennoch nicht ahistorisch. Sie haben eine Geschichte, nur gehen sie anders mit ihr um als die kapitalistischen Warengesellschaften. Auf eine Geschichtswissenschaft haben sie zwar verzichtet, aber sie widmen sich seit eh und je mit größter Hartnäckigkeit der Aufgabe, die für ihr Leben wirklich wichtigen Gewissheiten weiterzugeben. Den zufälligen Wechselfällen des menschlichen Lebens schenken sie nur wenig Aufmerksamkeit. Ein Beispiel: Ein Bauer vom Volk der Bahutu, der in den prächtigen Hügeln von Burundi lebt, am Ufer des Tanganjikasees, kennt nur ausnahmsweise sein Geburtsdatum, aber er weiß nahezu alles über seinen künftigen Tod, über die Orte, wo die Toten zu Hause sind, über den Sinn des Lebens, die Kräfte, die dem Universum innewohnen. In seiner Sprache ist »kera« das Wort, das die Vergangenheit bezeichnet (»es ist lange her«, »es war einmal«). *Kera* steht für die ganze Vergangenheit.

Die soziale Zeit der kapitalistischen Warengesellschaft und die Zeit der traditionellen afrikanischen Gesellschaften trennt ein tiefer Graben.

Die afrikanischen Gesellschaften verorten Augenblicke der Veränderung nicht auf einer universellen Zeitleiste, sondern nur in Bezug auf ihre eigenen gesellschaftlichen Strukturen. Die Gründungsmythen erklären der Gesellschaft ihre eigene Entstehung. Die traditionellen afrikanischen Gesellschaften leben mit so etwas wie Sorglosigkeit gegenüber der Universalität der Spezies. In ihrem Bild von der Welt kommen im Allgemeinen nur ihre eigenen isolierten Existenzen vor. So macht sich der Gründungsmythos der Bahutu nicht die Mühe, die Völker des Ostkongo, von Katanga oder Tansania innerhalb oder außerhalb ihres Universums einzuordnen und ihnen einen Platz zu geben. Obschon diese Völker die unmittelbaren Nachbarn der Bahutu sind. Die Bahutu wissen genau, dass es sie gibt, und kennen sie zumindest durch Augenschein.

Jede traditionelle afrikanische Gesellschaft hat ihre eigene Vorstellung von Zeit. Sie umfasst die Lebenden und die Toten, Gott und die Menschen, den Himmel, die Erde, das Reich der Verstorbenen. Aber, ich wiederhole es noch einmal, die zeitliche Situation anderer Gesellschaften kommt nicht oder kaum vor.

Weder das Königreich Burundi noch der brasilianische *candomblé* kennen eine kumulative, schriftlich fixierte Geschichte. Es handelt sich also nicht um »prometheische Gesellschaften«, um die Formulierung von Georges Gurvitch aufzugreifen, in denen jede »neue Erfahrung das gesamte gesellschaftliche Projekt infrage stellt.«[1] Die Geschichte traditioneller afrikanischer Völker ist bis auf wenige Ausnahmen immer eine Geschichte, die nur das Wesentliche vermittelt. Aber das auf höchst eindrucksvolle Weise: durch Feste, Masken, Divinationen, Rituale. Sie behandelt einzig und allein die Fragen, die es wert sind, dass man sich mit ihnen befasst: Woher kommt der Mensch? Was ist seine Aufgabe auf der Erde? Wie stirbt er, und kann er hoffen, zu Lebzeiten eine Beziehung zu Gott herzustellen? Die mündliche Tradition Afrikas ist ein konkretes, nicht verdinglichtes System der Selbstdeutung. Durch dieses System erklärt die Gesellschaft sich selbst. Die Geschichte der Afrikaner nähert sich einer ontologischen Wahrheit an.

Was verbindet uns? Jeder Mensch empfindet Kälte, Hitze, Hunger, Liebe, Hoffnung und Angst. Er fühlt sich lebendig, indem er

---

1 Georges Gurvitch, »Mon itinéraire intellectuel ou l'exclu de la horde«, in *L'Homme et la Société,* Paris 1966.

existiert, sein Leben lebt. Jeder Mensch will glücklich sein, möchte essen, vor Angst und Einsamkeit geschützt sein. Jeder Mensch – auf welchem Kontinent auch immer er lebt, welcher Nation, Klasse, Kultur, Ethnie und Altersgruppe auch immer er angehört – fürchtet den Tod und hasst die Krankheit. Jedem Menschen wohnt ein reflektierendes Bewusstsein inne. Ein kategorischer Imperativ beseelt ihn: die Welt zu erkennen oder, genauer gesagt, seine konkrete Situation in der Welt zu verstehen.

Was ist meine persönliche Überzeugung? Sie deckt sich mit der bekannten Aussage von Feuerbach: »Bewußtsein [...] ist nur da, wo einem Wesen seine *Gattung,* seine *Wesenheit* Gegenstand ist. [...] Wo Bewußtsein, da ist Fähigkeit zur Wissenschaft. Die Wissenschaft ist das Bewußtsein der Gattungen. Nur ein Wesen, dem seine eigene Gattung, seine Wesenheit Gegenstand ist, kann andere Dinge oder Wesen nach ihrer wesentlichen Natur zum Gegenstande machen.«[1] Unter allen Lebewesen hat allein der Mensch ein Bewusstsein seiner Identität. Ein jedes unterernährte Kind ist für Menschen ein unerträglicher Anblick. Immanuel Kant hat geschrieben: »Die Unmenschlichkeit, die einem anderen angetan wird, zerstört die Menschlichkeit in mir.« Das Leiden des anderen lässt mich leiden, es verletzt mein eigenes Bewusstsein, fügt ihm einen Riss zu, macht es unglücklich, zerstört in mir das, was ich als einen unverzichtbaren »Wert« empfinde: den Wunsch, nicht zu leiden, zu essen, glücklich zu sein. Es zerstört das Wertvollste in mir: meine »Menschlichkeit«, das heißt das unbezwingbare Bewusstsein der ontologischen Einheit aller menschlichen Wesen. Diese »Werte« bedürfen keiner wie auch immer gearteten metasozialen, ideologischen oder religiösen Begründung. Diese »Werte« sind potenziell universell, weil sie konstitutiv für den Menschen sind.

1 Ludwig Feuerbach, *Das Wesen des Christentums,* in *Werke in sechs Bänden,* Bd. 5, Frankfurt am Main 1976, S. 17.

ZEHNTES KAPITEL

Die Bruderschaft der Nacht

Nun werdet ihr sehen, was wir sind und wiegen.
Nun werdet ihr sehen, was wir sind und sein werden.
Wir sind das reine Silber der Erde,
des Menschen wahrhaftes Erz,
wir verkörpern das Meer, das unermüdliche,
die Feste der Hoffnung:
eine Minute Dunkel macht uns nicht blind:
und keine Agonie wird uns töten.[1]

Gegen die weltweite Diktatur des globalisierten Finanzkapitals, ihrer Satrapen und Söldner, erhebt sich heute ein neues geschichtliches Subjekt: die weltweite Zivilgesellschaft.

Ernesto Che Guevara hat den prophetischen Satz niedergeschrieben: »Auch die stärksten Mauern fallen durch ihre Risse.«[2]

Heute tauchen überall Risse auf. Sie werden immer zahlreicher und immer größer. Die Ordnung der Welt wankt. Aus den unzähligen Widerstandskämpfen, die jeden Tag und jede Nacht auf allen fünf Kontinenten stattfinden, greife ich zwei Beispiele heraus. Sie zeugen von der Vitalität und der Wirksamkeit des neuen Widerstands und ebenso von der solidarischen Vernunft, die ihn antreibt, genährt von dem Wissen der Vorläufer in diesem Kampf.

1 Pablo Neruda, Memorial von Isla Negra, a. a. O.
2 Ernesto Che Guevara, *Souvenirs de la guerre révolutionnaire. Écrits 1,* Paris 1967.

Bangladesch ist ein Land von unglaublicher Schönheit. Seine 150 Millionen Einwohner sind mehrheitlich Muslime. Auf den 116 000 Quadratkilometern des Staatsgebiets – gelegen zwischen den Ausläufern des Himalaya und dem Golf von Bengalen – erstrecken sich Hügel und kleine Täler von einem intensiven Grün, Sümpfe, in denen es von Reptilien wimmelt, Mangrovenwälder und die unendlichen Weiten des Deltas, die beim sommerlichen Monsun von den wilden Fluten des Ganges und des Brahmaputra überschwemmt werden.

Am Vorabend meiner ersten Mission im Auftrag der UNO in Bangladesch warnte mich der Botschafter von Bangladesch in Genf, Toufik Ali, ein zurückhaltender, freundlicher, aber auch besorgter Mann: »*You will see people everywhere all the time, you will never be alone*« (»Sie werden immer und überall Menschen sehen, Sie werden nie allein sein«). Tatsächlich, wo immer man unterwegs ist in diesem Land, ob in den pulsierenden Megastädten oder in einem abgelegenen Dorf, überall sieht man Menschen. Frauen und junge Mädchen mit dunkler Haut und feingeschnittenen Zügen, mit einem strahlenden, aber schüchternen Lächeln. Sie sind in zarte Saris aus buntem Baumwollgewebe gekleidet. So, wie sie in der Menge gehen, hat der Beobachter den Eindruck, sich in einem Meer aus Blumen zu bewegen. Die Männer und die Jugendlichen, die freundlich grüßend ihre Fahrräder vor sich herschieben, haben fast alle lange weiße Baumwollhemden an, die sauber gewaschen, aber vielfach geflickt und ausgebessert sind. Sie tragen ihre tadellos gebügelten Lumpen mit Stolz.

Mit 1084 Einwohnern pro Quadratkilometer ist Bangladesch das am dichtesten bevölkerte große Land der Welt. Trotzdem fühlte ich mich zu keiner Zeit von der Masse bedrängt, erstickt, eingesperrt (anders als beispielsweise in der U-Bahn von Tokio mit ihren vielen unterirdischen Stockwerken). Die Bengalen sind ein zurückhaltendes, vornehmes, warmherziges Volk.

Aber Bangladesch ist auch das drittärmste Land der Welt (nach dem *Human development index* des UNDP, des Entwicklungsprogramms der Vereinten Nationen). Die meisten Bauern besitzen kein Land, die Führungsschicht ist durch und durch korrupt.

Die dauerhafte Unterernährung richtet in der Bevölkerung schrecklichste Verheerungen an. Die Hälfte der Menschen, 75 Millionen, bekommt nicht ausreichend Nahrung. Ein Drittel der Menschen hat weniger als 1 US-Dollar pro Tag zum Leben. Die Mehrheit der Männer, Frauen und Kinder leidet an einer Unterversorgung mit Mikronährstoffen. Aber gerade der Mangel an Mikronährstoffen (Mineralstoffen und Vitaminen) verursacht Fehlernährung. Darüber hinaus leiden die meisten Frauen in Bangladesch unter Diskriminierung. In den Familien essen die Frauen und die Töchter als Letzte, und das bedeutet, dass sie oft hungrig bleiben.

Verschmutztes Wasser tötet ebenso viele Menschen wie der Mangel an Nahrungsmitteln. Aus den Granitschluchten im Himalaya-Massiv ergießen sich viele Zuflüsse in die großen Ströme Bengalens, die mit Arsen verseucht sind. Die Weltgesundheitsorganisation (WHO) hat 64 Distrikte im Land untersucht. In 59 entdeckte sie mit Arsen verseuchte Brunnen.

In jedem Sommer gehen schwere Monsunregenfälle über Bangladesch nieder. Das Himalaya-Gebirge speist die zahlreichen Zuflüsse der großen Ströme, die bei Hochwasser enorme Felsbrocken mit sich führen und Bäume und Häuser wegreißen, Deiche, Talsperren und Brücken zerstören und Hunderttausende Hektar Ackerland mit einer braunen, wirbelnden, schlammigen Brühe bedecken, die Ernte vernichten und die am Wasser gelegenen Wohnviertel verwüsten. Die Sandbänke in der Mitte der Flüsse, auf denen viele Tausend Menschen leben, werden weggeschwemmt. Rund um die auf Felsvorsprüngen errichteten Hütten brodelt das Wasser. In manchen Jahren, wenn der Monsun besonders schlimm ist und, was oft vorkommt, mit Wirbelstürmen und Flutwellen vom Meer zusammentrifft, wird das ganze Delta überschwemmt, und 70 Prozent von Bangladesch stehen unter Wasser.

Das Elend und die Demütigung treffen die Frauen und die jungen Mädchen am schlimmsten. Aber sie sind es auch, die in den meisten Fällen für das materielle Überleben der Familien sorgen. So drängen sich die Mütter und jungen Mädchen mit vier oder fünf Leidensgefährtinnen beispielsweise in dem einzigen Raum einer

Hütte in Gulshan zusammen, einem der schlimmsten Slums in Dhaka (mit 800 000 Bewohnern), und gehen von dort aus in die Fabrik zum Arbeiten.

Trotz der Diskriminierung, die sie in ihren Familien erleben, sind die Frauen von Bangladesch oft starke Persönlichkeiten. Sie sind emanzipiert und bereit, alle Opfer zu bringen, damit ihre Angehörigen überleben.

Nie werde ich die elf- oder zwölfstöckigen grauen Betonkasernen mit ihrer dreckigen Einrichtung, den kaputten Fliesen und den wackligen Wendeltreppen vergessen, die die südlichen und östlichen Vororte der Hauptstadt verschandeln. Kohorten von Sklaven lösen sich an den Nähmaschinen ab, die rund um die Uhr rattern. Bangladesch ist nach China weltweit der zweitgrößte Lieferant von Textilprodukten für die großen Weltmarken. In Bangladesch gibt es etwa 6000 Textilfabriken. Sie gehören Geschäftsleuten aus Indien, Bangladesch, Taiwan und Südkorea, viele von ihnen sind wahre Gangster. Die Sklaven schneiden Jeans, Jacken, Hosen, Hemden, T-Shirts und Unterwäsche zu und nähen sie, stellen Schuhe und Fußbälle her, alles für die großen westlichen Modemarken wie Nike, Adidas, Levi's, Converse, Zara, Gucci, Prada, Armani, H&M, Benetton, Marks & Spencer, Calvin Klein, Carrefour und viele andere.

Die multinationalen Bekleidungsfirmen und ihre asiatischen Subunternehmer in Bangladesch erzielen astronomische Gewinne. Die schweizerische Nichtregierungsorganisation »Erklärung von Bern« analysiert die Entwicklung der Preise und des Mehrwerts, den diese Sklaven erwirtschaften. Eine Jeans der Marke Spectrum Sweater wird in der Rue du Rhône in Genf für 66 Franken verkauft, umgerechnet rund 54 Euro. Die Näherin in Bangladesch bekommt davon im Durchschnitt 25 Cent.

2014 lag der gesetzliche Mindestlohn in Bangladesch bei 51 Euro im Monat. Nach Auskunft der Gewerkschaftsallianz Asia Floor Wage Alliance wäre ein Monatslohn von 272 Euro erforderlich, um das Existenzminimum einer vierköpfigen Familie zu sichern.

Am Morgen des 24. April 2013 stürzte in einem östlichen Vorort von Dhaka ein zehnstöckiges Gebäude ein, das Rana Plaza. Dabei starben 1138 Menschen unterschiedlichen Alters, überwiegend Frauen. Außer den Toten zogen die Retter mehr als 2500 größtenteils schwer verletzte Personen aus den Trümmern. Besitzer des Rana Plaza ist ein Geschäftsmann aus Bangladesch, Subunternehmer der großen westlichen Bekleidungsfirmen. Ohne Baugenehmigung hatte er das altersschwache Gebäude, dessen Mauern von Rissen durchzogen waren, um zwei Stockwerke erhöht. Am Vorabend der Tragödie waren die Risse breiter geworden. Mehrere Frauen hatten sich daraufhin geweigert, in die oberen Stockwerke zu gehen. Daraufhin drohte ihnen der Eigentümer, ihren Monatslohn nicht auszuzahlen. Schließlich gingen die Frauen doch an ihre Arbeitsplätze. Viele starben in jener Nacht, andere sind für ihr Leben verstümmelt.

Die Tragödie des Rana Plaza ist alles andere als ein Einzelfall. Immer wieder werden Textilarbeiterinnen Opfer von Unfällen. Ein Beispiel: Am 11. April 2005 stürzte in Dhaka die achtstöckige, aus Stahlbeton gebaute Pulloverfabrik der Firma Spectrum Sweater über den Arbeiterinnen der Nachtschicht zusammen. Das Gebäude hatte ursprünglich nur drei Stockwerke gehabt und war unter Missachtung der Sicherheitsanforderungen um fünf Etagen erhöht worden. Die Regierung weigerte sich, eine Opferzahl zu nennen. Die westlichen Nichtregierungsorganisationen (NGOs) und die International Garment Workers Union schätzten, dass mehrere Hundert Menschen gestorben waren und mehrere Tausend schwere Verletzungen (Verlust von Gliedmaßen etc.) davongetragen hatten. Spectrum Sweater entließ alle Überlebenden und zahlte ihnen sowie den Familien der Opfer nicht einen Cent Entschädigung. Rund 3000 Beschäftigte (zu 90 Prozent Frauen) verloren bei der Tragödie ihren Arbeitsplatz. Die Besitzer kamen völlig ungeschoren davon.

Die Tragödie des Rana Plaza war der Tropfen, der das Fass zum Überlaufen brachte. Diesmal begehrte die internationale Zivilgesellschaft auf. Angeführt von westlichen NGOs und mächtigen sozialen Bewegungen – wie Clean Clothes Campaign, Partnership for Development and Justice, Netz Bangladesch, der Internationalen Textilarbeitervereinigung – bildete sich eine internationale Koalition. Ihr Name: Coalition No Blood on my Clothes (»Kein Blut auf meiner

Kleidung«). Die Koalition übt Druck auf die großen multinationalen Konzerne aus, die Auftraggeber der Subunternehmen sind. Sie fordert vor allem anständige Arbeitsbedingungen für die Frauen in Bangladesch, eine Verdoppelung des Mindestlohns bis Ende 2015, Sicherheit und regelmäßige internationale Inspektionen der Gebäude, Entschädigungen für die Familien der Opfer des Einsturzes von Rana Plaza ebenso wie für die verstümmelten Opfer sowie die strafrechtliche Verfolgung der Eigentümer des Gebäudes. Die Koalition verlangt von den Auftraggebern, ein Abkommen mit ihr zu schließen (»Bangladesh Accord«). Dieses enthält einen besonders wichtigen Artikel, in dem es um die gewerkschaftliche Freiheit geht. Bisher ließen die meisten Subunternehmer in ihren Fabriken Schrecken und Willkür regieren und verbannten Gewerkschaften. In Bangladesch ist nur 1 Prozent der Näherinnen und Näher gewerkschaftlich organisiert.

Im September 2013 gingen viele Tausend Arbeiterinnen und Arbeiter der Bekleidungsindustrie in Bangladesch auf die Straße, errichteten Barrikaden, besetzen Fabriken und forderten eine Erhöhung des Monatslohns auf 104 US-Dollar.

Ein Jahr nach der Tragödie hat sich der Kampf zwischen der internationalen Zivilgesellschaft und den Auftraggebern zugespitzt. Es wurden bereits Teilsiege errungen und bis Mai 2014 150 Abkommen unterzeichnet.

In den Vereinigten Staaten, in Kanada, Australien, Italien, Deutschland und anderen Ländern prangern Pressekampagnen die verantwortlichen Auftraggeber an; Geschäfte, die in Bangladesch hergestellte Kleidung verkaufen, wurden boykottiert. Demonstranten blockierten wochenlang die Eingänge.

Eine internationale Bekleidungsmarke, mag sie noch so berühmt sein und noch so geschickt im Marketing, hängt von ihrem Ansehen in der Öffentlichkeit ab. Auf einem extrem wettbewerbsintensiven Weltmarkt ist es für jedes Unternehmen, auch für das mächtigste, tödlich, seine Glaubwürdigkeit zu verlieren, in diesem Fall die moralische. Adidas, Nike, Zara, Benetton und viele andere haben schließlich eingelenkt und Abkommen mit der Koalition geschlossen. Im März 2014 sind die ersten Entschädigungszahlungen geflossen. Bisher hat nur eine große Kette jede Verantwortung bestritten: der deutsche Bekleidungsdiscounter Kik. Coalition No Blood on my Clothes erwägt, vor einem deutschen Gericht Klage gegen Kik zu erheben wegen »fahrlässiger Tötung«.[1]

Die Eigentümer der Fabrik im Rana Plaza weisen jede Verantwortung von sich und haben sich nach der Katastrophe nach Indien abgesetzt. Unter dem Druck der internationalen öffentlichen Meinung, die die Koalition alarmiert hat, musste die Justiz von Bangladesch ihre Auslieferung verlangen. Im Mai 2014 hat vor dem Strafgerichtshof in Dhaka der Prozess gegen sie begonnen.

Noch eine andere Schlacht, in der die solidarische Vernunft der Rationalität des Finanzkapitals gegenübersteht, wird weltweit geschlagen: die Schlacht vor den Vereinten Nationen um die Annahme einer internationalen Konvention zum Schutz der Rechte von Kleinbauern.

Seit Urzeiten steht die Landbevölkerung im Zentrum des Kampfs gegen Hunger und Elend, und das aus mindestens zwei Gründen: Zum einen liefert sie das, was die Menschen zum Leben brauchen; zum anderen stellen – paradoxerweise – die Kleinbauern und ihre Familien das mit Abstand größte Kontingent der Hungernden und Notleidenden.

Elend und Hunger sind heute vor allem ein Problem der ländlichen Regionen. Sehen wir uns die Zahlen an: Von der Masse der gequälten Menschen (fast eine Milliarde), die laut FAO an dauernder, schwerer Unterernährung leiden, leben 75 Prozent auf dem Land.

Die Situation der Landarbeiter und ihrer Familien hat sich seit 2008 erheblich verschlechtert. Nachdem das Banditentum der internationalen Banken die Finanzmärkte ruiniert hatte, wandten sich die großen Räuber – die Hedgefonds, die multinationalen Banken und so weiter – wie bereits erwähnt den Rohstoffen zu. Durch Spekulation mit Öl, Erz, aber auch und vor allem mit Agrarrohstoffen

---

1 Medico international, *Rundschreiben,* Mai 2014.

erzielten sie astronomische Gewinne. Aber Reis, Weizen und Mais sind Grundnahrungsmittel der Menschheit und decken in normalen Zeiten 75 Prozent ihrer Bedürfnisse. Innerhalb von fünf Jahren hat der Marktpreis für Reis, Mais und Weizen durch das Treiben der Spekulanten stark geschwankt, aber insgesamt zeigte die Tendenz klar nach oben. Seit 2008 hat sich der Preis für eine Tonne Brotweizen verdoppelt, der Preis für Mais ist um 31,9 Prozent gestiegen und der für Reis um 37 Prozent. Und das obwohl die Ernteerträge (zum Beispiel bei Reis) in den letzten Jahren regelmäßig gewachsen sind.[1]

Die Explosion der Weltmarktpreise für landwirtschaftliche Rohstoffe hatte eine unerwartete Konsequenz: den Run der Spekulanten auf Ackerland in der südlichen Hemisphäre. Nach Angaben der Weltbank haben im Jahr 2012 Hedgefonds, Großbanken und andere »ausländische Investoren« 41 Millionen Hektar im subsaharischen Afrika aufgekauft. Und der Trend beschleunigt sich. Die Übernahme erfolgt auf zwei Wegen: Pacht über 99 Jahre zu lächerlichen Konditionen, Kauf oder Eigentumsübertragung praktisch zum Nulltarif nach Bestechungsmanövern.

Eins meiner Bücher, *Wir lassen sie verhungern. Die Massenvernichtung in der Dritten Welt,* ist auf Französisch 2011 erschienen und wurde in etliche Sprachen übersetzt.[2] Ich habe es bei mehreren Vorträgen in verschiedenen Städten in Europa, Amerika und Afrika vorgestellt.

Im September 2011 sprach ich auf Einladung des norwegischen Außenministers im *Litteraturhuset* in Oslo. Am Ende meines Vortrags meldete sich jemand ganz hinten im Saal und stellte mir die Frage: »Wie kann es sein, dass es hier in Oslo saudi-arabische Kartoffeln zu kaufen gibt?« Ich antwortete: »Sie müssen sich irren. In Saudi-Arabien wachsen keine Kartoffeln.« Am nächsten Morgen warteten vor dem Hotel Bristol fünf Gewerkschafter auf mich, zwei Männer und drei Frauen, um mich in die großen Geschäfte zu begleiten. Und dort

---

1 China, der wichtigste Reisproduzent weltweit, hat 2013 über 200 Millionen Tonnen geerntet. In Indien, dem vor Indonesien zweitgrößten Produzenten, waren es 155 Millionen Tonnen.

2 Deutsche Ausgabe: München 2012.

sah ich tatsächlich hohe Pyramiden mit Kartoffeln, leuchtend und groß wie Straußeneier, mit dem Etikett »*Saudi Arabian potatoes*«.[1] Zurück in Genf, befragte ich meine Mitarbeiter, die das Rätsel mühelos aufklären konnten. In Gambela im Süden der äthiopischen Provinz Sidamo, im Tiefland an der Grenze zum Sudan, besitzen Scheich Mohammed Hussein Al Amoudi und seine Saudi Star Agricultural Development Company mehr als 150 000 Hektar Ackerland. Sie zahlen der äthiopischen Regierung eine jährliche Pacht von 30 Birr (knapp 1 Euro) pro Hektar. Die Nuer-Bauern wurden von der Armee verjagt. Wohin? Vermutlich in die dreckigen Slums von Addis Abeba. Auf ihrem Land produzieren jetzt Arbeiter aus Sri Lanka Rosen und Kartoffeln, die Al Amoudi in die Länder mit hoher Kaufkraft exportiert – unter anderem nach Norwegen.

Via Campesina ist eine weltweite Bewegung, der Organisationen von Landlosen, kleinen und mittleren Bauern, Pächtern, Landfrauen, Landarbeitern, Fischern, Viehzüchtern, Wanderarbeitern und autonomen landwirtschaftlichen Gemeinschaften in Afrika, Asien, Amerika und Europa angehören. Gegründet wurde sie 1993.[2] Sie definiert sich als autonom, pluralistisch und politisch unabhängig. Ein internationaler Koordinationsausschuss (CVC, Coordination Via Campesina) mit 18 Mitgliedern, zwei für jede Region (ein Mann und eine Frau), vertritt die Kleinbauern- und Landarbeiterorganisationen von neun Regionen der Erde: Europa, Ostasien und Südostasien, Südasien, Nordamerika, Karibik, Mittelamerika, Südamerika, Afrika 1 (südliches und östliches Afrika), Afrika 2 (westliches Afrika). Der CVC ist das wichtigste Band zwischen den verschiedenen Einzelorganisationen.

Alle zwei Jahre wird auf Kongressen der Bewegung die Strategie festgelegt. Der CVC koordiniert die Aktionen auf den fünf Kontinenten, und das Generalsekretariat kümmert sich um die tägliche Kommunikation zwischen den verschiedenen Gewerkschaften und

---

1 Ein norwegisches Gesetz verpflichtet die Geschäfte, auf Norwegisch und Englisch die Herkunft ihrer Waren anzugeben.
2 Zur Geschichte dieser Bewegung siehe Annette Aurélie Desmarais, »Via Campesina«, in *Une alternative paysanne à la mondialisation néolibérale,* Genf 2002.

Bewegungen auf lokaler, regionaler und nationaler Ebene. Die Organisationen, die Via Campesina bilden, stammen aus 70 Ländern und haben insgesamt mehr als 200 Millionen Mitglieder. Das Generalsekretariat rotiert. Gegenwärtig wird Via Campesina von Harare (Simbabwe) aus von einer starken, durchsetzungsfähigen, warmherzigen und fröhlichen Frau geleitet, Elizabeth Mpofu.

Ich erinnere mich sehr gern an ihren Vorgänger Henry Saraghi, einen gedrungenen Mann mit einem Gesicht voller Narben, Lachfältchen, dunkler Haut. Er war Bauer in Indonesien und Mitbegründer der mächtigen FSPI (Federasi Serikat Petani Indonesia). Wie viele seiner Kameraden hatte er wie durch ein Wunder überlebt: in seinem Fall die Folterkeller und Exekutionskommandos der indonesischen Generäle, die im Dienst der Großgrundbesitzer stehen. Saraghi und Menschen wie er sind das Salz der Erde.

Andere große Bauernbewegungen wie die FIMARC (Fédération internationale des Mouvements d'adultes ruraux catholiques, Internationale Katholische Landvolkbewegung), die älteste, bereits 1964 entstandene Bewegung mit heute rund 3 Millionen Mitgliedern, haben sich Via Campesina angeschlossen.

Seit jeher kämpfen Bauern auf allen Kontinenten für ihr Land, ihre Identität, ihr Überleben. 1992 wurden auf Anregung von führenden Mitgliedern des brasilianischen MST (Movimento dos trabalhadores rurais sem terra, Bewegung landloser Landarbeiter) und französischen Bauernführern wie José Bové erste internationale Kontakte geknüpft. Im Juni 2002 tauchte Via Campesina auf der internationalen Bühne auf. Damals fand in Rom der Welternährungsgipfel der FAO (Food and Agriculture Organization, Ernährungs- und Landwirtschaftsorganisation der Vereinten Nationen) statt. Die anwesenden Staats- und Regierungschefs segneten die neoliberale Landwirtschaftsstrategie der Welthandelsorganisation (WTO) ab, die von der FAO übernommen worden war. Diese Strategie postuliert die vollkommene Freiheit des Handels mit Lebensmitteln. Jedes Lebensmittel soll dort produziert werden, wo die Kosten am niedrigsten sind, und dann in die Länder, die es konsumieren, exportiert werden. So importiert der Senegal heute 70 Prozent seiner Nahrungsmittel, vor allem Reis, aus Thailand und Vietnam und gibt sein bestes Land für die Produktion von Erdnüssen her, die für die französische Speiseölindustrie bestimmt sind. Mali exportiert Baumwolle und importiert zum größten Teil den Reis, den es verbraucht. Es gibt noch viele weitere ähnlich absurde Beispiele.

Wegen der Preisexplosion als Folge der Spekulation an Lebensmittelbörsen verursacht die Strategie der WTO in vielen Ländern, allen voran afrikanischen, Hunger und schwere Unterernährung. 2013 importierten die 54 Länder des afrikanischen Kontinents Nahrungsmittel im Wert von 24 Milliarden US-Dollar. Aber viele haben nicht die nötigen finanziellen Mittel, um ausreichende Importe sicherzustellen, und überlassen einen Teil ihrer Bevölkerung dem Hungertod.

Via Campesina hat alle Bauernbewegungen gegen diese neoliberale Konzeption des Handels mit Agrarprodukten mobilisiert. Die Organisation will das Prinzip der Ernährungssouveränität durchsetzen, mit anderen Worten: das Recht eines jeden Landes, sich selbst zu versorgen und seine Bauern, ihr Land und ihre Produktionsmittel, ihr Saatgut, ihr Wasser, die Biodiversität zu schützen. Zu diesem Ziel hat Via Campesina der UNO die Ausarbeitung einer internationalen Konvention vorgeschlagen.

Henry Saraghi und seine Mitarbeiter bekommen Unterstützung von vielen Regierungen: aus Bolivien, Venezuela, Algerien, Südafrika, Kuba. Diese Staaten haben ihre Forderungen dem Menschenrechtsrat der Vereinten Nationen vorgelegt.

Die privaten multinationalen Hersteller von Saatgut und Düngemitteln sowie die großen Agrarkonzerne (Monsanto, Cargill, Continental, Dreyfus, Bunge und andere) und an ihrer Seite die Hedgefonds haben eine massive Reaktion organisiert und auf alle erdenklichen Arten Druck auf die westlichen Regierungen ausgeübt. Letztere wehren sich heute gegen eine Konvention.

Ein besonders umstrittener Punkt ist – neben dem Schutz der Biodiversität und damit der Auswahl des Saatguts – die Festlegung des Gerichtsstands bei Konflikten zwischen »ausländischen Investoren« und den ausgebeuteten Bauern vor Ort.

Vincent Bolloré ist ein enger Freund des Präsidenten von Benin, Boni Yayi. Dank ziemlich undurchsichtiger Verträge hat Bolloré Konzessionen über etliche Tausend Hektar mit Ölpalmen in Benin erhalten. Aber Nestor Mahinou und seine Kameraden von der Bauerngewerkschaft Synergie paysanne verteidigen die Kleinbauern in Benin, die von Bolloré von ihrem Land verjagt wurden. In Kamerun ist Alexandre Vilgrain ein Vertrauter des Staatschefs Paul Biya. Vilgrains Firma SOMDIAA SA (Société d'organisation de management et de développement des industries alimentaires et agricoles, Gesellschaft für die Leitung und Entwicklung der Nahrungsmittel- und Agrarindustrie) hat mit dem Staat Kamerun einen Pachtvertrag mit 99 Jahren Laufzeit über 11 000 Hektar fruchtbares Land abgeschlossen. Auch hier haben die geplünderten Bauern energischen Widerstand geleistet.

Die gewerkschaftlich organisierten Bauern in Benin und Kamerun haben lange juristische Kämpfe vor den Gerichten ihrer jeweiligen Länder ausgefochten, um die Aufhebung dieser Verträge zu erreichen. Finanziell werden sie von der mächtigen IUF (International Union of Food[1], Internationale Gewerkschaft der Nahrungsmittelarbeiter) unterstützt, und beraten werden sie bei ihrer Strategie von der sympathischen und überaus kompetenten Sue Longley, die bei IUF für den juristischen Beistand für Arbeiter in der Landwirtschaft und auf Plantagen zuständig ist. Aber die Unabhängigkeit der Justiz ist in den beiden genannten Ländern weitgehend nicht existent. Die Klagen der Gewerkschafter wurden abgewiesen.

Der Artikel der Konvention, der den ausgebeuteten Bauern (und den Gewerkschaften, die sie vertreten) das Recht auf einen Gerichtsstand im Ausland zuspricht, ist deshalb entscheidend wichtig. Der ausländische Gerichtsstand ist der des Landes, aus dem der Ausbeuter stammt, im Fall von Bolloré und Vilgrain Frankreich.

Im Sommer 2014 tobt die diplomatische Schlacht um Annahme

---

1 Die IUF hat ihren weltweiten Hauptsitz in Genf. Ihr vollständiger Name lautet: International Union of Food, Agriculture, Hotel, Restaurant, Catering, Tobacco and Allied Workers Association.

oder Ablehnung der Konvention durch den Menschenrechtsrat. Eine *interstate working group* (eine Arbeitsgruppe, die aus Vertretern von Mitgliedsstaaten des Menschenrechtsrats besteht) unter dem Vorsitz von Angélica Navarro Llanos, der energischen Botschafterin Boliviens bei den Vereinten Nationen in Genf, versucht gegenwärtig, im Hinblick auf die Annahme der neuen Normen Kompromisslösungen mit den Vereinigten Staaten, Japan, Kanada, Australien und Deutschland auszuarbeiten.

Aber schon jetzt hat die internationale Zivilgesellschaft, mobilisiert von Via Campesina, unerwartete Erfolge errungen. Hier einige Beispiele.

Syngenta, einer der weltweit größten Konzerne in der Agrochemie, ist der zweitgrößte Produzent von Saatgut und Pestiziden. Die Firma hat ihren Sitz in Basel. Im schweizerischen Parlament und in der Presse hat Syngenta effiziente Söldner. In den Jahren 2012/2013 machten sich die schweizerischen Diplomaten dementsprechend für die Ablehnung der Konvention stark.

Danach kam es zu einer radikalen Wende: Im Bündnis mit der evangelischen und der katholischen Kirche, einigen wenigen unabhängigen Abgeordneten und Solidaritätsbewegungen zwang die Gewerkschaft Uniterre die Regierung zu einem Kurswechsel. Seitdem setzt sich die schweizerische Regierung für die Rechte der Bauern ein, unterstützt ihren Kampf gegen transgenes Saatgut und ihr Recht auf einen Gerichtsstand im Ausland. Im April 2014 finanzierte das schweizerische Außenministerium sogar ein Seminar in Genf mit Beteiligung von Experten aus aller Welt, bei dem die Thesen von Via Campesina verbreitet und untermauert wurden.

In Frankreich ist die Confédération paysanne von José Bové, ebenfalls Mitglied von Via Campesina, dabei, den Widerstand des Außenministeriums zu brechen. Deutschland, das der Konvention lange ablehnend gegenüberstand, will ebenfalls seine Haltung ändern. Flavio Valente, der Generalsekretär von FIAN (Food International Action Network) und seinem Vorgänger Michael Windfuhr ist es gelungen, eine schlagkräftige nationale Koalition zusammenzubringen, die in der Lage ist, den Druck von Bayer und anderen deutschen Giganten der Agrochemie auf die Regierung Merkel zu neutralisieren.

Der Kampf ist noch lange nicht gewonnen. Aber bereits heute erringen die neue weltweite Zivilgesellschaft und ihre solidarische Vernunft in den westlichen Ländern immer wieder Siege gegen die Rationalität des globalisierten Finanzkapitals und bringen damit Hunderten Millionen bäuerlichen Familien auf der ganzen Welt Hoffnung und eine Chance für ihr Überleben.

SCHLUSS

Auf welcher Seite stehst du?

Mit wem säße der Rechtliche nicht zusammen
Dem Recht zu helfen?
Welche Medizin schmeckte zu schlecht
Dem Sterbenden?
Welche Niedrigkeit begingest du nicht, um
Die Niedrigkeit auszutilgen?
Könntest du die Welt endlich verändern, wozu
Wärest du dir zu gut?
Wer bist du?
Versinke in Schmutz
Umarme den Schlächter, aber
Ändere die Welt, sie braucht es!
Bertolt Brecht, *Ändere die Welt*[1]

»Die Unmenschlichkeit, die einem anderen angetan wird, zerstört die Menschlichkeit in mir.« Ich wiederhole die Erkenntnis von Kant und mache sie mir zu eigen. Jeder von uns trägt den *kategorischen Imperativ* in sich.[2] Er ist der Motor der weltweiten Zivilgesellschaft. Das Bewusstsein der Identität – ich bin der andere, der andere ist ich – gehört wesensmäßig zum Menschen. Das grundlegende Prinzip des kapitalistischen Systems ist die unerbittliche Konkurrenz

---

1 Bertolt Brecht, *Die Maßnahme*, 9. Aufl. Frankfurt am Main 2014, S. 54.
2 Der kategorische Imperativ, den Kant erstmals in seiner *Grundlegung zur Metaphysik der Sitten* erwähnt (1785), steht im Mittelpunkt seiner Moralphilosophie.

zwischen den Individuen und den Völkern. Das Bewusstsein der Identität und der moralische Imperativ setzen eine radikal entgegengesetzte Strategie in Gang: die der Solidarität.

Die Logik des Kapitals gründet auf Konfrontation, Krieg, Vernichtung; die Logik der Solidarität gründet auf Komplementarität und Reziprozität der Beziehungen zwischen den Menschen.

Theodor W. Adorno stellt in seinen *Minima moralia* fest: »Es gibt kein richtiges Leben im falschen.«[1]

Unmittelbar nach dem Sieg der sandinistischen Rebellen in Managua sah ich folgendes Transparent an der baufälligen, von tropischen Unwettern ausgewaschenen Fassade des Innenministeriums: »La solidaridad es la ternura de los pueblos« (»Die Solidarität ist die Zärtlichkeit der Völker«).[2]

Ist es nicht utopisch, die Strategie der Solidarität der Strategie der Konkurrenz, der Unterwerfung und Ausbeutung entgegenzusetzen? Wie wir gesehen haben, dominieren die Oligarchien den öffentlichen Diskurs in Europa, Nordamerika, Japan, China und so weiter. So haben Millionen von Menschen, die doch zum größten Teil frei leben in Gesellschaften, in denen Informationen ungehindert zirkulieren, den moralischen Imperativ aus den Augen verloren, weil er unter falschen Bedeutungen verschüttet ist und erstickt wird. In den westlichen Gesellschaften – und in den Gesellschaften der südlichen Hemisphäre, die sie imitieren – ist die Entfremdung des kollektiven Bewusstseins beinahe vollständig. Ich habe es in diesem Buch gezeigt.

Max Horkheimer schreibt, »daß nicht nur der unvermittelte Zwang diese Ordnung jeweils aufrechterhalten hat, sondern daß die Menschen selbst sie bejahen lernten«.[3]

Ist also alle Hoffnung vergebens, illusorisch, nur ein Trostpflaster angesichts des Bildes, das eine verrückt gewordene Welt bietet? Ist die Geschichte wie das Leben selbst »eine Mär/Aus einem Töl-

---

1 Theodor W. Adorno, *Minima moralia,* a. a. O., S. 43.
2 Das Zitat stammt von der nicaraguanischen Schriftstellerin und sandinistischen Kämpferin Gioconda Belli.
3 Max Horkheimer, *Traditionelle und kritische Theorie,* Frankfurt am Main 1992, S. 145.

pelmund, voll von Getön/Und Toben, und bedeutet nichts« *(»a tale/Told by an idiot, full of sound and fury/Signifying nothing«)*, wie Shakespeare Macbeth sagen lässt?[1] Ich glaube nicht. Die Widerstandskämpfe der weltweiten Zivilgesellschaft zeigen es.

Ein neues, noch ungenügend artikuliertes Bewusstsein für die eigene Situation entwickelt sich heute in Europa – und andernorts auf der Erde. Marx schrieb an seinen Freund Weydemeyer: »Der Revolutionär muß imstande sein, das Gras wachsen zu hören.« In diesem Zusammenhang ist äußerste Aufmerksamkeit, allergrößte geistige Wachheit vonnöten. Die Verweigerungsfront – die gemeinsame Front von Männern und Frauen, die sich dieser kannibalischen Weltordnung nicht mehr unterwerfen wollen – ist überall aktiv.

Sie handelt spontan, kein Zentralkomitee leitet sie, keine Parteilinie und kein Dogma engen sie ein. Der moralische Imperativ taucht oft dann auf, wenn man es am wenigsten erwartet, und löst kollektiven Widerstand aus, Insubordination. Daniel Bensaïd zitierte gern Sätze von Charles Péguy über den 14. Juli 1789: »Niemandem wurde befohlen, die Bastille einzunehmen. Niemand wurde dazu bestimmt.«[2] Und Bensaïd fügt hinzu: »Trotzdem wurde sie eingenommen.«[3]

Hören wir, was Riccardo Petrella sagt: »Der neue Diskurs, der jeden Tag in allen Sprachen von den Medien aller Länder geführt wird, sagt uns, dass die gegenwärtige Globalisierung ein grundlegender, unausweichlicher, unwiderstehlicher Sachzwang ist, gegen den niemand ankämpfen und sich wehren kann. Die Globalisierung verschärft in bislang nie gekanntem Ausmaß die meisten politischen, wirtschaftlichen, gesellschaftlichen und kulturellen Herausforderungen, vor denen die menschlichen Gesellschaften stehen […] Im dominierenden Diskurs ist ›Anpassung‹ das Schlüsselwort. Es heißt, man müsse sich an die Globalisierung anpassen. Wer sich nicht an-

---

1 Shakespeare, *Macbeth*, Fünfter Akt, 5. Szene, neu übersetzt von Frank Günther, 10. Aufl. München 2014, S. 179.
2 Charles Péguy, *Œuvres en prose. 1909–1914*, Paris 1961, S. 180.
3 Daniel Bensaïd, *Tout est encore possible. Entretiens avec Fred Hilgemann*, Paris 2010, S. 14.

passt, wird eliminiert. Das Überleben eines jeden hängt von erfolgreicher Anpassung ab.«[1]

Nun sind da aber auch jene, die sich nicht anpassen, die die Unterwerfung verweigern, die ihre Freiheit einfordern und die falsche Ordnung der Welt überwinden wollen. Sie setzen ihr die Hoffnung auf eine Welt entgegen, in der es Gerechtigkeit und Glück für alle Menschen gibt.

Niemand kann sie zum Schweigen bringen. Wir erleben Tag für Tag, wie ihre Zahl größer wird und ihre Stimme lauter.

Die Verweigerungsfront, diese unsichtbare Bruderschaft der Nacht, versammelt heute viele Tausend Männer und Frauen aus dem Westen, dem Osten, dem Norden und dem Süden, die die negative Einheit der Welt nicht mehr ertragen, eine Ordnung, die es als natürlich, universell und notwendig hinstellt, dass einige wenige unglaublich reich sind, während die große Masse zugrunde geht. Mit ihrer radikalen Kritik an dieser Ordnung verkörpern sie den Wunsch nach dem ganz anderen, den Tagtraum, die positive Utopie, die Eschatologie einer Welt, in der Gerechtigkeit regiert.

Die Verweigerungsfront hat ihre eigene Sprache. Es ist die Sprache der individuellen und kollektiven Opposition, eine abweichende Sprache. Ihre Kritik ist heute viel radikaler als jede in Formeln erstarrte Ideologie. Denn sie zielt nicht darauf ab, die Macht zu übernehmen, sondern will alle Macht zerstören, die Menschen über andere Menschen ausüben.

Eine prometheische Überzeugung bewegt die Kämpfer der Verweigerungsfront. Wie die deutschen Neomarxisten glauben sie, dass es kein »Ende der Geschichte« gibt, dass die menschliche Praxis das einzige Subjekt der Geschichte ist und dass die Menschen, solange sie existieren, versuchen werden, immer neue Bereiche der noch nicht vermittelten Natur in gesellschaftliche Realität zu verwandeln. Das endgültige Ziel aller Aktivisten der Zivilgesellschaft ist es, möglichst viel von der Welt in »Bewusstsein« zu verwandeln, eine mög-

---

1 Riccardo Petrella, *Écueils de la mondialisation. Urgence d'un nouveau contrat social*, Montreal 1997, S. 7.

lichst große Zahl von gesellschaftlichen, wirtschaftlichen und politischen Verhaltensweisen der solidarischen Vernunft zu unterwerfen.

Im Verlauf der Geschichte entfaltet sich ihr Sinn. Ihr Fortgang fördert schrittweise objektiv richtiges Wissen über die Welt und die Menschen zutage. Jean Jaurès hat es so ausgedrückt: »Der Weg ist von Leichen gesäumt, aber er führt zur Gerechtigkeit.«[1] Die Geschichte verläuft somit vektoriell. Sie geht in eine bestimmte Richtung. Ihr endgültiges Ziel, das etappenweise erreicht wird – aber jede Etappe kann jederzeit durch absurdes Handeln oder Verrat abbrechen –, ist die Errichtung einer solidarischen Gesellschaft, die Humanisierung des Menschen, die Entfaltung all seiner unendlichen schöpferischen Kräfte, seiner Fähigkeit, glücklich zu sein, zu lieben, kurzum, seiner Freiheit.

Dieser Sinn der Geschichte, diese objektive Vernunft, diese Eschatologie verkörpern die sozialen Bewegungen der neuen weltweiten Zivilgesellschaft.

Wie ihr Kampf ausgehen wird, weiß heute niemand. Die Zukunft gehört der befreiten Freiheit im Menschen. Welche Gesellschaft der befreite Mensch erschaffen wird, gehört dem Mysterium der Geschichte an.

Erinnern wir uns an das Gedicht von Antonio Machado:

> Wanderer, es gibt keinen Weg,
> Den Weg bahnst du im Gehen.
> Schritt um Schritt, Gedanken um Gedanken –
> Wanderer, deine Spuren sind dieser Weg
> Und nichts anderes mehr.
> Wanderer, es gibt keinen Weg. Den Weg bahnst du im Gehen.
> [...][2]

Sieg oder Niederlage der neuen planetarischen Zivilgesellschaft

---

1 *L'Humanité*, 21. Januar 1914.
2 Antonio Machado, *Caminante non hay camino*. Poemas, 1938. Übersetzung des Autors.

liegen im Dunkeln. Wohin führt der Weg? Wie lange dauert der Marsch? Allein der Horizont ist bekannt. Die Völker der Erde haben ihn formuliert im Ausgang des fürchterlichen Weltkriegs:

»Alle Menschen sind frei und gleich an Würde und Rechten geboren. Sie sind mit Vernunft und Gewissen begabt und sollen einander im Geiste der Brüderlichkeit begegnen.«[1]

»Den Feind erkennen! Den Feind bekämpfen!«, sagt Jean-Paul Sartre.

Jeder und jede von uns muss in jedem Augenblick seines und ihres Handelns klar wählen, wo er oder sie steht. Er muss die Frage beantworten, wie sie in einem berühmten Lied der amerikanischen Arbeiterbewegung gestellt wird: *Which Side Are You On?* (1931) – auf welcher Seite stehst du? Die Feinde des Menschen sind heute die weltweite Diktatur der Oligarchien des globalisierten Finanzkapitals und die absurde Ordnung, die sie dem Planeten aufzwingt mit ihrem Gefolge aus gedemütigten, hungernden Menschen und zerstörten Familien.

Die Bemühungen der Intellektuellen nützen heute nichts, wenn sie den Feind nur bekannt machen und nicht auch dazu beitragen, die Menschen in die Lage zu versetzen, ihn zu bekämpfen und zu besiegen.

Hören wir Voltaire: »Die Freiheit ist das einzige Gut, das sich nur abnutzt, wenn man es nicht benutzt.« Ich sage es noch einmal: Es gibt keine Ohnmacht in der Demokratie. Die allermeisten Oligarchen stammen aus Nordamerika und Europa. Bürger und Bürgerinnen dieser Staaten besitzen laut Verfassung alle demokratischen Rechte, Freiheiten und Werkzeuge, die notwendig sind, um die Diktatur der Konzerne zu stürzen. Alles, was es braucht, ist, die verfassungsmäßigen Waffen zu ergreifen und sie gegen die weltbeherrschende Finanzoligarchie zu richten ... und schon morgen früh bricht die kannibalische Weltordnung zusammen.

Der Entfremdungs- und Unterdrückungsapparat zeigt Risse. In

1 Allgemeine Erklärung der Menschenrechte, Artikel 1 (10. 12. 1948).

Südeuropa, in Frankreich, in Deutschland entstehen radikale gesellschaftliche Widerstands- und Protestbewegungen und schließen sich zusammen. Auf den fünf Kontinenten wirkt die neue weltweite Zivilgesellschaft. Der moralische Imperativ ist ihr Antrieb, aber auch die Wut, der Zorn über das Chaos in der Welt. Wie Victor Hugo gesagt hat: »Der Zorn facht den Aufruhr an wie der Wind das Feuer.«[1]

Im Süden und im Norden, im Osten und im Westen hat sich der Wind erhoben.

Auf den Fronten des Widerstands ruht die Hoffnung der Völker.

Bertolt Brecht sehnte in sehr finsteren Zeiten die Morgenröte herbei:

> Am Grunde der Moldau wandern die Steine
> Es liegen drei Kaiser begraben in Prag.
> Das Große bleibt groß nicht und klein nicht das Kleine.
> Die Nacht hat zwölf Stunden, dann kommt schon der Tag.[2]

---

1 Victor Hugo, *Les misérables* (1862), deutsch: *Die Elenden.*
2 Bertolt Brecht, »Das Lied von der Moldau«, in *Gesammelte Gedichte,* Bd. 4, a.a.O., S. 1218.

Dank

Ohne die intensive Unterstützung und unerbittliche Kritik von Erica Deuber Ziegler wäre dieses Buch nie zustande gekommen. Olivier Bétourné, der Präsident von Éditions du Seuil, hat alle Stadien der Entstehung dieses Buches mit seinem Rat, seinem Wissen und seiner Freundschaft begleitet. Cécile Videcoq und Catherine Camelot haben mir wertvolle Hilfe geleistet. Karl Heinz Bittel hat die deutsche Fassung im Geist kritischer Freundschaft lektoriert. Ursel Schäfer hat eine vorbildliche, feinfühlige Übersetzung der französischen Originalausgabe erarbeitet. Johannes Jacob, Sebastian Ritscher, Barbara Brachwitz, Fabiola Zecha und Heidrun Gebhardt sind mir bei der Erstellung der deutschen Ausgabe mit wertvollen Ratschlägen zur Seite gestanden.

Ihnen allen schulde ich große Dankbarkeit.

Personenregister

Abacha, Sani 82
Abdelaziz, Mohamed 150
Acosta, José de 95 f.
Adorno, Theodor, W. 107, 154, 211 f., 222, 274
Afana, Castor Osende 193
Ahidjo, Amadou 192
Al Amoudi, Mohammed Hussein 267
Alakija, Folorunsho 187
Alarcón Ramírez, Daniel (»Benigno«) 58
Allende, Salvador 121
Althusser, Louis 69, 120
Andrade, Mario de 184
Antal, Friedrich 101, 213
Antunes, Melo 38 f.
Arendt, Hannah 88
Aron, Raymond 87, 89
Ashton, Catherine 135

Baba (DARS-Vertreter) 147
Babangida, Ibrahim 187
Babeuf, Gracchus 166 f., 216 ff., 219
Balandier, Georges 39, 244 f., 246 ff., 251
Balázs, Béla 101, 213
Barrès, Maurice 170
Baschir, Umar al- 190
Basso, Lelio 38 f.

Bastide, Roger 35 ff., 72, 108, 111 ff., 120, 174, 244, 246 f., 252 ff.
Bataille, Michel 62
Bebel, August 195
Bechtel, William 193
Ben Bella, Ahmed 183
Bendix, Reinhard 87, 89
Benjamin, Walter 211 f.
Bensaïd, Daniel 275
Bernert, Philippe 193
Berque, Jacques 39, 165
Bismarck, Otto von 194 ff., 197
Biya, Paul 176, 190, 192, 270
Bloch, Ernst 18, 57, 88, 211 f., 214 f.
Boganda, Barthélemy 191
Böhm, Franz 88
Bolloré, Vincent 270
Bonfanti, Leo 72
Bongo Ondimba, Ali-Ben 190
Boni Yayi, Thomas 270
Bosquet, Michel siehe Gorz, André
Bourdieu, Pierre 72, 77 ff., 82 f., 100 ff., 103
Bouteflika, Abd al-Aziz 206
Bové, José 268, 271
Braudel, Fernand 175
Brecht, Bertolt 30, 91, 212, 279
Bush, George W. 16, 93, 120
Byron, George 59

Cabral, Amílcar 65, 191
Calvin, Johannes (Jean) 69 ff.
Cardoso, Fernando Henrique 35
Cardoso, Lopez 38
Cardoso, Ruth 35
Carneiro, Edison 34 ff.
Carpenter, Clarence R. 232
Castelnuovo, Enrico 102
Castro-Lima, Vivaldo 35
Castro, Guilherme 35
Castro, Yara 35
Chaumette, Pierre-Gaspard 143
Childe, V. Gordon 225
Chirac, Jacques 140
Chomsky, Noam 160
Churchill, Winston 180 ff.
Clastres, Pierre 146
Clottes, Jean 214
Coppens, Yves 214, 227
Cromwell, Oliver 130 f.

Dahrendorf, Ralf 154 f.
Daniel, Jean 39
Dart, Raymond 231, 235, 242
Davezies, Laurent 39
Davidson, Basil 39
Debord, Guy 75
Debray, Régis 17, 118
Defferre, Gaston 180
Diderot, Denis 133
Diop, Cheikh Anta 180
Dostojewski, Fjodor Michailowitsch 13
Duby, Georges 62 f.
Dumont, René 39
Dumourie, Charles-François 163
Durand, Gilbert 244
Duverger, Maurice 208
Duvignaud, Jean 39 f., 120, 244 ff.

Elbein dos Santos, Juana 35
Engels, Friedrich 69 f., 132, 142
Evans-Pritchard, Edward E. 198

Fanon, Frantz 186
Feinstein, Dianne 93
Fernandes, Florestan 35
Fernandez (Gerichtsmediziner) 35
Ferrat, Jean 170
Feuerbach, Ludwig 258
Figueiredo, João 37
Fougeyrollas, Pierre 213
Fouks, Stéphane 176 f.
Fourie, Louis 229
Franco, Francisco 147, 149
Franklin, Benjamin 19
Freund, Julien 87, 89
Frobenius, Leo 229
Fromm, Erich 154, 211 f.

Galileo Galilei 90 ff., 130
Garang, John 199
Gaulle, Charles de 183
Giscard d'Estaing, Valéry 140
Godard, Jean-Luc 111
Goebbels, Joseph 67 f.
Goethe, Johann Wolfgang von 163 f.
Goldschmidt, Victor 140
Gonseth, Ferdinand 254
Gonzalez, Lélia 38
Gorz, André (alias Michel Bosquet) 221
Goya, Francisco 137
Graf, Wilhelm 89
Gramsci, Antonio 38, 105 f.
Guesde, Jules 195
Guevara, Ernesto Che 57 f., 259
Gurvitch, Georges 244 f., 257

Habermas, Jürgen 152 ff., 160, 221
Halbwachs, Maurice 244 f.
Hauser, Arnold 101 f., 213
Hébert, Jacques-René (»Le pére Duchesne«) 143
Hegel, Georg Wilhelm Friedrich 31 f., 213
Heidegger, Martin 88

Herskovits, Melville 214
Heusch, Luc de 214, 240
Himmler, Heinrich 67 f.
Hitler, Adolf 67 f.
Hobsbawm, Eric 157
Holban, Boris 203
Hollande, François 140, 160
Horkheimer, Max 18, 31 f., 45, 107,
    116, 118 f., 137, 154, 211 f., 214,
    222, 274
Horthy, Miklós 54
Houphouët-Boigny, Félix 180
Huber, Kurt 89
Hugo Capet 126
Hugo, Victor 279

Ianni, Ottavio 35
Ioannídis, Dimitrios 141
Itno, Idriss Déby 190

Jankélévitch, Vladimir 63, 68
Jaspers, Karl 88
Jaurès, Jean 61, 277
Jefferson, Thomas 19
Jessen, Bruce 94
Jospin, Lionel 159
Juin, Alphonse 183

Kabila, Joseph 28, 190
Kabila, Laurent 28
Kant, Immanuel 155, 258
Kellermann, François-Christophe
    163
Kenyatta, Jomo 179, 187
Kenyatta, Ngina 187
Kenyatta, Uhuru 187
Kerenski, Alexander Fjodorowitsch
    215
Keynes, John Maynard 75
Khosravi (Savadschani), Gholam-
    Reza 135
Ki-moon, Ban 135
Kiir, Salva 199

Kony, Joseph 186
Kun, Béla 54, 101, 213

Lacouture, Jean 39
Langaney, André 224
Lara, Lucio 184
Latouche, Serge 38 f.
Le Goas, Maurice 24
Le Roy-Finville, MNarcel 193
Leakey, Louis 227
Leakey, Mary 227
Lefebvre, Henri 139, 213
Lenin, Wladimir Iljitsch 144, 215
Leroi-Gourhan, André 214
Lévi-Strauss, Claude 35, 173 f., 214,
    225, 240, 246
Liebknecht, Wilhelm 195
Linsingen Hahn, Carl Hugo 229
Lissagaray, Prosper-Olivier 41
Longley, Sue 270
Lopes, Carlos 206 f.
Lukács, Georg 18, 54 ff., 58 f., 101,
    110, 211 ff., 214, 216
Lumumba, Patrice 191

Maalouf, Amin 173 f.
Machado, Antonio 277
Machado, Zaíde 35
Machar, Riek 199
Mahinou, Nestor 270
Makarios III. (zypriot. Erzbischof)
    141
Malatesta, Errico 195
Malinowski, Bronislaw 214, 227, 240
Mannheim, Karl 101, 213
Manouchian, Missak 203 f.
Marcuse, Herbert 117, 154, 211 f.
Markov, Walter 88
Marty, Dick 94
Marx, Karl 18 f., 40 f., 56, 108 ff.,
    131 ff., 134, 136, 141 ff., 144, 213,
    220, 275
Mauss, Marcel 214

Mengele, Josef 96
Mereu, Italo 91
Mitchell, James 94
Mitterrand, François 62, 140
Mitton, David 193
Mobutu, Joseph-Désiré 28 f., 66 f.,
    186
Montaigne, Michel de 138 f.
Morales, Evo 58
Morin, Edgar 29, 239, 244, 246
Moumié, Félix-Roland 193
Mpofu, Elizabeth 268
Mugabe, Robert 190
Mussolini, Benito 106
Mustafa Sayyid, Al-Wali 147, 149
Mustafa Sayyid, Beschir 147 f.

Napoleon III. (frz. Kaiser) 134
Nasser, Gamal Abdel 198
Navarro Llanos, Angélica 271
Naville, Pierre 47, 213
Naziri, Behzad 135
Negroponte, Nicholas 76
Neto, Agostino 184
Nixon, Richard M. 34
Nkrumah, Kwame 178 f., 191, 197
Noé, Tankeu 193
Nyobe, Ruben Um 193

Obama, Barack 93 f., 161
Ophüls, Marcel 63
Orbán, Viktor 172
Ouandié, Ernest 192

Padmore, George 178 f.
Papadópoulos, Georgios 141
Paskiewitsch, Iwan Fjodorowitsch 203
Passeron, Jean-Claude 80
Péguy, Charles 275
Pereira de Queiróz, Maria Isaura 35
Petrella, Riccardo 275 f.
Pinochet, Augusto 64 f., 120
Piotte, Jean-Marie 38

Pohamba, Hifikepunye 190
Politzer, Georges 24
Pottier, Eugène 143
Probst, Christoph 89
Proudhon, Pierre-Joseph 45

Ramos, Arturo 35
Revault d'Allonnes, Myriam 155 f.
Ricardo, David 80 f.
Robespierre, Maximilien 47, 166,
    203, 216 ff.
Róheim, Géza 214, 240
Roosevelt, Franklin D. 75, 180 ff.
Rosenberg, Alfred 67 f.
Roudinesco, Élisabeth 242
Rousseau, Jean-Jacques 19, 43 ff.,
    46 ff., 59, 174
Roux, Jacques 217
Ruef, Isabelle 83

Saint-Just, Louis-Antoine-Léon de
    217
Saint-Simon, Claude-Henri de 133
Sampsón, Níkos 141
Santos, Isabel dos 187
Santos, José Eduardo dos 184, 187,
    190
Saraghi, Henry 268 f.
Sarkozy, Nicolas 140
Saro-Wiwa, Ken 82
Sartre, Jean-Paul 13, 18, 108 f., 220,
    278
Sassou-Nguesso, Denis 187, 190
Sata, Michael 190
Schapera, Isaac 229
Schatzman, Evry 100
Schlesinger, Arthur E. 139 f.
Schmorell, Alexander 89
Scholl, Hans 89
Scholl, Sophie 89
Schumann, Harald 158
See, Hans 156
Senghor, Lamine 179

Senghor, Léopold Sédar 197
Sennett, Richard 82
Servet, Michel 70
Shaheed, Ahmed 135
Shakespeare, William 275
Silva Henríquez, Raúl 64 f.
Smith, Adam 80 f.
Szabó, Erwin 213

Teran, Mario 58
Theodor von Bèze 71
Thiers, Adolphe 142
Tietmeyer, Hans 157 f.
Tillon, Germaine 245
Toffler, Alvin 76
Togliatti, Palmiro 105
Touraine, Alain 25, 176, 213, 246
Trenet, Charles 170
Turnbull, Colin M. 229

Valente, Flavio 271
Valls, Manuel 177
Vedder, Heinrich 229
Verger, Pierre 35
Vilgrain, Alexandre 270
Vittorio Emanuele III. (ital. König) 106
Voltaire 164 f., 278

Weber, Guy 191
Weber, Max 85 ff., 89
Weydemeyer, Joseph 134, 142, 275
Williamson, John 76
Windfuhr, Michael 271
Wolfensohn, James 27

Zhou Enlai 145
Ziegler, Dominique 70
Zuckerman, Solly 214, 227, 229, 238

Orts- und Sachregister

Afrika 50, 65 f., 73, 177, 190 f., 207 f.
– , Bruttoinlandsprodukt, Wachstumsraten 207
– , demograf. Entwicklung 208
– , Kapitalakkumulation, innere 50
– , Kapitalflucht 205 ff.
Ackerland bzw. Agrarrohstoffe als Spekulationsobjekte 53, 265 ff.
Algerien 65, 191
Amerikanische Freihandelszone siehe FTAA
Amnesty International 135
Angola 184
Arbeiterklasse 107 ff., 110 ff., 132, 168, 218 f.

Arbeitsteilung 131
Areva (multinationaler Konzern) 188 f., 202
Argentinien 95 f.
Atlantikcharta (1941) 180 ff.

Bangladesch 260–265
Befreiungsbewegungen, afrikan. 39, 179, 184
– , RDA 179 f.
– , MPLA 184
Berlin, Konferenz von 148 f., 185, 194 ff.
Bewegungen, soziale 159
– , CONAIE (Confederación de Nacionalidades Indígenas des Ecuador) 159

–, MST (Movimento dos trabalhadores sem terra, bras.) 159
–, CONAIE (Confederación de Nacionalidades Indígenas des Ecuador) 159
–, Via Campesina 159, 267 ff., 271
Bolivien 57 f., 74
Brasilien 11 ff., 36 ff., 73, 67 f., 151, 166, 248
Burkina Faso 207
Buschmänner 229 f.

Calvinismus 70 ff.
Candomblé (afro-bras.) 35 f., 37, 73 f., 248 ff., 257
–, Babalao 36 f.
–, Macumba 73
–, Orixas 74, 249 f.
–, Terreiros 36, 73, 250
–, Xangó 73
–, Yawalorixa 36 f.
Chile 64, 95 f., 120 f.
China (Volksrepublik) 134 f., 144, 248
CIA 57, 94
»Coalition No Blood on my Clothes« 263 f.

Davos 157 f.
–, Weltwirtschaftsforum 157 f.
Dekolonisation 176 ff., 179 ff.
Dhaka 262 ff.
Die Weiße Rose (Widerstandsgruppe Drittes Reich) 88 f.

Einkommensungleichheit 51
England 130 f.
»Entwicklungsländer«, Verschuldung 50
»Erklärung von Bern« (schweiz. NGO) 262

EU 15, 129, 160 f., 205
Ewe (Volk) 73

FAO 52, 268
Feinstein-Kommission, Bericht über Folterungen 93 ff.
Finanzkrise 2007/2008 49
Fon (Volk) 73
Forbes (Finanzmagazin) 187
Frankreich 145, 149, 164, 166 ff., 169 ff., 216, 218, 244 ff.
Französische Revolution 164, 166
Fremdenfeindlichkeit (siehe auch Rassismus) 171 ff., 174 f.
Frente Polisario 147 ff.
Fria (Firmenkonsortium) 188
FRONTEX 205
FTAA 159
Fundamentalismus, religiöser 16, 171

GATT 50
Geheimgefängnisse 92 f.
Genf 176 f., 184
Gesellschaft, menschliche, Entstehung 224 ff., 227 ff., 231 ff.
Gewerkschaften 118 f.
Ghana 179
Global Financial Integrity (NGO) 205
Greenpeace 189
Griechenland 141
–, Militärdiktatur 141
Guatemala 48 f., 51
Guinea(-Bissau) 65 f.
Guinea(-Conakry) 188

Haiti 74
Hunger als Haupttodesursache 52, 269

Ideologie(n; siehe auch Klassenkampf) 61 ff., 67 f., 70 ff., 73 ff., 76 ff., 79

286

–, Neoliberalismus 74 f., 77, 79 ff.
Initiationsriten, afrikan. 65 ff.
Internationaler Währungsfonds siehe
  IWF
Intifadas 150
Iran 135 f.
Irland 131
Italien 105 f.
Itaparica 36
IWF 76, 79, 184, 207

Jamaika 74
Juba 199, 201

Kamerun 177, 191 ff.
Kapitalflucht 205 f.
Kapitalismus 73, 106 f., 109, 133,
  168 f.
Kindersterblichkeit 49, 51, 207
Kirche, kath. 64 f., 67
Klassenbewusstsein 54 ff.
Klassenkampf (siehe auch
  Ideologie[n]) 69,120, 167
Kleinbauern, Kampf um Rechte von
  265 ff., 268 ff., 271 f.
Kolumbien 73
Kommune, Pariser 142 f.
Kongo, Demokratische Republik
  28 f.
Konzerne, multi-/transnationale 49 f.,
  51, 114 f., 158 ff., 185 ff., 189, 209
Kuba 73 f.

Madagaskar 191
MAI 158 f.
Mali 207
Marokko 145, 149
Mauretanien 149
Menschenrechte, Verletzung der
  16, 92 ff., 205
MPLA siehe Befreiungsbewegungen,
  afrikan.
MST siehe Bewegungen, soziale

Multilaterales Investitionsabkommen
  siehe MAI

Nagôs 248 f.
Nation, Definition der 164 ff., 169 f.
Neoliberalismus siehe Ideologie(n)
  bzw.Klassenkampf
New Deal 75
Nicaragua 51
Niger (Staat) 188 f., 202
Nigeria 82, 202, 207
Nordkorea (Volksrepublik) 144, 248

OAU 197
OECD 158
Organisation für Afrikanische Einheit
  siehe OAU

PAIGC 65 f.
Pakistan 205
Palästina, Krieg um 150 f.
Paris 24, 244 f.
Partido Africano da Independência
  da Guiné e Cabo verde siehe
  PAIGC
PIDE (port. Geheimpolizei) 39
Polen 92 f.
Polisario siehe Frente Polisario
Portugal 38 f.
Privateigentum(s), Einführung (des)
  45
Privatisierung 76 f., 156 f.
Proletariat(s), Diktatur des 142 ff.
Protonation(en) 177, 185 ff., 189 f.,
  202
Pygmäen 229

Rassismus (siehe auch Fremdenfeind-
  lichkeit) 171, 173 ff.
RDA siehe Befreiungsbewegungen,
  afrikan.
Recife 11
Russische Revolution 144

Sahrauis (Volk; DARS) 145 ff., 148, 150

São Paulo, Universität von 35

SCECE (frz. Auslandsgeheimdienst) 193

Schweiz 115, 121 f., 136, 222 f.

Senegal 189

Sklavenaufstände 166

Sowjetunion siehe UdSSR

Soziologen/Soziologie 32 ff., 35, 88, 100 ff., 209, 212 ff., 250 ff.,
–, Frankfurter Schule 88, 154, 211 f., 220 f., 243
–, frz. 244 ff.
–, generative 244 ff., 247, 254 f.
–, »Kulturanthropologen, angelsächs.« 214, 226 f., 241, 243, 247, 251
–, »Neomarxisten, dt.« 213 ff., 219, 221, 247, 251

Spanien 15

Staates, Analyse bzw, Definition des 131 ff., 151 ff., 154 ff., 157

Staatsräson 137 ff., 140 f.
–, »Realpolitik« 141

»Stateless global governance« 27, 76

Sudan (siehe auch Südsudan) 198

Südsudan 198 ff., 201 f.
–, Niloten-Kulturen 198 ff.

Todesurteile gegen pol. Gefangene, China 134 f.
–, Iran 135 f.

Toledo 147 f.

Transatlantisches Freihandelsabkommen siehe TTIP

Tribalismus 197 ff., 200

»Trickle down effect« 82

TTIP 159, 161 f.

Türkei 141

UdSSR 75, 178

Unabhängigkeitserklärung (USA) 19 f.

UNCTAD 50

UNESCO 173

Ungleichheit, gesellschaftl. 43 ff., 46 ff.

UNICEF 15, 49

UNO siehe Vereinte Nationen

Unterernährung, schwere, chronische 52, 261

UPC 192 f.

Uruguay 95 f.

USA 74, 134, 149, 205

Venezuela 74

Vereinte Nationen 15, 135, 144, 204, 208, 265, 278

Via Campesina siehe Bewegungen, soziale

Volkswirtschaft, Deregulierung der 77

Warengesellschaften, kapitalistische 255 f.

»Washingtoner Konsens« 75 ff.

Weltbank 49, 76, 160

Welternährungsorganisation siehe FAO

Welthandelsorganisation siehe WTO

Westsahara 145, 149

WHO 261

WTO 50, 79, 269

Yoruba (Volk) 37, 73, 249

Zaire 65 f.

Zypern 141